Droit Commercial

COLLECTION PITOIS

En refondant et en mettant au courant de la législation, de la doctrine et de la jurisprudence les ouvrages si estimés de M. Pitois, les éditeurs et les auteurs ont eu pour principale préoccupation de conserver à ces ouvrages leur caractère de livre de préparation d'examen. Avant tout, on a cherché la clarté et la simplicité, permettant d'apprendre vite et de bien retenir. On a évité les controverses inutiles et l'on a eu pour seul but d'enseigner à l'élève ce qui lui est nécessaire pour son examen : Tout *ce qui lui est nécessaire, mais* SEULEMENT CELA. Les titres mis en relief en caractère gras, les principes essentiels se détachant nettement du reste du texte par leurs caractères italiques permettent une revision rapide et fructueuse. Pour ne pas encombrer le texte, tous les exemples ont été rejetés en note, afin que l'élève n'y recoure que s'il ne saisit pas l'idée énoncée au texte sans l'exemple. Enfin des questions posées sous forme de manchettes marginales lui permettent de s'interroger lui-même et de se rendre compte de ce qu'il sait et de ce qu'il ignore.

Nous osons espérer que ces ouvrages ainsi remaniés trouveront auprès du public un accueil aussi empressé que celui qu'ils témoignèrent aux premières éditions des ouvrages de M. Pitois.

Principes de Droit de A. PITOIS

Complétés et entièrement mis à jour

Par un GROUPE DE DOCTEURS EN DROIT

Droit Commercial

(Terrestre)

Rédigé conformément au Programme Officiel
à l'usage des Étudiants de 3ᵉ année

PARIS (5ᵉ)

M. GIARD & É. BRIÈRE

LIBRAIRES—ÉDITEURS

16, RUE SOUFFLOT ET 12, RUE TOULLIER

1917

GÉNÉRALITÉS

—

Le droit commercial est une branche du droit privé qui a sa place aux côtés du droit civil. Il répond à un double besoin du commerce actuel :

1° A un besoin de rapidité. *Pour cela, en droit commercial :*

a) La preuve est soumise a des prescriptions moins rigoureuses. *Les actes sous seing privé ne seront pas soumis aux règles des art. 1325, 1326, 1328. C. Civ.*

b) La procédure commerciale est moins coûteuse et plus rapide *devant le tribunal de commerce que devant les tribunaux ordinaires.*

c) Pour la circulation des créances, *les titres à ordre permettent de se passer de la signification au débiteur prescrite par l'art. 1690. C. Civ.*

2° A un besoin de crédit.

a) La condition du débiteur *est plus rigoureuse en droit commercial qu'en droit civil . Le droit commercial ne connaît* pas le *terme de grâce* (C. Civ. *1244*), (et jusqu'à la loi du *22 juillet 1867*, il a connu la contrainte par corps d'une façon plus large que le droit civil).

b) Le taux de l'intérêt *est libre en matière commerciale* (loi du *12 janvier 1886*) *et non en matière civile.*

c) La faillite et la banqueroute, *qui frappent d'une note d'infamie le commerçant qui ne peut plus faire honneur à sa signature, n'existent qu'en droit commercial.*

TITRE PREMIER

Des actes de commerce et de commerçants.

1. — *Le Code de Commerce s'occupe beaucoup moins des commerçants que des actes de commerce.* Il a évité de créer une catégorie de commerçants, ne voulant pas rétablir les classes que la Révolution avait effacées.

Il a fait un droit réel, objectif, qui va gouverner, non pas les commerçants, mais les actes de commerce.

2. — L'art. 1ᵉʳ C. Comm. définit les commerçants : « Ceux qui exercent les actes de commerce et en font leur profession habituelle (1). »

Pourquoi le Code de Commerce ne s'occupe-t-il que des actes de commerce ?

Qu'est-ce qu'un commerçant ?

---

(1) On dit souvent que c'est la *patente* qui fait le commerçant, et que quiconque paie patente est commerçant. C'est une erreur. L'impôt de la patente est établi à la charge de tous ceux qui remplissent une profession quelconque, commerciale ou non, sauf les professions exceptées par la loi (peintres, sculpteurs, professeurs, sages-femmes, etc.) Ainsi les médecins et les avocats paient patente, et pourtant il est bien certain qu'ils ne sont pas commerçants.

Le vrai criterium est celui qui s'en tient à regarder la profession : si elle consiste à faire des actes de commerce, celui qui s'y livre est commerçant : au cas contraire, il ne l'est pas.

Qu'est-ce qu'un acte de commerce ? **3.** — Nulle part le Code ne définit l'acte de commerce, mais il en donne une énumération dans les art. 632 et s., C. comm. Nous distinguerons trois catégories d'actes de commerce :

Actes de commerce par leur forme.

Actes de commerce par leur nature.

Actes de commerce en vertu de la théorie de l'accessoire.

CHAPITRE I

ACTES COMMERCIAU PAR LEUR FORME

4. — a) *Lettre de change* (art. 632 *in fine*).
C'est un titre contenant la promesse du paiement
d'une certaine somme à telle personne, à telle
date, en tel lieu, par un tiers dénommé dans ce
titre. Or, *ce titre a pour effet de commercialiser
les obligations qu'il contient. Le billet à ordre n'a pas ce pouvoir.* (Il l'a en Belgique et en Italie) (v. *infra* n. 21.) La
lettre de change, même émise par un non commerçant, est
un acte de commerce. Quiconque met sa signature sur une
lettre de change est tenu commercialement.

Quels sont
les actes
commer-
ciaux par
leur forme?

5. — b) *Sociétés.* Depuis la loi du 1er août 1893, les sociétés
qui revêtent une forme commerciale (1) sont de plein droit
commerciales, même si elles ont un objet civil. *Toutes les
opérations faites par ces sociétés seront donc commerciales* (2),
en vertu de cette théorie de l'accessoire que nous verrons
tout à l'heure.

(1) Forme anonyme ou en commandite par actions.

(2) La jurisprudence est en ce sens. Mais MM. Lyon-Caen et Renault sont
d'un avis contraire.

CHAPITRE II

ACTES COMMERCIAUX PAR NATURE

§ 1. — Notion générale.

6. — Ce sont tous ceux qui sont énumérés par les art. 632 et s. C. Comm., sauf la lettre de change.

7. — Quelle est l'idée dominante qui a présidé à la confection de cette énumération ? Quelle définition, quelle notion de l'acte de commerce peut-on en induire ?

Est-il possible de définir d'une façon générale l'acte de commerce ? Quelles sont les définitions proposées ?

a) *Premier système* (Boistel) : *L'acte de commerce est un acte de spéculation ou d'entremise, c'est-à-dire fait dans un esprit d'enrichissement ou de lucre dirigé sur des valeurs dans lesquelles on s'entremet.* Le cultivateur n'est pas un intermédiaire spéculant, car il spécule sur une production et non sur une entremise. Au contraire l'industriel est commerçant, car il spécule en s'entremettant entre ses clients d'une part et ses ouvriers, ses matières premières et ses outils d'autre part.

Cette théorie n'a pas eu de durée pratique.

b) *Deuxième système* (Thaller) : *Est commerçant quiconque s'entremet à propos d'objets circulants*. Mais cela aboutit à des subtilités intolérables. Ainsi un blanchisseur qui ne blanchit que le linge des particuliers ne serait pas un commerçant, car ce linge ne « circule » pas. Au contraire il serait commerçant s'il blanchit le linge fabriqué par un industriel.

En somme la doctrine n'a pu encore parvenir à dégager un critérium net et rationnel des actes de commerce.

Pourquoi le législateur a-t-il placé telle ou telle opération parmi les actes de commerce ? A notre avis, c'est tout simplement pour un motif d'*utilité pratique*, et parce qu'il a cru bon de soumettre les contestations, relatives à cette opération, à la procédure commerciale, qui est plus simple, plus rapide et moins coûteuse.

Quelles sont les considérations qui ont guidé le législateur ?

Parcourons donc les divers actes auxquels le législateur a cru bon, pour une raison ou pour une autre, d'attacher la commercialité (art. 632 et s., C. comm.) Pour cela, nous les grouperons en différentes catégories.

§ 2. — L'achat (1) pour revendre.

8. — Aux termes de l'art. 632 C. comm. : « L'achat de denrées ou marchandises pour les revendre soit en nature, soit

---

(1) Le mot achat doit être pris dans un sens large comprenant toute acquisition à titre onéreux ; par exemple je vous livre mon piano contre votre cheval, et je fais cet échange dans l'intention de revendre ensuite le cheval à bénéfice : cet échange est un acte de commerce.

après les avoir travaillées et mises en œuvre, ou même pour en louer simplement l'usage », est un acte de commerce.

Il faut entendre par *denrées*, tout ce qui est destiné à la subsistance de l'homme ou des animaux (du blé, du foin, etc.); — par *marchandises*, tous les meubles (1) qui peuvent faire l'objet d'une spéculation, c'est-à-dire d'un achat en vue d'une revente avec profit.

Les opérations sur les immeubles sont-elles des actes de commerce ?

9. — *Le mot marchandises comprend-il les immeubles?* En fait il y a des gens (ou même des sociétés) appelés marchands de biens, qui font profession d'acheter des immeubles pour les revendre avec profit : une telle opération est-elle commerciale ? La question est controversée, *la négative est généralement admise*. Voici les arguments principaux invoqués en ce sens.

a) « Denrées et marchandises » (texte de l'art. 326 C. comm.) cela implique des choses qui se déplacent matériellement et dont la propriété s'aliène facilement. « Les immeubles excluent la pensée de circulation ; ils ne peuvent donner aliment au commerce (2). »

Portalis, l'un des rédacteurs de nos Codes, a dit : « Les richesses mobilières sont le partage du commerce, les immeubles sont particulièrement du ressort de la loi civile ».

b) De plus les textes mêmes de la loi sont favorables à notre interprétation :

L'art. 639, C. comm., qui fixe la compétence en dernier

---

(1) Il n'est pas nécessaire que ce soit des choses corporelles. Ainsi les actions et obligations, les marques de fabrique, brevets d'invention, propriété littéraire, etc., sont des « marchandises ». Il n'est pas davantage nécessaire que ces choses soient neuves (ex. : commerce d'antiquités).

(2) THALLER et PERCEROU, *Tr. élém. de dr. commer.*, 5° éd., p. 21.

ressort du tribunal de commerce, ne vise pas les immeubles.

Avec l'opinion adverse, il faudrait dire : Ou bien qu'une contestation immobilière portée devant le tribunal de commerce serait toujours en dernier ressort, si élevée que soit la valeur de l'immeuble (au lieu qu'en matière civile on peut faire appel dès que cette valeur dépasse 60 francs de revenu) ; — ou bien qu'on pourrait toujours faire appel, si faible que soit cette valeur. Ces deux résultats sont également absurdes. Il est plus naturel de dire que, si la loi ne fixe pas le chiffre de la compétence en dernier ressort du tribunal de commerce en matière immobilière, c'est que les contestations immobilières échappent aux tribunaux de commerce.

c) Enfin ajoutons que l'opinion contraire conduirait à un résultat inadmissible. En effet « l'achat d'une marchandise pour la louer » est un acte de commerce. Il faudrait donc dire, si un immeuble est une marchandise, que celui qui achète une maison ou une ferme pour la louer fait un acte de commerce, si bien que tous les gens qui placent leurs capitaux en immeubles de rapport qu'ils louent, seraient considérés comme commerçants. Tous les rentiers fonciers se trouveraient commerçants, ce qui est un non sens.

Ne fait pas davantage acte de commerce, la personne qui ayant acheté un terrain, le revend ou le loue après y avoir édifié des constructions.

10. — L'achat d'une coupe de bois à faire dans une forêt, dans l'intention, non de garder ce bois pour se chauffer, mais de le revendre avec profit constitue certainement un acte de commerce (1).

(1) Qu'on n'objecte pas que les arbres sont immeubles au moment de l'achat, parce qu'ils sont incorporés au sol, car ce que j'envisage, ce sont les arbres abattus, qui sont certainement meubles.

L'achat de coupes de bois, à faire, d'une maison à démolir, le bail d'une ferme sont-ils des actes de commerce ?

De même l'achat d'une coupe de foin dans un pré ; la vendange à venir d'une vigne, avec l'intention de la revendre ; l'achat d'une maison à démolir, dans l'intention de revendre les matériaux avec profit, sont des actes de commerce.

Au contraire, on ne peut pas dire que le cultivateur fait acte de commerce en louant une ferme, sous prétexte qu'il achète ainsi au propriétaire les récoltes à venir de la terre avec l'intention de les revendre. En effet, ces récoltes proviennent surtout de son travail.

A quelles conditions un achat pour revendre est-il commercial ?

11. — *Il faut que l'achat des marchandises soit fait avec l'intention de les revendre* (1) *et cela avec profit* (2), mais il n'est pas nécessaire ni que la revente ait lieu ni que le profit soit réalisé : il faut, mais il suffit que revente et profit soient recherchés.

M. Thaller affirme que cette condition de désir du gain n'est

(1) Peu importe que l'acheteur soit ou non commerçant : *ce qu'il faut voir, c'est si l'achat a eu lieu pour revendre.*

Ainsi un commerçant qui achète une pièce de vin pour sa consommation personnelle ne fait pas, en principe, acte de commerce. Peu importe qu'il l'ait en fait revendue au lieu de la consommer : du moment que son intention, au moment de l'achat, n'était pas de la revendre, il n'a pas fait acte de commerce. Au contraire, un non commerçant qui achète un objet d'art à un de ses amis avec l'intention de le revendre, fait un acte de commerce. Peu importe d'ailleurs qu'en fait il n'ait pas revendu l'objet : il faut et il suffit qu'il ait eu l'intention de le revendre au moment où il l'a acheté.

(2) Un industriel achète des denrées en gros pour les revendre à prix coûtant à ses employés et ouvriers ; il ne fait pas acte de commerce. Les sociétés coopératives de consommation qui ne vendent qu'à leurs membres, n'ont pas, d'après une jurisprudence constante, le caractère commercial,

pas nécessaire à la commercialité de l'acte. Il tire argument notamment des contrats relatifs à la propriété littéraire ou artistique, contrats qui, très souvent, (journal politique, par exemple) n'ont pas. pour but le lucre, et qui cependant seront très souvent commerciaux.

Mais comment connaître l'*intention* de l'acheteur de revendre?

S'il est commerçant, c'est bien simple : *la commercialité est présumée*, pourvu du moins qu'il s'agisse de marchandises rentrant dans son commerce (1).

S'il n'est pas commerçant, on présume la non-commercialité, et dès lors c'est le vendeur qui devra prouver que l'acheteur avait l'intention de revendre.

J'ajoute que l'achat, même pour revendre avec profit, n'est pas commercial lorsqu'il est l'accessoire d'opérations non commerciales (2). (V. plus loin la théorie de l'accessoire.)

12. — L'achat de marchandises, non pour revendre, mais simplement *pour louer*, est également, nous l'avons dit, un acte de commerce (3).

L'achat pour louer est-il commercial ?

parce qu'elles ne cherchent pas le profit ; elles restituent en effet leurs bénéfices aux coopérateurs sous forme de trop perçus. Si l'on adopte le critérium de M. Thaller (acte de commerce = acte d'entremise portant sur des produits circulants) on peut dire que les coopératives ne font pas acte de commerce parce qu'elles ne revendent pas leurs marchandises; celles-ci en entrant dans le magasin coopératif sont déjà chez le consommateur et sont sorties de la circulation.

(1) Si les marchandises ne rentrent pas dans son commerce, la présomption cesse, et le vendeur devra prouver que l'acheteur avait l'intention de revendre, absolument comme si celui-ci n'était pas commerçant.

(2) Ex. : un instituteur achète des livres et des cahiers pour les revendre à ses élèves.

(3) Ex. : j'achète des meubles quelconques (livres, linge, chevaux, pianos, machines à coudre, bicyclettes) pour les louer.

Il en est ainsi encore quand on loue pour sous-louer.

La vente est-elle commerciale ? Est-ce seulement le côté achat ?

13. — Si l'on prend à la lettre l'art. 632, § 2, C. comm., l'achat de marchandises seul serait commercial. Il faut cependant admettre que *la revente est-elle aussi commerciale*. L'achat et la revente forment aux yeux de la loi une opération unique, et si la première face (achat) est commerciale, c'est qu'elle emprunte ce caractère à toute l'opération, qui, sous sa seconde face, (la revente) est également commerciale. L'art. 638, al. 1, C. comm., refuse la commercialité à la vente, quand il s'agit d'une marchandise que le vendeur n'a pas achetée (un vigneron vend le vin de son crû). Donc *a contrario*, la vente d'une marchandise achetée est commerciale.

La vente de marchandises non achetées est-elle un acte de commerce ?

14. — *La vente n'est pas commerciale quand elle porte sur une marchandise que l'on n'a pas achetée* (638, al. 1 C. comm.). Ainsi un vigneron vend le vin de son crû ; les sociétés *minières* ne font pas des actes de commerce en vendant les produits (charbon, minerai, etc.), qu'elles ont fait extraire (sauf si elles sont constituées sous la forme commerciale.

Quid de la transformation des produits de la culture ou d'une mine ?

Il y a une difficulté quand le vendeur vend des choses, qu'il n'a pas achetées sans doute, et qu'il a récoltées comme cultivateur, mais qu'il a ensuite façonnées : ne faut-il pas dire qu'il y a alors « entreprise de manufacture » ? D'après la jurisprudence, *la transformation industrielle des produits de la culture ou de la mine ne constitue un acte de commerce que si l'exploitant traite, outre ses produits, d'autres produits achetés par lui à autrui.*

Le commerçant, qui achète pour revendre, a très souvent

des auxiliaires qui font eux aussi des actes de commerce : ce sont les propriétaires de magasins généraux (qui reçoivent les marchandises en dépôt) les commissionnaires (mandataires chargés d'accomplir des actes qui, par rapport au mandant, sont des actes de commerce), — les courtiers (intermédiaires recherchant pour des commerçants des contre-parties qu'ils mettent en rapport avec eux), enfin les agents d'affaires (art. 632, al. 4, C. comm.) (chargés par les commerçants de missions ayant trait à leur commerce).

15. — Un contrat peut être *commercial pour l'une des parties,* et *civil pour l'autre* (1) ou commercial pour les deux (2).

16. — *L'entreprise de fournitures* (art. 632, al. 4, C. comm.), *n'est autre chose qu'un achat pour revendre avec cette différence qu'ici la vente précède l'achat* (3).

Donc, si Primus vend ce qu'il n'achètera pas, mais ce qu'il produira par son travail, la vente n'est pas commerciale.

Comme l'achat pour revendre, l'entreprise de fournitures peut avoir pour objet non de vendre, mais seulement de *louer.*

Cette opération peut être encore tantôt commerciale pour chaque partie (un papetier s'engage à fournir du papier à un

---

(1) Un grainetier achète de l'avoine à un fermier. La vente est commerciale pour le grainetier et civile pour le fermier. Un fermier achète du vin à un marchand de vins pour sa consommation : Cet achat est civil pour le fermier et commercial pour le marchand.

(2) Contrat entre deux négociants portant sur des choses de leur commerce : Un tailleur achète du drap à un fabricant de drap.

(3) Ex. : Un papetier s'engage à fournir à un imprimeur tout le papier dont il aura besoin pendant 3 ans.

imprimeur), et tantôt mixte, c'est-à-dire commerciale pour l'un des contractants et civile pour l'autre (un papetier s'engage à fournir du papier à un notaire).

§ 3. — Entreprise de manufactures, etc.

Définition de l'entreprise de manufacture

17. — *L'entreprise de manufactures* (art. 632, al. 3, C. comm.), *est un ensemble d'opérations ayant pour but de façonner des objets pour les rendre propres aux besoins de l'homme ou de les mettre à sa disposition.* Ainsi le fabricant de sucre, de fer, le blanchisseur, le teinturier, etc., sont des manufacturiers.

Il n'est pas nécessaire que le manufacturier fournisse la matière première. Celui qui travaille habituellement les matières premières qui lui sont remises par les tiers est un commerçant.

En somme, l'entreprise des manufactures est un achat pour revendre. Le manufacturier achète les services d'ouvriers, d'employés et de machines pour les revendre à ses clients (1).

C'est le fait d'un intermédiaire spéculant qui rapproche le travail d'autrui et les besoins de la consommation.

______

(1) Il suit de là que le petit atelier où le patron (*artisan*) travaille avec sa femme et ses enfants, ou même tout seul, à l'aide d'outils ou de machines ràs simples qu'il dirige lui-même, n'est pas une entreprise de manufactures. En effet, ce patron n'achète pas des services pour les revendre, il vend ses propres services ; de même l'*ouvrier* n'est pas un commerçant, et son engagement est un acte civil.

18. — Citons comme rentrant dans cette catégorie :

a) L'entreprise de manufacture proprement dite (ou industrie) (art. 632, al. 3, C. comm.).

b) Les entreprises de transports par terre ou par eau (même texte). Mais un acte isolé de transport n'est pas commercial.

c) Les établissements de vente à l'encan (art. 632, al. 4, C. comm.).

d) Les entreprises de spectacles publics (même texte).

e) On peut aussi ranger dans cette catégorie les contrats de commission, agence d'affaires ; etc. ; nous préférons les rattacher à l'achat pour revendre.

> **Exemples d'actes de commerce rentrant dans l'entreprise de manufacture**

19. —Le contrat par lequel un entrepreneur s'engage à effectuer des travaux quelconques (1) sur un immeuble, est-il une entreprise de manufactures, et par conséquent commercial (2) ? Controverse :

> **Un marché de travaux immobiliers est-il un acte de commerce ?**

1re OPINION. — Il n'y a pas là entreprise commerciale, parce qu'il s'agit d'immeubles. Un contrat relatif à l'amélioration d'un immeuble ne saurait être commercial.

2e OPINION. — Pour le propriétaire de l'immeuble à améliorer par les travaux, le contrat est civil.

Au contraire, pour l'entrepreneur, il est commercial. En effet, l'exécution de ce contrat implique achat de matériaux pour les revendre, et aussi achat de services d'ouvriers pour les revendre également (entreprise de manufactures).

---

(1) Au lieu de la construction d'une maison, on pourrait supposer des plantations, le desséchement d'un marais, un chemin, un terrassement, etc;

(2) Rapprocher cette question de celle, traitée plus haut, de savoir si l'achat d'immeubles pour les revendre est commercial.

3ᵉ Opinion. — 1º Si l'entrepreneur ne fournit que la main-d'œuvre, le propriétaire se chargeant lui-même de fournir tous les matériaux, l'entreprise n'est pas commerciale. Il est vrai que nous trouvons ici les conditions de l'entreprise de manufactures (achat de services d'ouvriers pour les revendre), mais les travaux préparatoires du Code de commerce nous paraissent imposer une exception dans notre cas (1).

2º Si l'entrepreneur fournit les matériaux, alors il spécule sur la revente des matériaux ; dès lors *l'entreprise de constructions, consistant principalement en une vente de matériaux, est commerciale*, et l'entrepreneur se trouve tenu commercialement envers le propriétaire.

§ 4. — Opérations de courtage, de banque et de change.

20. — Sont actes de commerce :

Quels sont les différents actes de commerce compris dans la catégorie des opérations de courtage, de banque et de change ?

a) Les opérations de banque, par lesquelles un banquier s'entremet entre les gens d'épargne et les gens d'entreprise.

b) Les opérations de change, par lesquelles un changeur achète pour les revendre des monnaies étrangères avec de l'argent français (ou *vice-versa*).

c) Les opérations de courtage en Bourse,

______

(1) Le projet du Code plaçait « les Entreprises de construction » dans l'énumération des actes de commerce. Elles en furent ensuite exclues, non pas par ommission, mais à la suite des observations de certains tribunaux. Les auteurs

qui consistent dans la vente-achat de valeurs mobilières.

d) Les opérations d'assurances à primes fixes, qui sont commerciales, soit parce que se rapprochant de l'agence d'affaires, soit parce qu'il y a entremise entre les assurés qui versent les primes et les sinistrés qui les touchent. L'assurance mutuelle étant une simple attribution de cotisations aux assurés sur la tête desquels le risque s'est réalisé, n'est pas commerciale.

§ 5. — Les billets à ordre portant une signature de commerçant (638, al. 2, C. comm.).

21. — Lorsqu'un commerçant a mis sa signature sur un billet a ordre, la loi présume qu'il a agi ainsi pour les besoins de son commerce. Comme d'ailleurs il importe que le même tribunal connaisse de toutes les obligations dérivant du billet, les signataires non commerçants pourront également être poursuivis devant le tribunal de commerce.

On discutait autrefois la question de savoir si le billet à ordre était commercial lorsqu'il était souscrit dans un lieu, et déclaré payable dans un autre : c'est ce qu'on appelle le *billet à domicile* (1). Aujourd'hui le billet à domicile n'est plus dis-

du Code ont donc eu l'intention certaine de regarder ces entreprises comme purement civiles. Cet argument est corroboré par le texte de l'art. 633, C. comm., qui déclare formellement acte de commerce « l'entreprise de construction des navires ». Si le législateur avait voulu donner le même caractère aux entreprises de construction de maisons, il l'aurait dit, puisqu'il a bien cru devoir le dire pour les navires.

(1) La controverse portait sur ces mots de l'art. 632, C. comm. : « Les lettres de change ou *remises de place en place* ». Le billet à domicile impliquant remise de place, on le considérait généralement comme commercial. Ces mots ont été retranchés par la loi du 7 juin 1894, qui supprime la condition

tinct du billet à ordre ; il n'est donc commercial que lorsqu'il contient une signature de commerçant.

La lettre de change, contrairement au billet à ordre, est commerciale par sa seule forme, quel que soit soit contenu (v. *supra*, n. 4.)

§ 6. — Contrats relatifs aux expéditions maritimes (633, C. comm.).

22. — Sont commerciaux, d'après l'art. 633, C. comm. :

1° Toute entreprise de construction et tous achats, ventes et reventes (1) de bâtiments pour la navigation intérieure et extérieure.

2° Toutes expéditions maritimes (réserves faites pour la navigation de plaisance).

3° Les achats ou ventes d'agrès, apparaux (2) et ravitaillement (vivres).

4° Les affrètements (l'affrètement est le louage du navire).

5° Le prêt à la grosse.

6° L'assurance maritime et autres contrats concernant le commerce de mer.

de remise de place en place pour la lettre de change. Il n'y a donc plus aucune raison de distinguer le billet à domicile du billet à ordre ordinaire.

(1) S'il s'agit d'une vente sur saisie, il n'y a pas acte de commerce.

Même s'il s'agit d'une vente volontaire, elle n'est commerciale pour le vendeur que s'il avait acheté le navire pour le revendre, et pour l'acheteur que s'il l'achète pour le revendre (arg. des mots « ventes et reventes »).

(2) Il ne faut pas confondre les apparaux et les agrès. Les apparaux comprennent d'une façon générale tous les objets servant à la navigation ; les agrès ne comprennent que les objets qui peuvent être détachés du navire sans fracture (chaloupes, voiles, etc.).

7° L'engagement des gens de mer pour le service des bâtiments de commerce, et tous accords et conventions pour salaires et loyers d'équipages (1).

REMARQUE

23. — Deux observations se dégagent de l'énumération précédente des actes de commerce :

1° Quelquefois la loi exige, pour la commercialité, qu'il y ait un ensemble d'actes de la même espèce, faits par la même personne, en un mot qu'il y ait *entreprise*. Ainsi un transport isolé n'est pas un acte commercial, mais l'entreprise de transports au contraire est commerciale.

Quel est le rôle de l'habitude et de l'intention dans la détermination des actes de commerce ?

2° Quelquefois la loi ne se contente pas, pour la commercialité, de la matérialité du fait : elle exige une certaine intention chez son auteur. Ainsi l'achat n'est pas commercial en lui-même, et cela quand bien même en fait il aurait été suivi d'une revente, mais, s'il est dans l'intention de revendre, il est commercial.

______

(1) Nous n'insisterons pas davantage sur ces contrats dont l'étude fait partie du droit maritime. V. nos *Principes de droit maritime*.

CHAPITRE III

DES ACTES COMMERCIAUX COMME ÉTANT L'ACCESSOIRE D'OPÉRATIONS DE COMMERCE

(Théorie de l'accessoire).

Qu'est-ce que la théorie de l'accessoire? **24.** — *En vertu de la théorie de l'accessoire, des actes, qui, par eux-mêmes, ne sont pas commerciaux, prennent ce caractère lorsqu'ils sont l'accessoire d'opérations de commerce, c'est-à-dire lorsqu'ils sont faits par un commerçant pour les besoins de son commerce* (1).

25. — *Cette théorie se fonde :*

a) *Sur la raison :* car nous avons remarqué que c'est pour des motifs d'utilité pratique que le législateur a donné à cer-

---

(1) Voici les conséquences de cette théorie de l'accessoire. Un commerçant achète des fauteuils, chaises, meubles quelconques : si c'est pour son usage particulier, son obligation n'est pas commerciale ; mais s'il s'agit de sièges pour faire asseoir ses clients, de balances pour peser les marchandises, de voitures pour livrer ou pour visiter les clients, l'obligation est commerciale. De même s'il loue des domestiques ou employés quelconques pour les besoins de son commerce, le contrat est commercial, ou encore s'il assure des marchandises contre l'incendie.

tains actes la commercialité ; ces mêmes motifs s'appliquent pour donner également la commercialité aux actes qui sont l'accessoire du commerce.

b) *Sur les textes*, notamment sur l'art. 631, al. 1, C. comm. : « Les tribunaux de commerce connaîtront : 1° des contestations relatives aux engagements et transactions entre négociants, marchands et banquiers... » ensuite sur l'art. 632 C. comm., avant-dernier alinéa : « La loi répute actes de commerce... toutes obligations entre négociants, marchands et banquiers » ; enfin sur l'art. 638, C. comm. al. 1, *in fine, a contrario*. Ce texte déclare que les achats de denrées que fait un commerçant pour son usage particulier ne sont pas de la compétence des tribunaux de commerce. C'est donc, *a contrario*, que ces achats seraient commerciaux, s'ils étaient faits pour les besoins de son commerce.

Quel est le fondement législatif de la théorie de l'accessoire ?

26. — Mais comment savoir, pour l'application de la théorie de l'accessoire, si telle obligation d'un commerçant a été contractée pour les besoins de son commerce ? *L'art. 638, al. 2, établit ici une présomption très importante*, qui donne à la théorie de l'accessoire une application considérable : *toute obligation d'un commerçant est réputée, jusqu'à preuve contraire, avoir été contractée pour les besoins de son commerce.*

Quand des actes faits par un commerçant sont-ils présumés actes de commerce ?

L'art. 638, C. comm., ne pose pas cette formule en termes aussi généraux. Il ne vise expressément que les « *billets* souscrits par un commerçant ». Mais il n'y pas de raison pour distinguer selon la forme de l'obligation.

Comment le commerçant fera-t-il cette preuve contraire s'il veut échapper à la commercialité ? Il pourra la faire de toutes les manières possibles ; c'est le droit commun en matière de présomptions. L'art. 638, al. 2, cite, comme moyen de preuve contraire, les énonciations mêmes du billet qui constatent l'obligation ; mais ce n'est là, dans l'opinion générale du moins, qu'un exemple. Cette présomption n'est donc pas une présomption irréfragable, *juris et de jure*.

27. — *a*) La théorie de l'accessoire vise les actes accomplis par un commerçant, mais ne s'applique pas aux actes accomplis par un civil accessoirement d'un acte commercial (1).

A quels actes la théorie de l'accessoire s'applique-t-elle

b) La théorie de l'accessoire ne rend pas commerciales les opérations immobilières, même si elles sont faites à l'occasion du commerce (2).

c) L'achat d'un fonds de commerce est-il un acte de commerce ?

En tant que cet achat porte sur les *marchandises* garnissant le fonds de ce commerce l'opération est certainement commerciale, car il y a achat pour revendre.

---

(1) Un notaire se porte caution pour un épicier qui achète du sucre à un raffineur pour 1.000 francs. L'obligation de l'épicier envers le raffineur est commerciale par elle-même. L'obligation de l'épicier envers le notaire, pour le cas où celui-ci paierait les 1.000 francs, est commerciale par la théorie de l'accessoire, mais l'obligation du notaire envers le raffineur est civile, bien qu'elle soit accessoire de l'acte commercial de l'épicier. Bien que le cautionnement soit un contrat accessoire, la théorie de l'accessoire ne rend pas commercial le cautionnement d'une obligation commerciale.

(2) Un commerçant loue une maison ou une boutique pour y exercer le commerce : ce contrat de louage est-il commercial, et, si le commerçant ne paie pas son loyer, peut-il être poursuivi par le propriétaire devant le tribunal de commerce ? Non. Le contrat demeure civil, parce qu'il s'agit d'un immeuble.

Mais en tant qu'il porte sur *l'achalandage* ou le *droit au bail*, controverse : Dans l'opinion générale, cet achat est commercial comme étant l'accessoire nécessaire des actes de commerce que l'acheteur fera par la suite ; il ne pourrait faire ces actes s'il n'avait pas acheté le fonds.

L'achat d'un fonds de commerce est-il un acte de commerce ? Et le compte courant ?

d) *Le compte-courant a une vertu commercialisante.* Il en résulte que l'obligation civile d'un commerçant devient commerciale quand elle est passée dans ce compte. C'est là, pensons-nous, une application de la théorie de l'accessoire. En effet, la plupart des obligations qui figurent dans ce compte sont commerciales : de là, le caractère commercial du compte ; or, tous les éléments de ce compte faisant bloc, les obligations civiles qui y sont portées deviennent par là même commerciales.

28. — e) *La théorie de l'accessoire produit son effet commercialisant, non seulement en matière d'obligations contractuelles, mais aussi en matière d'obligations quasi-contractuelles ou délictuelles.* Cette extension s'appuie sur le motif

Le délit d'un commerçant est-il un acte de commerce ? Exceptions

général de la théorie de l'accessoire, à savoir l'utilité pratique qu'il y a à soumettre au tribunal de commerce toutes les contestations qui ont rapport au commerce. Au point de vue des textes, on invoque, l'art. 632, C. comm., qui répute commerciales « toutes obligations entre négociants », sans distinguer la cause de l'obligation (1).

(1) Ainsi une Compagnie de transports perçoit plus qu'il ne lui est dû d'après les tarifs homologués, Celui qui a payé le transport a, contre cette compagnie, une action en répétition de l'indû (quasi-contrat d'enrichissement sans cause). Le trib. de commerce sera compétent pour connaître de cette action. La voiture de livraison d'un commerçant blesse un passant, Le tribunal

Mais pour que le quasi délit commis par un commerçant soit commercial, il faut qu'il se rattache à son commerce (1).

Enfin notons 2 exceptions résultant de textes formels. Les dommages-intérêts à raison de la contrefaçon d'un brevet d'invention sont poursuivables devant le tribunal civi (L. de 1844), et il en est de même en cas d'usurpation d'une marque de fabrique (L. de 1857). Mais la théorie de l'accessoire reprend son application en cas de contrefaçon de dessin de fabrique (L. de 1806). Ces distinctions sont peu rationnelles:

La théorie de l'accessoire civilise-t-elle les opérations commerciales en elles-mêmes ?

29. — Nous venons de voir que la théorie de l'accessoire commercialise des obligations civiles. A l'inverse, *elle civilise des obligations qui sont commerciales en elles-mêmes.*

Ainsi un instituteur achète des livres, cahiers, etc., pour les revendre à ses élèves. Son obligation de payer le prix d'achat est commerciale elle-même, puisqu'elle dérive d'un achat pour revendre. Mais elle devient civile, comme étant l'accessoire d'une opération qui n'a rien de commercial, à savoir l'école (2-3).

---

de commerce sera compétent pour connaître l'action en réparation de ce quasi-délit (action fondée sur les articles 1382 et s. C. Civ.).

(1) **Ex.** : un commerçant attaque un individu dans la rue et lui vole sa bourse ; son obligation de la restituer n'a rien de commercial, car le vol n'est pas l'accessoire de son commerce. De même les fournitures de ménage, d'habillement, etc., d'un commerçant, ne sont pas des actes de commerce, non plus que les actes juridiques tels que son contrat de mariage, son testament, etc.

(2) De même, le peintre qui achète de la toile ou des pinceaux, le médecin qui achète des médicaments dans les petites communes où il n'y a pas de pharmacie, le sculpteur qui achète du marbre, etc., ne sont pas obligés commercialement.

(3) Une obligation commerciale peut encore devenir civile par l'effet de la

novation. Par ex. un commerçant étant sur le point de tomber en faillite, son père qui n'est pas commerçant, qui est par ex. notaire, s'oblige à payer une partie de ses créanciers, de façon à dégager son fils d'une partie de son passif ; en un mot, il y a novation par changement de débiteur ; les obligations qui étaient commerciales sur la tête du fils commerçant, deviennent civiles sur la tête du père notaire.

CHAPITRE IV

30. — Il y a divers intérêts à distinguer si un acte est commercial ou non :

1° Au point de vue de la *profession de commerçant* : sont commerçants ceux qui ont pour profession habituelle de faire des actes de commerce.

2° Au point de vue de la *compétence des tribunaux de commerce*. Cette compétence n'a lieu que pour les contestations relatives aux actes de commerce.

3° Au point de vue du *taux de l'intérêt légal* : ce taux est de 5 0/0 en matière civile, et de 6 0/0 en matière commerciale.

4° Au point de vue de la *liberté du taux de l'intérêt conventionnel*. Cette liberté n'existe pas en matière civile : le taux maximum de l'intérêt civil est de 5 0/0. En matière commerciale, ce taux est libre depuis la loi de 1886.

5° Au point de vue de la *peine du faux* ; elle est plus grave en matière commerciale qu'en matière civile.

6° Au point de vue des *droits d'enregistrement* ; ils n'ont pas lieu en matière civile comme en matière commerciale.

7° Au point de vue de la *preuve par témoins* et par présomption de l'homme. En matière civile, elle est interdite au delà de 150 francs. En matière commerciale, le juge peut l'admettre, quel que soit le chiffre de la contestation.

8° Les règles sur le *gage commercial*, soit au point de vue de sa constitution, soit au point de vue de sa liquidation, sont plus simples en matière commerciale qu'en matière civile (1).

(1) Pour retenir facilement ces distinctions, se souvenir de la formule mnémotechnique suivante : *Professer deux intérêts en rétribuant une fausse preuve du gage* (profession, intérêt légal et conventionnel, enregistrement, tribunal, faux, preuve et gage). — V. d'ailleurs *infra* une autre distinction entre le non-commerçant et le commerçant.

TITRE II

Des commerçants individus.

31. — L'art. 1er C. comm., définit le commerçant : *celui qui exerce des actes de commerce, et en fait sa profession habituelle.* Des travaux préparatoires de ce texte, il résulte que pour être commerçant il n'y a pas besoin de faire des actes de commerce d'une façon notoire et principale.

Le droit français ne connaît pas la distinction allemande entre les pleins commerçants et les moindres commerçants, ceux-ci comprenant surtout ceux qui exercent les petits métiers, colporteurs, marchands des quatre-saisons, etc.

Il y a de multiples intérêts à distinguer les commerçants et les non-commerçants :

32. — 1° *Au point de vue de l'électorat et de l'éligibilité aux tribunaux de commerce :* seuls, les commerçants sont électeurs et éligibles ;

2° *Au point de vue de la compétence des tribunaux de commerce.* En vertu de la théorie de l'accessoire (*supra*, n. 24 et s.), le commerçant est en principe justiciable des tribunaux de commerce ;

3° *Au point de vue de la nécessité du bon pour ou approuvé* sur les billets portant obligation de payer une quantité, formalité dont, en vertu de l'art. 1326, C. civ., les commerçants sont dispensés ;

4° *Au point de vue du crime de faux* puni plus sévèrement s'il est en écritures commerciales (réclusion au lieu de travaux forcés à temps) ;

5° et 6° *Au point de vue de l'obligation de tenir des livres de commerce* (V. *infra*, n. 33), qui n'est imposée qu'aux commerçants, *et au point de vue de la force probante de ces livres*, qui font foi entre commerçants et n'ont pas la même force envers les non-commerçants ;

7° *Au point de vue de l'obligation de publier leur contrat de mariage*, publicité imposée aux seuls commerçants ;

8° *Au point de vue de l'application de la théorie de l'accessoire ;*

9° *Au point de vue de la faillite* qui ne peut atteindre que les commerçants (1).

33. — Avant de passer à l'étude des commerçants eux-mêmes, il nous faut étudier rapidement deux obligations qui s'imposent à eux dès le début de leur entreprise : l'obligation de tenir des livres de commerce et celle de publier leur contrat de mariage.

(1) Pour retenir facilement ces distinctions se souvenir de la formule mnémotechnique suivante : Electribon folllconac, faillite, — formule faite des premières lettres des mots : Election, tribunal, Bon pour, Faux, Livres, Contrat de mariage, Accessoire (Théorie de l') et Faillite.

CHAPITRE I

DES LIVRES DE COMMERCE

Deux questions se posent à ce sujet :

a) Obligation de tenir des livres de commerce.

b) Force probante des livres de commerce.

§ 1. — Obligation de tenir des livres de commerce.

34. — Cette obligation, inscrite dans les art. 8 et s., C. comm., est imposée à tout commerçant, individu ou société.

Cette obligation a pour *but* :

a) De servir de preuve dans les contestations entre les commerçants.

b) De permettre aux tribunaux, au cas de faillite, de rechercher à quelle date a eu lieu la cessation de paiements véritable.

c) De permettre aux négociants de se rendre un compte exact de la marche des affaires. Ceci est surtout utile pour le contrôle des associés dans les sociétés.

35. — Quelles sont les *sanctions* de cette obligation ?

a) Ce ne sera certainement pas la nullité des opérations commerciales non inscrites.

Quelles sont les sanctions de l'obligation de tenir ces livres de commerce?

En effet, notre droit privé moderne n'est pas formaliste, et la tenue des registres est exiguë non pas *ad solemnitatem*, c'est-à-dire comme formalité constitutive de l'obligation, mais seulement à titre de preuve, *ad probationem*.

b) En cas de faillite, le commerçant peut, pour absence de livres ou pour irrégularité dans leur tenue, être déclaré en banqueroute simple (art. 586, § 6, C. comm.). La soustraction de ses livres est un cas de banqueroute frauduleuse (art. 591, C. comm.).

c) En cas de contestation, ces livres ne seront d'aucune valeur comme preuve s'ils sont tenus irrégulièrement et même leur irrégularité pourra fournir à l'adversaire un argument en sa faveur.

36. — *Quels sont les livres de commerce ?*

a) Livres dont la tenue est *obligatoire* :

Quels sont les livres de commerce obligatoires?

1° *Le livre-journal*, qui constate les opérations du commerçant au fur et à mesure qu'elles se produisent, par conséquent, dans un ordre chronologique ;

2° *Le livre de copies de lettres*, où le commerçant copie toutes les lettres qu'il envoie ;

3° *Le livre d'inventaires*, où le commerçant doit recopier ses inventaires (il doit faire au moins un inventaire par an).

Ajoutons qu'il doit mettre en liasses et conserver les lettres qu'il reçoit.

37. — *b*) A côté de ces livres, les commerçants
ont l'habitude, pour leur commodité, d'en tenir
d'autres qui sont purement *facultatifs*, dont le
nombre et la nature sont variables, car cela
dépend du genre et de l'étendue de ses affaires.
Citons :

1° *Le Brouillard*. C'est le brouillon du livre-journal. Le
commerçant y écrit ses opérations au fur et à mesure et
sans souci de classement. De cette façon, il évite des ratures
et des surcharges dans le Journal ;

2° Le *Grand-Livre*. C'est un répertoire méthodique du Journal. Lorsqu'un commerçant veut relever la facture d'un client
avec lequel il est en affaires suivies, depuis un an par exemple,
il lui serait difficile d'en rechercher les éléments à travers le
Journal. Il lui est beaucoup plus aisé de se reporter, dans son
Grand-Livre, à la page qui est exclusivement affectée aux
opérations faites avec ce client.

38. — Il y a encore d'autres livres auxiliaires moins importants, en ce sens que le Grand-Livre pourrait au besoin les
suppléer. Citons :

Le livre de Caisse.

Le livre des Effets à payer.

Le livre des Effets à recevoir.

Le livre d'Entrée et de sortie des marchandises.

Le carnet de compte de chèques.

39.— Le Grand-Livre et le Journal peuvent être
tenus, soit en *partie simple*, soit en *partie double*.

« Dans la tenue des livres à partie simple, on
ne formule au Journal que le débit ou le crédit
du tiers qui a reçu ou livré, de sorte que chaque
article n'est reporté qu'une fois au Grand-Livre, au Doit ou à

Quels sont les livres de commerce habituels et non obliga-toires ?

Qu'est-ce que la comp-tabilité en partie sim-ple et en par-tie double?

3

l'Avoir du compte du tiers. Dans la tenue des livres à partie double, on formule au Journal le débit du tiers qui a reçu et le crédit de la maison qui a livré, ou inversement, de sorte que chaque article est toujours reporté au grand livre à deux comptes, au Doit du compte du tiers et à l'Avoir du compte qui est substitué à la maison ou inversement » (1). En d'autres termes ce qui caractérise la méthode de la partie double, c'est que, pour le besoin des écritures, chaque branche extérieure de l'entreprise possède une personnalité, est personnifiée sous forme d'un compte. Et l'on distingue au moins quatre comptes différents : Marchandises, Caisse, Effets à recevoir, Effets à payer.

Certains livres ne sont-ils pas soumis à certaines formalités ?

40. — Le livre-journal et le livre des Inventaires doivent être cotés, paraphés et visés par un juge du tribunal de commerce, ou par le maire, sans frais.

La cote consiste dans le numérotage des feuillets. La dernière page doit être indiquée ; par exemple, s'il y a 100 pages, le juge mettra : « centième et dernière page ».

Le paraphe consiste en ce que le Juge appose, sur chaque feuillet, ses initiales.

Quel est le but de ces formalités ?

Le but de ces formalités est d'éviter des suppressions, additions ou substitutions de feuillets.

Pour faire ces substitutions, le commerçant devrait imiter le paraphe du juge, ce qui l'exposerait aux peines du faux, c'est-à-dire aux travaux forcés.

_____

(1) H. Deschamps, *Précis de comptabilité*, 9ᵉ éd., p. 141.

§ 2. — Force probante des Livres de commerce.

41. — Le commerce ayant besoin de rapidité (d'où nécessité de preuves simplifiées) et un livre de commerce étant une œuvre de longue haleine, difficile à truquer, il faut bien lui accorder un certain crédit. Mais remarquons tout d'abord que ces livres ne font preuve que pour les faits de commerce (1).

Nous allons donc supposer qu'il s'agit de faits de commerce, et que, de plus, les livres qu'il s'agit de produire sont bien tenus.

Il faut distinguer selon que les livres sont produits contre leur auteur ou en sa faveur.

42. — a) *En faveur de leur auteur.*

1° Entre deux commerçants : chacun fournit ses livres. S'ils s'accordent, la preuve est faite ; s'ils ne s'accordent pas, aucune preuve n'est faite. Leurs affirmations contradictoires se détruisent.

2° Entre un commerçant et un civil : Celui-ci ne peut opposer ses propres livres à ceux du commerçant puisqu'il n'est pas tenu d'en avoir.

Le commerçant ne peut donc pas les invoquer en tant que formant preuve complète ; peut-il les invoquer comme *commencement de preuve par écrit*, à l'effet de rendre admissible la preuve par témoins, par présomptions, ou par serment supplétoire ? Il semble que non, parce que,

A quelle condition les livres font-ils preuve ?

Quand ils sont produits en faveur de leur auteur ?

Un commerçant peut-il invoquer ses livres comme commencement de preuve par écrit ?

(1) Ex. : un commerçant achète à un autre commerçant une maison de campagne : les livres ne pourront être employés pour prouver ce contrat, qui n'a rien de commercial.

d'après l'art. 1347. C. civ., le commencement de preuve par écrit doit émaner de l'adversaire ; or, les livres invoqués par le commerçant contre le civil sont l'œuvre de celui qui les invoque, et non l'œuvre de son adversaire. Mais l'art. 1329 C. civ., disposant que ces livres n'ont aucune force probante contre les civils pour les « fournitures » qui y sont portées, la jurisprudence conclut de ce texte que, pour des obligations autres que pour celles de fournitures, ces livres valent, même contre les non-commerçants, comme commencement de preuve, à la condition que cette preuve soit complétée (art. 1329 C. civ.) non par le preuve testimonale, mais par le serment supplétoire.

Force probante des livres quand ils sont produit contre leur auteur.

43. —b) *Contre leur auteur.* L'adversaire (commerçant ou civil) d'un commerçant peut invoquer les livres contre leur auteur. La preuve du livre est alors entière, quelle que soit la qualité des parties, la nature de l'obligation, et même que le livre soit tenu régulièrement ou non.

Mais en pareil cas, quand l'adversaire d'un commerçant invoque les livres de ce dernier contre leur auteur, il doit prendre les mentions telles qu'elles sont. Il ne peut pas les diviser, c'est-à-dire invoquer les parties qui lui sont favorables, et laisser les autres qui lui sont contraires : c'est l'application du principe de l'indivisibilité de l'aveu (C. civ. 1130).

Qu'est-ce que la communication des livres ?

44. — Il ne faut pas confondre la communication et la représentation des livres.

La communication implique pour le commerçant le fait de se dessaisir de ses livres. Elle consiste en ce que ces livres sont remis, pour être examinés et compulsés dans leur ensemble. Cette communication peut être réclamée par voie d'action principale. C'est une chose fort grave, car toutes les affaires du commerçant sont ainsi divulguées, et il peut craindre qu'on ne prenne note de l'adresse de ses meilleurs clients et des diverses combinaisons qui font le succès de ses affaires. Aussi, la loi (art. 14 C. comm.) n'admet-elle cette communication que dans les 4 cas suivants, expressément et limitativement déterminés :

Dans quels cas la communication des livres peut-elle avoir lieu ?

1° Le partage d'une succession entre cohéritiers,

2° Le partage d'une communauté entre mari et femme,

3° Le partage d'une société entre les associés,

4° Le partage de l'actif de la faillite entre les créanciers d'un commerçant.

Cette communication est possible pendant les 10 ans qui suivent la confection des livres. Il faut donc conserver ceux-ci pendant 10 ans. Leur défaut de conservation entraîne présomption contre le commerçant qui ne peut les communiquer.

45. — *La représentation des livres consiste simplement à représenter les livres pour qu'on les consulte sur le point spécial en litige.* Elle ne peut donc être demandée que par voie incidente ; elle n'implique aucun dessaisissement. C'est donc une mesure beaucoup moins grave que la communication. Aussi peut-elle être ordonnée par le juge en toute affaire.

Qu'est-ce que la représentation des livres ! Dans quels cas peut-elle avoir lieu ?

Si la contestation a lieu dans une ville autre que celle où se trouvent les livres, le juge du litige peut donner une commission rogatoire au juge du lieu où se trouvent ces livres, afin d'en prendre connaissance.

CHAPITRE II

Quelles sont les raisons de cette publication ?

46 — Le fait pour un commerçant d'être marié sous tel ou tel régime présente pour les tiers un intérêt primordial, car leur gage (biens du commerçant) sera influencé par ce contrat. De plus, de la nature du régime adopté dépendra la capacité de la femme.

En quoi consiste cette publication?

Aussi *la loi ordonne* (art. 67 et 68 C. comm.) *qu'on extrait du contrat de mariage, indiquant seulement la nature du régime, soit transmis au greffe du tribunal civil et à celui du tribunal de commerce, à la chambre des notaires et à celle des avoués du domicile du mari.*

Qui est chargé de cette publication ?

Cette publicité n'est prescrite que si le commerçant se marie sous le régime de séparation de biens ou sous le régime dotal.

47. — *C'est le notaire qui est responsable de cette publicité,* si les deux époux (ou l'un d'eux seulement) étaient commerçants au moment du mariage ; s'ils ne deviennent commerçants (ou l'un d'eux seulement) qu'après le mariage, c'est l'époux qui devient commerçant qui doit faire cette publication. La sanction serait, en cas de faillite, la déclaration de banqueroute simple.

48. — Si c'est la femme qui s'est faite commerçante, et qu'elle soit mariée sous le régime dotal, la jurisprudence ajoute cette sanction : qu'elle ne pourra pas opposer aux tiers, envers qui elle s'est engagée, son incapacité dotale. En effet, cette incapacité ne s'applique pas en matière de délit ou de quasi-délit, et on peut considérer ainsi le fait par la femme de ne pas s'être conformée à cette prescription. Par conséquent, les créanciers commerciaux de cette femme pourront saisir et faire vendre même les immeubles dotaux.

N'y a-t-il pas une autre sanction à l'égard de la femme dotale, devenue commerçante ?

49. — *Une semblable publicité est exigée pour les jugements de séparation de biens, de séparation de corps ou de divorce :* V. l'art. 66 C. comm.

Non seulement le jugement prononçant la séparation de biens doit être publié, mais il en est de même de la demande. En effet, le jugement rétroagissant au jour de la demande, les tiers ont grand intérêt à connaître la demande de séparation de biens, puisque les engagements que contracte ensuite le mari ne peuvent plus être exécutés sur les biens de la communauté.

Quelle est la publicité exigée pour la séparation des biens ?

La publicité de la demande et celle du jugement sera faite comme celle du contrat de mariage. De plus, le jugement doit être lu à l'audience publique du tribunal de commerce.

Pour les séparations de corps, le jugement ne rétroagissant pas au jour de la demande, la publicité ne s'applique qu'au jugement ; les formalités de publicité sont les mêmes.

La sanction de ces règles serait l'inexistence de la séparation de biens au regard des tiers.

Pour le divorce, les formalités de publicité sont les mêmes, et, en plus, un extrait doit être inséré dans un journal de la localité.

CHAPITRE III

CAPACITÉ NÉCESSAIRE POUR FAIRE LE COMMERCE

50. — Mettons d'abord de côté certaines *professions pour lesquelles des lois spéciales exigent des diplômes* (ex. : pharmacien) ou des autorisations administratives (ex : établissements insalubres), etc. De plus l'*incomptabilité de certaines professions* (avocats, officiers ministériels, etc.) avec le commerce n'est pas une incapacité.

51.— Sauf quelques restrictions sur des points spéciaux (absence de droits politiques, nécessité de la caution *judicatum solvi*), etc., l'étranger jouit en France d'une pleine capacité commerciale.

52. — *En principe tout individu qui a la capacité générale de contracter peut être commerçant.*

§ 1. — Mineur commerçant.

53. — La rapidité du commerce ne permet pas d'admettre, en droit commercial, le régime civil des incapables (représentation par le tuteur, conseil de famille, etc.).

A quelles conditions un mineur peut-il être commerçant ?

54 — Aussi la loi (art. 2 C. comm.) *permet au mineur d'être commerçant aux conditions suivantes :*

1° Qu'il soit émancipé (on peut l'être à 15 ans) ;
2° Qu'il ait *18 ans* ;

3° Qu'il soit préalablement et expressément *autorisé à faire le commerce*, par la personne qui a qualité pour l'émanciper (le père ou, à son défaut, la mère, par acte sous seing privé ; ou, à leur défaut, par le conseil de famille par acte authentiques.

4° Que cette *autorisation soit enregistrée et rendue publique* par un affichage au tribunal de commerce du lieu où le mineur veut établir sa maison de commerce.

L'autorisation de faire le commerce est-elle révocable ? Pourquoi ?

L'autorisation peut-être révoquée par celui qui l'a donnée : *a*) Par application de l'art. 485 C. comm., pour usage abusif de l'émancipation dans l'ordre civil : C'est au tribunal civil qu'il appartient de se prononcer : *b*) On a soutenu que pour conduite déplorable de ses affaires commerciales, l'auteur de l'autorisation pouvait la révoquer ; le mineur pourrait alors se pourvoir devant le tribunal pour faire juger le mal fondé de cette révocation. Mais cette seconde sorte de retrait de l'autorisation est très discutée.

Quelle est la capacité d'un mineur commerçant ?

55. — *Le mineur est réputé majeur pour tous les actes relatifs à son commerce.*

Ainsi il peut, pour les affaires de son commerce, emprunter, hypothéquer, transiger, plaider, etc., et ces actes sont aussi valables que s'ils émanaient d'un majeur. Cependant, il n'est ni électeur, ni éligible au tribunal de commerce.

Toutefois, il ne peut pas aliéner ses immeubles même pour les besoins de son commerce. A cet égard il faut remplir les formalités du droit commun en matière de vente de biens de mineur (autorisation du conseil de famille, homologation du tribunal, adjudication aux enchères publiques). *[Le mineur commerçant peut-il aliéner un immeuble ?]*

56. – *C'est seulement pour les actes concernant son commerce que le mineur est réputé majeur.* Dans tout le domaine de son activité civile il reste soumis au droit commun relatif aux mineurs. Aussi la distinction des actes commerciaux et civils prend ici beaucoup d'importance. *[Pour quels actes le mineur commerçant est-il réputé majeur ?]*

57. — Quid des actes faits par un mineur ayant entrepris le commerce sans autorisation préalable? On devrait dire que, en vertu des art. 1125 et 1312 C. civ., ces actes sont atteints d'une nullité relative. Mais : 1° La jurisprudence admet *[Quel est le sort des actes faits par un mineur non autorisé ?]* que, si l'acte exige des formalités, il est annulable, et que s'il n'en exige pas, il est seulement rescindable, c'est-à-dire ne peut être attaqué que par le mineur et au cas de lésion. — 2° Comme, presque toujours, le mineur aura accompli des manœuvres frauduleuses, il ne sera presque jamais admis à opposer la nullité relative de son titre.

§ 2. — Femme mariée commerçante.

58. — a) *Nécessité d'une autorisation.*
L'incapacité de la femme de faire le commerce vient, non pas de son sexe, mais du respect dû à l'autorité maritale. *[Pourquoi la femme est-elle incapable de faire le commerce ?]*

En quelle forme le mari peut-il autoriser sa femme ?

La femme ne peut être marchande publique sans le consentement de son mari (art. 4 et 5, C. comm.). *Mais ce consentement peut être tacite :* Il suffit qu'elle fasse le commerce au vu et au su de son mari, sans opposition de la part de ce dernier.

Le mari peut révoquer son autorisation, et faire en sorte que cette révocation soit rtée   à la connaissance du public. La loi n'a pas fixé le mode de publicité. Les tribunaux apprécieront en fait si les mesures de publicité prises par le mari ont été suffisantes.

L'autorisation maritale peut-elle être remplacée par l'autorisation de justice ?

59. — *L'autorisation de justice peut-elle remplacer, pour la femme, le consentement de son mari ?* C'est controversé. La doctrine admet en général la négative (sauf, toutefois, si le capital d'établissement est pris sur le pécule réservé de la femme, L. du 13 juill. 1907). La jurisprudence fait une distinction :

Si le mari est en état de faire connaître sa volonté, il faut son consentement. Donc, si le mari refuse d'autoriser la femme, le tribunal ne peut aller à l'encontre de sa volonté.

Mais si le mari est absent interdit, mineur, fou, etc., l'autorisation de justice suffit.

La femme séparée de corps peut-elle faire le commerce ?

60. — Si la femme est séparée de corps, il est évident qu'elle peut librement faire le commerce, puisque, le jugement de séparation de corps lui rend sa pleine capacité civile (L. 6 février 1893, modif. l'art. 311, C. civ.).

61. — b) *Capacité de la femme commerçante*

Il est évident que la femme mariée n'a pas besoin d'être autorisée spécialement par son mari pour chacun des actes de son commerce : l'autorisation que le mari lui a donnée de faire le commerce est *générale*, et comprend tous les actes que la femme pourra faire à l'occasion de son commerce.

Quelle est la capacité de la femme autorisée ?

Il y a là une importante exception à la règle que l'autorisation maritale doit être spéciale.

La femme commerçante s'oblige valablement seule pour tous les faits de son commerce.

Elle est pleinement capable : Donc, pour les besoins de son commerce, elle peut hypothéquer et même aliéner ses immeubles propres (sauf, toutefois, si elle est mariée sous le régime dotal : elle ne peut alors aliéner que ses paraphernaux).

62. — Mais *cependant la femme*, même pour les procès concernant son négoce, *ne peut soutenir ou défendre un procès sans une autorisation expresse et spéciale* (art. 215, C.civ.). Mais si le mari refuse l'autorisation, la femme peut le citer en Chambre du Conseil, pour le faire s'expliquer sur ce refus. — Si la femme est défenderesse, on assigne par copies séparées, la femme et le mari, ce dernier aux fins d'autorisation. S'il refuse cette autorisation, le tribunal autorise la femme.

Quid pour les actions en justice ?

Mais *par dérogation formelle à cette règle* de l'art. 215, C. civ., l'art. 6 de la loi du 13 juillet 1907, relative au « libre salaire de la femme mariée », *dispose que* « *la femme pourra ester en justice sans autorisation, dans toutes les contestations relatives aux droits qui lui sont reconnus par la présente loi* ».

63. — c) *Effet des actes de la femme commerçante.*

Qui peut opposer leur nullité ? des actes faits par la femme sans autorisation.

Effets des actes de la femme sur le patrimoine commun

Si la femme n'est pas autorisée (art. 225, C. civ.), *la nullité ne peut être opposée que par la femme, par le mari, ou leurs héritiers.*

L'effet des actes de la femme commerçante sur les patrimoines propres et communs des époux varie suivant le régime matrimonial adopté.

α) *Régime de la séparation des biens : Les dettes de la femme ne grèveront que son patrimoine propre* ; ses gains ne profiteront qu'à lui seul.

β) *Régime dotal : Les paraphernaux de la femme auront seuls les pertes et les profits.*

γ) *Régime de communauté.*

Si la femme est mariée en communauté légale, que ls sont les droits de ses créanciers commerciaux ?

a) Pendant la communauté ?

Si une femme est mariée sous le régime de la communauté, l'*obligation* qu'elle contracte envers un créancier pour son commerce, *tombe dans la communauté de son propre chef.*
Quels sont alors les droits du créancier ?

A) *Pendant la communauté,* il peut poursuivre son paiement pour le tout (C. civ., art. 1419) : — 1° *Sur les propres de la femme ; — 2° Sur les biens de la communauté ; — 3° Sur les propres du mari.*

b) Après la communauté ?

B) *Après la dissolution de la communauté,* distinguons selon que la femme accepte ou renonce :

Si elle renonce : le créancier peut poursuivre pour le tout, soit la femme, soit le mari.

Si elle accepte : a) le créancier peut certainement poursuivre la femme pour le tout, puisqu'il s'agit d'une obligation qu'elle a contractée personnellement.

b) Mais pour combien peut-il poursuivre le mari ? Controverse.

D'après la jurisprudence, le créancier peut poursuivre le mari pour le tout, car il a autorisé la femme à contracter cette obligation, et par là même il s'est porté caution.

D'après certains auteurs, le créancier ne peut poursuivre le mari que comme commun en biens, c'est-à-dire pour moitié. En effet, le mari en autorisant la femme a bien validé l'obligation de la femme, mais il ne s'est pas obligé lui-même, car « *qui auctor est, se non obligat* ».

64. — Cas spécial : *Femme ayant entrepris le commerce avec ses biens réservés* (L. du 13 juillet 1907).

Les gains iront au pécule propre de la femme et les pertes ne grèveront que ce pécule. Mais, même dans cette hypothèse, s'il y a eu autorisation du mari, le bénéfice ira au pécule, mais les charges grèveront aussi le mari et la communauté.

Quelle est la situation de la femme faisant le commerce avec ses « biens réservés » ?

N.-B. — I. — **65.** — *Ne pas confondre la femme commerçante et la femme simple employée du mari.* L'art. 5, C. comm., établit à ce sujet une présomption irréfragable : La femme « n'est pas réputée marchande publique si elle ne fait que détailler les marchandises du commerce de son mari ; elle n'est réputée telle que lorsqu'elle fait un commerce séparé ».

II — **66.** — *Différences entre le mineur commerçant et la femme mariée commerçante :*

Le mineur commerçant ne peut *jamais* aliéner ses immeubles, la femme le peut.

Mais il peut ester en justice ; la femme (sauf exception de la loi de 1907) ne le peut sans autorisation spéciale.

Quelles différences y a-t-il entre le mineur commerçant et la femme mariée commerçante ?

§ 3. — Interdits et individus pourvus d'un conseil judiciaire, pouvant le commerce.

67. — Les interdits, ne pouvant agir que par leur représentant légal, ne peuvent faire le commerce.

68. — Les individus pourvus d'un conseil judiciaire peuvent, en droit, être commerçants. En fait, c'est impossible, car il leur faut l'assistance constante de leur conseil judiciaire.

TITRE III

Des sociétés commerciales.

Textes : C. civ., art. 1832 à 1873 ; C. comm., art. 18 à 64 ;
L.L. du 24 juill. 1867, 1ᵉʳ août 1893, 16 nov. 1903 et 22 nov.
1913 (1).

Généralités

69. — *Une société commerciale est une société
qui a pour objet de faire des actes de commerce,
ou qui a revêtu une forme commerciale.*
70. — D'une façon plus générale (art. 1832, C.
civ.) *la société* (même civile) *est un contrat par
lequel deux ou plusieurs personnes conviennent de mettre
quelque chose en commun, dans la vue de partager le bénéfice qui pourra en résulter.*

Définitions de la société et de la société commerciale.

(1) Ces lois étant très importantes, il est nécessaire d'en retenir la date et
l'objet.

71. — La société diffère donc :

Ce qui diffé-
rencie la
société des
contrats voi-
sins.

a) De l'association : par l'idée de lucre, de gain cherché ;

b) De l'indivision, en ce qu'elle est un état cherché et permanent, et non subi et précaire.

c) De la participation aux bénéfices, en ce que dans celle-ci il n'y a pas poursuite d'un bénéfice sur un pied d'égalité, en vertu d'une action commune.

72. — *La société exige donc la réunion de deux conditions :*

Poursuite d'un bénéfice : Une simple économie ne se traduisant pas sous forme de gains à répartir ne constitue pas cette condition, déclare la jurisprudence.

L'existence d'un apport, variable quant à la nature de l'objet (matériel ou incorporel, par exemple brevet d'invention ou industrie, c'est-à-dire faculté de travail), et quant à la nature du droit de l'apporteur sur cet objet : Apports en propriété ou en jouissance seulement.

73. — *On divise les sociétés commerciales en sociétés de personnes et sociétés de capitaux.*

Classifica-
tion; distinc-
tions et
idée géné-
rale de cha-
cune des
sociétés.

a) *Société de personnes :* La part de l'associé se nomme intérêt.

La première de ces sociétés est la *société en nom collectif,* se distinguant des autres, *extérieurement par une raison sociale* qui ne peut comprendre que les noms des associés (v. *infra.* n. 84), et *intérieurement par l'intuitus personæ,* ou confiance réciproque des associés qui domine toute cette société (d'où sa dissolution par la mort de l'un d'eux, etc.).

La deuxième est la *société en commandite simple ou par intérêt :* La *raison sociale* ne comprend que *le nom du gérant ;* elle est également dominée par l'*intuitus personæ.*

b) *Société de capitaux* : La part de l'associé se nomme action.

La première de ces sociétés est la *société en commandite par actions* différant de la société en commandite simple en ce que *les commanditaires ne sont pas unis par l' « affectus societatis »* ; la raison sociale comprend le nom du gérant.

La deuxième de ces sociétés est la *société anonyme, où la responsabilité de chacun des associés est limitée à son apport, et d'où l'« affectus societatis » est complètement banni* ; la raison sociale ne comprend aucun nom.

CHAPITRE I

DE LA PERSONNALITÉ MORALE DES SOCIÉTÉS

74. — Il est unanimement admis aujourd'hui que *les so-ciétés de commerce ont la personnalité morale.*

75. — *a)* **La loi reconnaît-elle la personnalité morale ?**

Oui, et pour le démontrer, on s'appuie notamment sur les art. 529 C. civ. et 69, § 6, C. proc.

Comment la loi recon-naît-elle la personnalité morale des sociétés ?

L'art. 529, C.civ., dit que les droits des asso-ciés dans une société de commerce dont l'actif se compose d'immeubles sont néanmoins meubles. Cela implique que les immeubles n'appartiennent pas aux associés ; c'est donc qu'ils appartiennent à la société elle-même et que, par conséquent, cette société a la personnalité morale.

L'art. 69-6° C. proc. dit qu'une société de commerce doit être assignée à son siège social. Si elle n'était pas une personne morale, il faudrait assigner chaque associé à son propre do-micile.

On peut également s'appuyer sur l'art. 1860, C. civ. : « L'associé qui n'est pas administrateur, ne peut aliéner ni engager les choses, même mobilières, qui dépendent de la société ».

Cette indisponibilité des choses sociales pour l'associé et pour ses créanciers est la preuve que ces choses sont hors de leur patrimoine et sont aux mains d'une autre personne qui ne peut être autre que la société. Si celle-ci possède donc par elle-même un patrimoine, c'est qu'elle constitue une personne morale, laquelle, comme tout être juridique, est douée de l'autonomie patrimoniale, comme le prouve cet art. 1860.

Cependant plusieurs auteurs contestent que l'art. 1860 ait une telle portée.

76. — *b)* **Effets de la personnalité morale.**

Les conséquences principales de la personnalité morale sont relatives :

Quelles sont les conséquences de la personnalité morale des sociétés?

77. — 1º *A la nature du droit des associés.* Ce droit est mobilier, quelle que soit la composition de l'actif social.

Quant à la nature du droit des associés.

Par suite : *a)* La transmission de la part sociale se fera dans les formes usitées pour les droits mobiliers (endossement, tradition manuelle, formes de l'art. 1690 et s., C. civ., etc.), et non dans les formes requises pour la transmission des droits immobiliers (transcription) ; — *b)* La capacité d'aliéner les meubles suffit pour aliéner la part sociale ; — *c)* Les parts sociales tombent en communauté ; — *d)* Les immeubles sociaux sont affranchis de toute hypothèque (même légale) venant du chef des associés (et cela aussi pour la raison qui va suivre.

78.—2° *A l'autonomie patrimoniale de la société.*

Quant à l'autonomie patrimoniale de la société. — Nous entendons par là qu'une séparation de patrimoines s'établit entre le patrimoine de la société et celui des associés. C'est la règle très importante de l'art. 1860, C. civ. Les biens sociaux sont indisponibles aux mains des associés et ne sont pas le gage de leurs créanciers : Par suite : *a)* Les créanciers sociaux, auront, sur les biens de la société, un droit exclusif ; *b)* L'associé ne peut, en compensation de sa dette, opposer une créance de la société ; *c)* La société peut être mise en faillite (ou l'associé) sans que l'associé (ou la société) y soit également (sauf exception).

79.— 3° *Au droit d'ester en justice de la société*,

Quant au droit d'ester en justice, de la société. — qui pourra exercer ce droit, comme demanderesse ou comme défenderesse, par l'intermédiaire de ses représentants légaux, sans heurter la règle : « Nul en France ne plaide par procureur », et sans qu'il y ait besoin cependant de mettre en cause tous les associés.

80. — 4° *Au domicile de la société*, qui est au

Quant au domicile de la société — lieu où cette société à son siège social, pourvu que ce siège social soit réel et sérieux et, par exemple, n'ait pas pour but de tourner la loi et de tromper les tiers notamment quant à la nationalité de la société, qui est celle de ce domicile, c'est-à-dire du lieu de ce siège social, et aussi quant au tribunal compétent, en tant que tribunal du lieu du domicile de la société (N.-B. L'existence d'une succursale n'implique élection de domicile par la société au lieu de cette succursale, que si la société l'a entendu ainsi.)

81. — 5° *A la raison sociale.* La raison sociale est le nom de cette personne morale qui constitue une société.

C'est une expression qui comprend les noms de tous les associés indéfiniment et solidairement responsables des dettes de la société envers les tiers. La raison sociale est le nom de la société. Mais il y a, ainsi que nous le verrons, des sociétés où l'on ne trouve pas d'associés indéfiniment et solidairement responsables (sociétés anonymes), D'autre part, il y a des sociétés (sociétés en participation) qui n'existent pas au regard des tiers, et qui, dès lors, ne sauraient avoir une raison sociale, car le néant ne saurait avoir un nom.

82. — Il ne faut pas confondre la raison sociale avec l'*enseigne*, désignation employée souvent pour faire retenir plus facilement au public l'existence d'une maison de commerce et son genre

d'opérations. Cette désignation est tirée soit de la nature des opérations de la société (société parisienne du Gaz, société du chemins de fer du Nord, etc.), soit simplement de la fantaisie (l'Abeille, le Phénix, le Printemps, le Louvre, etc.).

L'enseigne est toujours employée dans les sociétés dont la raison sociale ne comprend pas de noms d'associés. Elle est souvent employée aussi dans les autres sociétés, lorsque les associés ne veulent pas mettre en évidence leurs noms, qui ne paraissent pas sympathiques au public à raison de leur forme étrangère.

83. — *c*) **Durée de la personnalité morale.**

Quand naît la société, personne morale ? La société est certainement douée de la personnalité morale dès que les formalités constitutives de la société ont été observées. Mais avant même que toutes ces formalités ne soient réalisées, elle a une certaine personnalité morale : Ainsi, pendant que la souscription des actions se fait, on ne peut dire que les sommes versées par les premiers souscripteurs appartiennent aux fondateurs : Elles appartiennent à la société, qui existe déjà comme telle.

Quand cesse la personnalité morale d'une société ? 84. — D'un autre côté cette personnalité subsiste même après la dissolution de la société, dit la jurisprudence, ce qui simplifie beaucoup la liquidation : Car s'il y a des débiteurs à poursuivre, il est plus simple que les poursuites soient exercées par la société que par l'ensemble des associés. Mais *cette survie de la personnalité morale n'a lieu que pour les besoins de la liquidation.*

Dans une autre opinion, la personnalité morale de la société disparaît à sa dissolution. En effet, l'art. 529, C. civ., en supposant que l'actif de la société est immobilier, dispose qu'après la dissolution de la société, les parts des associés sont des droits immobiliers : c'est donc que les associés cessent d'être créanciers pour devenir copropriétaires de l'actif social.

CHAPITRE II

SOCIÉTÉ EN NOM COLLECTIF

85. — *La société en nom collectif est celle où tous les associés sont solidairement et indéfiniment responsables de toutes les dettes sociales.*

La raison sociale se compose des noms de tous les associés, puisque, d'après la définition, ils sont tous solidairement responsables.

Il y aurait escroquerie à insérer dans la raison sociale des noms de personnes non associées : ce serait en réalité donner à la société un faux nom, et lui procurer ainsi, d'une façon frauduleuse, un faux crédit.

La société peut adopter une enseigne.

Qu'est-ce que la société en nom collectif?

§ 1. — Conditions de formation.

86. — a) *Conditions de fonds.* — Ce sont les mêmes conditions que pour la validité d'un contrat quelconque : Il faut notamment un objet licite (prohibition des sociétés de jeu, des sociétés pour l'exploitation d'un office ministériel, etc.) ; sinon la société est atteinte de nullité

Quelles sont les conditions de fonds requises pour constituer la société en nom collectif?

absolue. De plus il faut, pour entrer dans une telle société, avoir la capacité d'être commerçant.

Toutefois, d'après l'opinion générale du moins, la femme mariée a besoin de l'autorisation *spéciale* du mari pour entrer dans une telle société : l'autorisation générale de faire le commerce ne lui suffit pas ; et l'autorisation du mari est nécessaire, même si la femme ne met en société que ses biens réservés (loi du 13 juillet 1907), car, dans une telle société, la responsabilité de la femme ne peut être limitée à cette catégorie de biens.

87. — b) *Conditions de forme* : 1° *Nécessité d'un écrit.* La société doit être constatée par écrit. (art. 39 et 41 C. com.).

Il suit de là que, d'une part, la preuve des apports par témoins ou par présomptions n'est pas admise, même au-dessous de 150 francs (dérogation aux art. 1341 et 1353, C. civ.), même lorsqu'il y a un commencement de preuve par écrit (dérogation à l'art. 1347, C. civ.).

Quelles sont les conditions de forme pour constituer la société en nom collectif ? Le motif de cette dérogation au droit commun est qu'il n'y a jamais urgence à constituer une telle société ; les parties ont tout le temps de la réflexion, et il importe qu'elles fixent d'une façon précise les conditions de leur association dont les conséquences sont plus complexes que tout autres contrats.

88. — La règle qui exige un écrit s'applique aux associés et non aux tiers qui voudraient prouver l'existence de la société. On ne peut pas en effet leur reprocher de ne pas produire un écrit, car ils ne pouvaient se ménager à eux-mêmes ce moyen de preuve.

89. — L'écrit sera indifféremment sous seings privés ou authentique. Cependant, l'acte authentique a pour avantage que, en vertu de l'art 854 C. civ., la société entre un *de cujus* et un de ses héritiers ne sera pas réputée frauduleuse à l'égard des autres héritiers et que l'héritier associé ne devra pas à la succession le rapport des sommes qu'il a recueillies dans cette société.

Quel écrit est nécessaire ?

90. — *L'écrit est requis, non « ad solemnitatem »*, c'est-à-dire comme une condition de forme essentielle à la validité de la société, *mais « ad probationem »*, c'est-à-dire pour la preuve. S'il n'y avait pas d'écrit, les parties ne pourraient prouver le contrat par témoins, mais elles le pourraient par l'aveu ou le serment (1).

L'écrit est-il requis ad solemnitatem ?

91. — *2° Publicité*. — *La société doit être publiée pour porter à la connaissance des tiers la création de cette personne morale avec laquelle ils vont avoir à traiter*. De plus, en formant une société, les associés enlèvent à leurs créanciers personnels une partie de leur gage. Cette diminution de gage n'est possible que s'ils en sont avertis par la publicité. V. les art. 55 et s. de la loi du 24 juillet 1867.

En quoi consiste la publicité requise ?

92. — Cette publicité comporte : a) *Un double dépôt de l'acte de société*.

α) Dépôt d'un double de cet acte (2) au greffe du tribunal

----

(1) La société qui serait ainsi prouvée par l'aveu et le serment, à défaut d'écrit, ne produirait que des effets bien amoindris, car elle n'aurait pas pu être publiée, la publication supposant un écrit.

(2) Je suppose que l'acte de société est sous seing privé ; s'il était authentique, on déposerait une *expédition*.

de commerce du siège social dans le mois de la constitution de la société (1) ;

β) Dépôt d'un pareil double au greffe de la justice de paix du siège social dans le même délai.

La publication doit-elle être faite au lieu de chaque succursale ?

Si la société a des succursales en divers lieux, le double dépôt doit être fait dans chacun de ces lieux, et il en est de même de l'insertion de l'extrait dans un journal d'annonces légales dont il va être parlé. Si la maison principale et les succursales se trouvent dans plusieurs arrondissements d'une même ville, comme cela arrive quelquefois à Paris, il suffit de faire la publication dans l'arrondissement de la maison principale.

Que doit mentionner l'extrait qui doit être inséré dans un journal d'annonces légales ?

93. — b) *Une insertion dans un journal*, et une autre insertion, obligatoire, depuis la loi du 30 janvier 1907, *au Bulletin annexe du Journal Officiel*. Il faut faire insérer, toujours dans le même délai d'un mois, dans un journal d'annonces légales et *au Bulletin annexe du Journal Officiel*, un extrait de l'acte de société, extrait qui doit énoncer :

1° Les noms des associés (2) ;

---

(1) Ce mode de publicité est bien incomplet, car si, en pratique, le greffier communique au public la pièce déposée, la loi ne lui en fait pas une obligation (art. 63, arg. *a contrario*). Il y a là un oubli singulier du législateur.

(2) Remarquons qu'il n'y a pas lieu d'indiquer les apports des associés. Cette mention n'est requise que pour les sociétés en commandite ou anonymes. Pour les sociétés en nom collectif, la fortune de chaque associé étant le gage des créanciers sociaux, il n'y a pas besoin d'indiquer des apports déterminés ; si en fait les apports sont mentionnés, cela concerne les associés et non les tiers.

2° La raison sociale (et l'enseigne, s'il y en a une) ;

3° Le siège social ;

4° Les noms des gérants (1) ;

5° L'époque où la société commence et celle où elle doit finir ;

6° La date du dépôt fait aux 2 greffes ;

7° L'indication que la société est en nom collectif (2).

Cette énumération n'est pas limitative et l'on s'accorde à reconnaître que l'extrait doit contenir toutes les mentions que les tiers ont intérêt à connaître.

Si dans le cours de la société d'importantes modifications sont apportées aux statuts, il y a lieu de les publier.

94. — 3° *Quelle est la sanction des formalités de publicité ? L'absence de dépôt au greffe entraîne la nullité de la société et il en est de même du défaut d'insertion* (Loi de 1867, art. 56, al. 3) (3).

Quelle est la sanction des formalités de publicité ?

Une société non publiée n'a pas la person-

(1) En principe, dans la société en nom collectif, tous les associés ont qualité pour gérer. Le sens de la désignation, dans les statuts, de certains associés comme gérants, est d'exclure les autres de ce droit. Si les statuts ne parlaient pas de la gestion, chaque associé aurait le droit d'engager la société.

(2) Cette indication fait savoir aux tiers qui deviendront créanciers de la société qu'ils pourront poursuivre chaque associé personnellement pour la totalité de la dette.

(3) On a publié l'extrait, mais on a oublié l'une des mentions exigées, par exemple l'indication que tel associé aura seul qualité pour gérer. La société n'est pas nulle, car l'art. 57 n'a pas édicté la nullité. Seulement les associés ne pourraient pas opposer aux tiers la clause non publiée. Ainsi, dans l'espèce, ils seraient valablement obligés par un contrat passé par un associé non gérant sous la raison sociale, car telle est la règle générale en l'absence d'une disposition spéciale des statuts. Or la clause qui déroge à cette règle est non avenue du moment qu'elle n'a pas été légalement publiée V. *infra*, n. 94.

nalité morale. Le défaut d'insertion au *Bulletin annexe du Journal Officiel* n'est, au contraire, sanctionné que d'une amende au cas d'émission ou de mise en vente d'actions ou d'obligations de la société.

95.—*Qui peut invoquer cette nullité de la société ?* L'art. 56 de la loi de 1867 dit : « Les formalités prescrites par l'article précédent et par le présent article (il s'agit du double dépôt et de l'insertion) seront observées, à peine de nullité, *à l'égard des intéressés* (1) ; mais le défaut d'aucune d'elles *ne pourra être opposé aux tiers par les associés.* »

Qui peut demander la nullité de la société ?

a) *Les créanciers sociaux peuvent demander la nullité de la société, s'ils le veulent, mais ils n'y ont pas d'intérêt*, et ils ne le feront pas, ils la tiendront pour valable, car le maintien de la société leur procure un droit de gage exclusif sur l'actif social, à l'encontre des créanciers personnels des associés ; s'ils opposent la nullité, ils auront pour débiteurs tous les associés tenus solidairement.

Mais ils peuvent avoir intérêt et par conséquent droit à de-

---

(1) Par ce mot « intéressé », il ne faut pas entendre quiconque a un intérêt quelconque à voir la société ne pas exister, mais celui qui a un intérêt direct et immédiat à voir cette société exister régulièrement ou ne pas être : Ainsi j'ai pour concurrent à mon commerce une société dont les statuts n'ont pas été déposés. Cette société me faisant beaucoup de tort, parce que le public se rend plutôt dans les magasins de cette société que chez moi, puis-je demander la nullité de la société ? Non, car ce qui me cause ici un préjudice, c'est la préférence que le public donne à ses marchandises. Je souffrirais le même préjudice si le commerce de cette société était tenu dans les mêmes conditions par un particulier, ou par une société valablement constituée. Les véritables intéressés ne sont donc que les associés, leurs créanciers personnels et les créanciers sociaux.

mander la nullité d'une clause des statuts qui n'aurait pas été publiée (1).

b) *Pour les associés entre eux*, c'est la convention qui fut la loi et *en principe ils ne peuvent pas s'opposer entre eux la nullité* résultant du défaut de publicité ; mais, étant menacés à chaque instant de voir leur société annulée à la demande d'un créancier, ils peuvent en demander la *dissolution* (mais non la *nullité*) en se fondant sur ce que cette société n'est pas viable.

c) *Les créanciers personnels d'un associé peuvent invoquer la nullité à l'encontre des créanciers sociaux.* Voici leur intérêt : Si la société est annulée, ils ne seront pas primés sur le fonds social par les créanciers sociaux ; ils feront rentrer, dans le patrimoine de leur débiteur, les biens apportés par lui à la société, et sur ces biens ils viendront en concours avec les créanciers sociaux. De même, s'ils viennent saisir un bien appartenant à leur débiteur associé, et que la société fasse une demande en distraction de saisie en prétendant que ce bien a été apporté par cet associé au fonds social, ils auront intérêt, pour s'opposer à cette demande, à invoquer la nullité de la société.

Malgré cet intérêt, on leur a contesté ce droit, par la raison qu'ils ne peuvent avoir plus de droits que l'associé, leur débiteur. Or, ce dernier ne peut pas opposer, nous l'avons vu, la nullité de la société aux tiers, il ne peut l'opposer qu'à ses co-associés (2). On ajoute que ce n'est pas pour eux, qui ont

(1) Par exemple, supposons une société entre A, A', A″, etc., dont les statuts portent que A seul aura le droit de gérer. Cette clause n'ayant pas été publiée, A' contracte sous la raison sociale avec C qui croit que A' a qualité pour gérer. Si A' est insolvable, et que les autres associés refusent d'exécuter l'obligation en invoquant la clause des statuts, C pourra répondre que cette clause est nulle.

(2) Il suit de là que les créanciers personnels de l'associé pourraient certai-

suivi la foi de leur débiteur, que la nullité a été établie. La jurisprudence répond que les termes de l'art. 56 de la loi de 1867 sont généraux et n'excluent pas les créanciers personnels des associés. Il arrive parfois que les créanciers ont plus de droits que leur débiteur (1). Et d'ailleurs on considère en général que les créanciers ont le droit d'opposer cette nullité, non pas en vertu de l'action oblique de l'art. 166 C. civ., mais en vertu d'un droit propre qui découle de l'art. 56 de la loi de 1867.

96. — *La nullité est d'ordre public, car la publicité est requise dans un but d'intérêt général.* Donc la nullité ne peut être couverte par la ratification des associés ou par la prescription et elle est opposable à tout moment de la procédure de poursuite. La publicité tardive qui serait faite ne couvrirait pas davantage la nullité.

Quel est le caractère de la nullité pour défaut de publicité ?

On ne peut pas opposer au demandeur en nullité qu'en fait il connaissait les statuts sociaux ; les statuts non publiés sont réputés, d'une façon absolue, ignorés des tiers (2) : C'est une présomption irréfragable de la catégorie de celles en vertu

---

nement, tout comme l'associé lui-même, opposer la nullité aux co-associés de leur débiteur (C. civ., 1166).

(1) Ainsi, en vertu de l'art. 941 C. civ., les créanciers du donateur peuvent, dans l'opinion générale, opposer le défaut de transcription d'une donation, alors que le donateur ne le pourrait pas. En effet, cet art. 941, tout comme notre art. 56, donne à toute personne intéressée le droit d'invoquer le défaut de publicité.

(2) C'est le droit commun : la publicité d'un acte est en effet ordonnée pour éviter les contestations sur le point de savoir si en fait l'acte était connu ou non. De même que l'acte publié est réputé connu même par ceux qui, en fait, l'ont ignoré, de même l'acte non publié est réputé ignoré de ceux qui, en fait, l'ont connu. Il en est ainsi en cas de défaut de transcription par exemple.

desquelles la loi annule certains actes ou dénie l'action en justice (art. 1352, C. civ.).

§ 2. — De l'Administration de la société.

97. — a) *Du gérant. La société est administrée par un ou plusieurs gérants.* Si les statuts désignent le gérant (1), on les observe ; c'est le cas du gérant *statutaire*, c'est-à-dire désigné par les statuts. S'ils ne l'indiquent pas, chacun des associés a le droit de gérer : Tous les associés ayant vocation pour administrer, ont la qualité de commerçants.

Qui administre la société ?

98. — Le gérant statutaire ne peut être révoqué par la majorité des associés. Comme il tient ses pouvoirs du contrat social auquel il a été lui-même partie, et qu'un contrat ne peut être résolu que d'un commun accord de ceux qui l'ont formé, il faut, pour sa révocation, que ce gérant y consente, ainsi que tous les associés.

Qu'est-ce qu'un gérant statutaire ?

Au cas où ce gérant serait insolvable ou malhonnête, les associés n'auraient qu'un moyen de faire cesser ses fonctions, ce serait de demander la résolution du contrat au tribunal pour inexécution, de la part de l'une des parties (à savoir le gérant), de ses obligations (C. civ., 1184) : De plus, au cas de mort du

---

(1) Dans ce cas, c'est ordinairement l'un des associés qui est pris pour gérant ; mais les statuts pourraient valablement désigner un tiers étranger à la société. Ce gérant étranger devrait alors, pour éviter que les tiers avec lesquels il contracte ne viennent dire plus tard qu'ils comptaient sur sa responsabilité personnelle, et qu'ils le croyaient associé, mentionner avec soin, dans toutes ses opérations, qu'il agit comme simple mandataire de la société.

gérant statutaire, la société est dissoute, sauf si les statuts désignent son successeur ou si les associés sont unanimes à désigner le nouveau gérant.

Du gérant non statutaire.
99. — Lorsqu'il n'y a pas de gérant statutaire, nous avons dit que tout associé a le droit de gérer.

Pour plus de simplicité, ils peuvent, à la majorité, désigner, soit parmi eux, soit en dehors d'eux un mandataire pour gérer au nom de la société.

Ils peuvent, à la majorité, révoquer ce mandataire qui, de son côté, peut renoncer au mandat, conformément au droit commun en matière de mandat, et par conséquent sauf dommages-intérêts, si la révocation (ou la renonciation) est imtempestive ou abusive. La mort de ce gérant ne met pas fin à la société.

100. — b) *Pouvoirs du gérant.*

Quels sont les pouvoirs du gérant ?
Il a la signature sociale : il peut faire tous les actes nécessaires pour le fonctionnement de la société, par exemple acheter des marchandises et les revendre, aliéner ou hypothéquer des immeubles de la société, représenter la société en justice s'il y a lieu d'intenter ou de subir un procès, transiger et même faire un compromis.

A quelles conditions le gérant engage-t-il la société ?
101. — *A quelles conditions les actes du gérant obligent-ils la société ?* Suffit-il que l'acte soit dans l'intérêt de la société ? ou qu'il soit signé par le gérant de la raison sociale ?

Distinguons :

1ᵉʳ cas. — Le gérant contracte sous sa propre signature et pour une affaire étrangère à la société ; pas de difficulté : la société n'est pas tenue.

2ᵉ cas. — Le gérant contracte sous la raison sociale et dans l'intérêt de la société ; pas de difficulté : la société est tenue.

3e cas. — Le gérant contracte sous sa propre signature, dans l'intérêt de la société (1).

Controverse :

Certains auteurs pensent que la société n'est pas tenue (2) : Ils invoquent le texte de l'art. 22, C. comm. ; — d'autre part, l'ordonnance de 1673 exigeait formellement que le gérant eût employé la raison sociale pour que la société fût tenue (3).

Néanmoins, il faut apporter à cette solution deux tempéraments :

1° Le créancier pourrait poursuivre la société par la voie de l'action oblique (1166, C. civ.), puisque d'une part il est créancier du gérant, et que, d'autre part, le gérant est créancier de la société à l'effet de se faire dégager de son obligation.

2° Le créancier pourrait même poursuivre la société directement (par une action *de in rem verso* analogue à la *condictio sine causa* du Droit romain) jusqu'à concurrence de l'enrichissement réalisé par la société à raison de l'acte du gérant.

D'autres auteurs écartent l'art. 22, en disant qu'il vise le *quod plerumque fit* : en général, quand le gérant contracte dans l'intérêt de la société, il le fait sous la raison sociale. Le texte ne vise pas le cas où le gérant aurait contracté sous sa propre signature pour la société. Il est vrai que la loi dit que la société sera obligée par le contrat passé par le gérant « pourvu que ce soit sous la raison sociale », mais c'est comme s'il y avait « pourvu que ce soit dans l'intérêt de la société »,

(1) Par exemple, la société n'ayant pas l'argent nécessaire pour un paiement, le gérant en emprunte en son propre nom (pour ne pas nuire au crédit de la société) : le prêteur peut-il poursuivre la société ?

(2) C'est l'opinion de M. Thaller, *Précis*, 5° éd., n. 407 *in fine*.

(3) C'est l'opinion de M. Lyon-Caen.

parce que, dans la pratique, les actes intéressant la société sont faits sous la raison sociale.

4ᵉ cas. — Le gérant contracte sous la *raison sociale* pour une affaire *étrangère* à la société. Dans ce cas, la société est tenue.

Toutefois, si le créancier était de mauvaise foi, c'est-à-dire s'il savait que le gérant contractait dans son propre intérêt, la société le repousserait à raison de sa complicité dans le dol du gérant : *Nemo auditur, propriam turpitudinem allegans.*

En résumé, on peut dire que, en général pour que la société soit obligée par les contrats du gérant, il faut et il suffit qu'ils aient été faits sous la raison sociale.

§ 3. — Des Droits des créanciers de la société.

Quels sont les droits des créanciers de la société à l'égard de la société et à l'égard des associés ?

102. — *Ils peuvent saisir les biens de la société ou la mettre en faillite. Ils ont le même droit à l'égard de chaque associé,* puisque les associés sont tenus personnellement et solidairement de toutes les dettes sociales, ainsi que nous l'avons dit au début.

103. — *Un créancier de la société peut-il demander directement son paiement à un associé, ou doit-il commencer par poursuivre la société ?*

La jurisprudence veut que le créancier s'adresse d'abord à la société, et ensuite, mais ensuite seulement aux associés. C'est un simple ordre de poursuites que l'on peut expliquer en disant que la société est le principal débiteur et que la responsabilité intégrale des associés ne joue qu'à titre de cautionnement.

Si un associé paye le total de la dette, il aura, bien entendu, un recours contre ses co-associés : il pourra demander à chacun d'eux une part de la dette correspondant à son intérêt dans la société, mais il devra diviser ses poursuites.

§ 4. — Modifications apportées aux statuts.

104. — *Il faut le consentement de tous les associés.* Le consentement de la majorité ne suffirait pas.

De plus, les modifications devraient être publiées pour être portées à la connaissance des tiers, de la façon indiquée plus haut.

CHAPITRE III

DE LA SOCIÉTÉ EN COMMANDITE

§ 1. — Définition. Raison Sociale. Situation des deux espèces d'associés.

Définition de la société en commandite.

105. — *La société en commandite est une société qui comprend deux catégories bien distinctes d'associés :*

Les uns, qui sont tenus indéfiniment et solidairement des dettes sociales : ce sont les commandités ou associés en nom collectif : Au point de vue de l'étendue de leurs engagements et des pouvoirs du gérant à l'égard de la société, ce sont les règles déjà vues de la société en nom collectif qui s'appliquent.

Les autres, qui ne sont tenus que jusqu'à concurrence d'une certaine somme qu'ils ont apportée ou promise : *ce sont les commanditaires* ou bailleurs de fonds.

Quelle est la raison sociale de la commandite ?

106. — Cette société a une raison sociale qui comprend les noms des associés indéfiniment et solidairement responsables, les commandités, mais il ne faut pas y faire figurer les noms des commanditaires (1). Lorsqu'il n'y a qu'un commandité, A, la raison sociale porte : A et Compagnie. Les mots « et Compagnie » sont nécessaires pour distinguer la société du commandité lui-même.

107. — *Les Commanditaires sont des associés et non pas des prêteurs d'argent* (2). Conséquences :

1° Ils peuvent vérifier à tout moment la comptabilité et contrôler l'administration de la société ;

2° Ils ont droit à une part des bénéfices et non pas à un intérêt fixe : leur avantage dépend donc de la prospérité de la société ;

Quelles sont les conséquences de ce principe que les commanditaires sont des associés et non des prêteurs ?

3° Si la société tombe en faillite, ils n'ont rien à réclamer tant que les créanciers sociaux ne sont pas absolument désintéressés. S'ils étaient des prêteurs d'argent, ils viendraient en concours avec ces créanciers ;

4° Ils ne peuvent pas opposer aux créanciers sociaux la nullité de la société ; ils ne peuvent l'invoquer qu'à l'égard de leurs co-associés, à savoir les commandités et leurs co-commanditaires ;

5° Les sommes versées par les commanditaires à la société forment le gage des créanciers sociaux. Donc le gérant ne pourrait les leur restituer : s'il les leur restituait, les créanciers sociaux pourraient les forcer à les rendre.

(1) Autrement les commanditaires seraient considérés comme des associés en nom collectif et tenus solidairement des dettes sociales.

(2) Dans notre ancien Droit, les nobles ne pouvaient pas faire de commerce : la commandite leur permettait de participer néanmoins aux bénéfices que procure le commerce. C'est même là l'origine de cette société ; de plus, dans notre ancien Droit, le prêt à intérêt était défendu, et cela avait pour conséquence de développer beaucoup la pratique de la commandite.

Quelquefois les commandités, pour faire croire à la prospérité de la société (1), disposent leurs livres de façon à faire ressortir de gros bénéfices, et ils distribuent ainsi aux commanditaires des dividendes qui sont fictifs. En réalité, ces dividendes sont pris sur l'actif, c'est-à-dire sur le gage des créanciers ; c'est comme si on rendait aux commanditaires une partie de leurs apports. Les créanciers sociaux pourraient forcer les commanditaires à rapporter ces dividendes fictifs. (V. *infra*, n. 210 et s., ce qui sera dit à ce sujet, à propos des sociétés anonymes).

Personnalité. **108**. — La société en commandite jouit de la personnalité morale, c'est-à-dire qu'elle a une existence indépendante des associés, pourvu, bien entendu, qu'elle soit régulièrement publiée (2).

§ 2. — Administration de la Commandite.

1° Règle de la défense d'immixtion du commanditaire.

Qui administre la société ? **109**. — L'administration appartient ordinairement aux commandités ou à l'un d'eux. Elle pourrait aussi être confiée à un tiers ; mais elle ne peut pas être confiée à un commanditaire ; la

(1) Leur but est de décider les commanditaires eux-mêmes ou des tiers à mettre des nouveaux fonds en société sous prétexte d'élargir des affaires si fructueuses.

(2) Dans notre ancien Droit, la commandite n'existait, comme notre société en participation, que dans les rapports entre les associés ; les tiers

loi ne veut pas qu'un commanditaire gère les affaires de la société (art. 27 et 28, C. comm.). C'est la règle très importante dite de la défense d'immixtion du commanditaire.

Le motif pour lequel il est défendu aux commanditaires de s'immiscer dans la gestion de la société, même avec le consentement des commandités, est double :

Fondement et portée de la règle prohibant l'immixtion du commanditaire.

a) *L'intérêt des tiers.* — Si cette défense n'existait pas, les tiers pourraient, en voyant un commanditaire gérer les affaires de la société, le prendre pour un commandité, c'est-à-dire pour un associé solidairement responsable, et faire crédit à la société en comptant sur la solvabilité personnelle de ce commanditaire. Puis, quand viendrait le moment du paiement, celui-ci révèlerait sa qualité de commanditaire et le tiers serait frustré d'un gage sur lequel il comptait.

Ce motif n'est pas le seul : autrement il faudrait décider (ce qui est expressément contraire à l'art. 27, C. comm.), que le commanditaire peut s'immiscer en vertu d'une procuration expresse du gérant, car alors les tiers n'auraient pas lieu de compter sur la responsabilité du commanditaire simple mandataire ; ils ne compteraient, en contractant avec lui en cette qualité, que sur la responsabilité des commandités et l'actif social. Aussi doit-on ajouter le motif suivant :

b) *L'intérêt des commandités.* — Si un commanditaire gérait, il pourrait, n'encourant qu'une responsabilité limitée, se laisser aller à faire des entreprises hasardeuses, et peut-être

___

ne traitaient pas avec la société, mais avec les commandités s'engageant en leur propre nom. Il suit de là que cette société n'avait pas de raison sociale.

très légèrement préparées, qui entraîneraient la ruine de la société.

110. — Quand on dit qu'un commanditaire ne peut pas s'immiscer dans les actes de gestion d'une société, on ne vise par là que les actes de gestion *extérieure*, consistant à entrer en relations avec le public au nom de la société.

Quant à la gestion *intérieure* (1), elle ne lui est pas défendue ; les tiers ignorent cette gestion et ne peuvent dès lors être trompés par elle sur la véritable qualité de ce commanditaire.

Un commanditaire peut également contracter avec la société, être son banquier, lui fournir des marchandises. Ce qui lui est défendu, en effet, ce n'est pas de contracter avec la société, c'est de contracter au nom de la société avec des tiers.

Sanction de la règle prohibant l'immixtion du commanditaire.

111. — *Quelle est la sanction de la défense de gérer faite au commanditaire* ? En un mot, *quid* si le commanditaire a contracté des obligations au nom de la société? (V. l'art. 28, C. comm., modifié par la loi du 6 mai 1863.)

Ce commanditaire est tenu des dettes qu'il a ainsi contractées, exactement comme les commandités. Il est réputé être commandité à l'égard des tiers avec lesquels il a traité.

Mais perd-il d'une façon absolue la qualité de commanditaire, et devient-il responsable, comme un commandité, même des dettes contractées, non par lui, mais par le gérant? Cela dépend. Le tribunal a ici un pouvoir d'appréciation.

Si les actes de gestion du commanditaire ont été assez importants et nombreux pour tromper les tiers sur sa qualité, le

---

(1) Voici des actes de gestion intérieure : être employé, caissier, teneur de livres, cocher, chauffeur, etc.

tribunal le déclarera tenu, comme un commandité, personnellement et solidairement, de toutes les dettes sociales.

Au cas contraire, il pourra le déclarer tenu seulement d'une partie des dettes sociales, ou même simplement de celles qui proviennent de sa gestion.

Mais il ne saurait être soustrait à ces dernières, car ici la responsabilité est non pas facultative pour le tribunal, mais obligatoire et légale.

112. — Il importe de faire ressortir le changement de législation résultant de la loi du 6 mai 1863, en ce qui touche : 1º la défense faite au commanditaire de s'immiscer dans la gestion ; 2º la sanction de cette défense.

La règle prohibant l'immixtion du commanditaire n'a-t-elle pas été modifiée en 1863 ? Et comment ?

1º D'après l'art. 27 ancien (1), le commanditaire ne pouvait s'immiscer même dans la gestion intérieure de la société ; il ne pouvait même pas être employé de la société.

La loi de 1863 a supprimé les mots « ne peut être employé pour les affaires de la société ». C'est à raison de cette suppression que nous avons admis qu'aujourd'hui le commanditaire peut s'immiscer dans la gestion intérieure.

2º D'après l'art. 28 ancien (2), la sanction de la prohibition de gérer était très rigoureuse : pour un seul acte de gestion, le commanditaire perdait cette qualité et était réputé com-

---

(1) Voici ce texte : « L'associé commanditaire ne peut faire aucun acte de gestion, ni être employé pour les affaires de la société, même en vertu de procuration. »

(2) Voici ce texte : « En cas de contravention à la prohibition mentionnée dans l'art. précédent, l'associé commanditaire est obligé solidairement, avec les associés en nom collectif, pour toutes les dettes et engagements de la société ».

mandité, et par suite responsable solidairement de toutes les dettes sociales.

L'art. 28 nouveau (loi du 6 mai 1863) fait, nous le répétons, une distinction :

Quant aux dettes sociales contractées par le commanditaire, celui-ci en est nécessairement tenu, sa responsabilité est *obligatoire*.

Mais pour les dettes sociales qui ne proviennent pas de sa gestion, sa responsabilité est seulement *facultative* pour le tribunal : celui-ci peut, suivant le nombre et la gravité des actes de gestion du commanditaire, le déclarer solidairement responsable de toutes les dettes sociales ou de quelques-unes seulement.

2° Du gérant de la commandite simple.

Le gérant statutaire peut-il être révoqué ?

113. — Le gérant de la société doit être indiqué dans les statuts et même dans l'extrait qui doit être publié (L. 24 juill., 1867, art. 57). Dès lors, il ne peut pas être révoqué, si ce n'est en vertu d'un jugement, qui résout le contrat de société pour inexécution de la part du gérant de ses obligations ; sa mort entraîne dissolution de la société, etc. (V. ce qui a été dit *supra*, n. 97, pour le gérant statutaire d'une société en nom collectif.)

§ 3. — Du versement de la commandite.

114. — On se demande si les créanciers sociaux ont une action directe contre les commanditaires en versement de leur apport, ou s'ils ne peuvent les poursuivre que d'une façon oblique, du chef de la société, leur débitrice, par application de l'article 1166 C. civ.

Voici l'intérêt de la question. Si les créanciers sociaux n'ont que l'action oblique, le commanditaire pourra leur opposer les exceptions qu'il pourrait opposer à la société.

D'autre part, les commanditaires, n'étant pas considérés comme associés au regard des créanciers sociaux, pourront leur opposer la nullité de la société (1).

Les créanciers sociaux ont-ils une action directe contre les commanditaires en versement de leur apport ?

Nous admettons l'action directe. Les commanditaires répondent personnellement des engagements sociaux, tout comme les commandités ; il n'y a de différence que pour l'étendue de cette obligation personnelle : les commandités sont tenus pour le tout, et solidairement, tandis que les commanditaires ne sont tenus que jusqu'à concurrence du montant de la commandite.

115. — On se demande si l'obligation du commanditaire d'effectuer sa mise est *commerciale* : peut-il être poursuivi devant le tribunal de commerce ?

L'obligation de verser la commandite est-elle commerciale ?

D'après la jurisprudence, cette obligation est commerciale (2) ; le fait de commanditer une maison de com-

---

(1) Il y avait un autre intérêt avant la loi du 17 juillet 1856, abolitive de l'arbitrage forcé. Les contestations entre associés étaient soumises à cet arbitrage. Si donc les créanciers sociaux ne pouvaient atteindre le commanditaire que par l'action de la société, ils devaient porter leurs réclamations devant les arbitres, tout comme aurait dû le faire la société elle-même ; s'ils avaient une action directe, ils pouvaient la porter devant le tribunal de commerce.

(2) M. Thaller dit que l'obligation du commanditaire n'est pas commerciale ; il donne 3 arguments :

merce est une opération commerciale, car on s'intéresse par là à des opérations de commerce. C'est donner mandat aux commandités de les faire, et s'engager ainsi jusqu'à concurrence de l'apport. Mais c'est un acte isolé de commerce et le commanditaire n'est pas pour cela un commerçant, car sa profession n'est pas de faire des commandites.

§ 4. — Règles spéciales à la commandite simple

116. — Il y a deux sortes de sociétés en commandite ; la commandite simple et la commandite par actions : La première se rapproche beaucoup de la société en nom collectif et est une société de personnes ; la seconde se rapproche beaucoup de la société anonyme et est une société de capitaux. Voyons les règles spéciales à la commandite simple.

Quelles sont les règles spéciales à la commandite simple ?

a) *Conditions de formation* : 1° *Conditions de fonds* : Mêmes règles que pour la société en nom collectif ;

b) *Conditions de forme*. Il faut un écrit sous

1° L'acte de commerce se fait ostensiblement ; or le commanditaire se dissimule au public :

2° L'acte de commerce implique spéculation ; or, le commanditaire ne spécule pas, parce qu'il limite ses risques ;

3° Aucun texte ne permet de considérer l'obligation du commanditaire comme commerciale, à la différence de ce que nous voyons pour la lettre de change, ou encore pour le billet à ordre qui contient la signature d'un commerçant. La théorie de l'accessoire est inapplicable, car elle vise les actes faits par un commerçant pour les besoins de son commerce ; or tel n'est pas le cas du commanditaire.

seing privé (1) ou authentique. Mêmes observations que pour la société en nom collectif.

Il y a pourtant *quelques différences au point de vue des mentions que doit contenir l'extrait* à publier dans les journaux.

Dans la commandite simple, on n'indique que les commandités. Les tiers n'ont pas autant d'intérêt à connaître les commanditaires, puisque ceux-ci ne sont pas solidairement responsables des dettes sociales (2). De plus l'un des buts de la commandite serait manqué s'il fallait que les commanditaires se fissent connaître ; ce but, c'est de permettre à un commerçant de trouver des ressources et un élément de crédit chez des personnes qui sont disposées à faire fructifier leurs capitaux dans des opérations commerciales, mais qui tiennent à ce qu'on ignore leur intervention.

Au lieu d'indiquer les noms des commanditaires, on indique le montant du capital social, et, ce qui forme généralement l'élément le plus important de ce capital, les sommes fournies ou à fournir par les commanditaires.

Si on indiquait le nom d'un commanditaire dans la raison sociale, ce commanditaire perdrait cette qualité, et serait réputé commandité, et par suite tenu solidairement des dettes sociales.

La sanction des règles de publicité, est la même que pour les sociétés en nom collectif.

Pour la commandite par actions, V. *infra*.

____

(1) L'acte sous seing privé, nous le savons, doit être rédigé en autant d'originaux qu'il y a de parties ayant un intérêt distinct.

(2) Ce motif n'est pas tout à fait exact (et c'est pour cela que nous en indiquons un 2°) : en effet, ce qui fait la sûreté des tiers lorsque les apports ne sont réalisés qu'en partie, ou même ne le sont pas du tout, c'est la solvabilité des commanditaires ; pour l'apprécier, il faudrait connaître les noms de ces derniers.

CHAPITRE IV

Définition. **117.** — *La société anonyme est celle où chaque associé, nommé actionnaire, n'est tenu des dettes sociales que jusqu'à concurrence du montant de son action.* Elle est gérée par des administrateurs, qui contractent au nom de la société et obligent ainsi la société sans s'obliger eux-mêmes, conformément au principe général du mandat, d'après lequel le mandataire ne fait que représenter le mandant. *Dans cette société, il n'y a aucun* intuitus personæ.

§ 1. — Historique des Sociétés anonymes.

Comment divise-t-on l'histoire des sociétés anonymes ? **118.** — Il y a quatre phases à distinguer :

1re *Phase* : Code de commerce de 1807 : *système de l'autorisation préalable.* D'après l'article 37 de ce Code, les sociétés anonymes étaient soumises :

1° A la condition de l'*autorisation préalable* du gouvernement pour leur constitution ;

2° A la *surveillance du gouvernement* pendant toute la durée de la société.

L'autorisation était donnée par décret, après avis du conseil d'Etat qui examinait les statuts, et voyait si la société était sérieuse, si les conditions de constitution présentaient des garanties suffisantes, soit pour la masse des souscripteurs à venir, soit pour les créanciers sociaux à venir. Souvent l'autorisation était refusée.

Quelle était la situation des sociétés anonymes sous le régime du Code de commerce ?

Quant à la surveillance du gouvernement, elle pouvait aboutir au retrait de l'autorisation, ce qui entraînait la dissolution et la liquidation de la société.

Les financiers préféraient fonder des commandites par actions, qui étaient absolument libres, et permettaient de concentrer les mêmes capitaux. Il se présentait la bizarrerie suivante : une société anonyme à capital modique se trouvait sous la tutelle du gouvernement, et une société en commandite à gros capital, faisant par conséquent courir plus de risques à l'épargne publique, était libre.

Pour faire cesser cette anomalie, il y avait trois moyens :

Ou bien supprimer l'autorisation et la surveillance du gouvernement à l'égard des sociétés anonymes, et les rendre libres, comme l'étaient les commandites par actions.

Ou bien soumettre les commandites par actions à l'autorisation et la surveillance du gouvernement comme les sociétés anonymes.

Ou bien laisser toutes les sociétés en dehors de l'action du gouvernement, en réglementant seulement la constitution et le fonctionnement des sociétés par actions.

Ce troisième procédé fut employé par une loi du 18 juillet

1856 relativement aux commandites par actions, mais il n'en fut pas de même, du moins au début, pour les sociétés anonymes.

Quelle est la distinction que fit la loi de 1863 pour les sociétés anonymes ?

Comment appelle-t-elle les sociétés anonymes d'un capital n'excédant pas 20 millions ?

119. — *2e Phase : Loi du 23 mai 1863*. Cette loi distingue les *sociétés anonymes dont le capital excède 20 millions, et celles dont le capital n'excède pas ce chiffre.*

Pour les premières, la loi de 1863 n'innove pas ; *elles restent soumises à l'autorisation et à la surveillance du gouvernement.*

Mais *pour les sociétés anonymes n'excédant pas 20 millions, cette loi de 1863 les dispense de l'autorisation et de la surveillance du gouvernement ;* elles sont libres, et, pour les distinguer des Sociétés anonymes autorisées, la loi de 1863 leur donne le nom de « *sociétés à responsabilité limitée* ». Pour remplacer, à l'égard des tiers, la garantie résultant de la tutelle du gouvernement, la loi de 1863 soumet les sociétés à responsabilité limitée à une réglementation analogue à celle que la loi de 1856 avait récemment établie pour les commandites par actions.

Quel est le régime établi par la loi du 24 juillet 1867 ?

120. — *3e Phase : loi du 24 juillet 1867 : Système de la réglementation.*

Toutes les sociétés anonymes sans distinguer selon l'importance de leur capital, *sont affranchies de l'autorisation et de la surveillance, du gouvernement.*

Cette condition est remplacée par une réglementation que nous aurons à décrire. En conséquence, la loi de 1863 est abrogée par la loi de 1867. En un mot, les sociétés anonymes, quel que soit le chiffre de leur capital, sont soumises à une réglementation uniforme dans laquelle ne figurent plus l'autorisation et la surveillance du gouvernement ; c'est pourquoi l'on dit souvent que, depuis la loi de 1867, les sociétés anonymes sont libres.

Certes, nous voyons dans la loi de 1867, art. 66, que certaines sociétés sont encore soumises à l'autorisation et à la surveillance du gouvernement ; ce sont les *tontines* (1) et les sociétés d'assurances sur la vie (2) ; mais ces conditions restrictives tiennent à l'objet de la société, et non plus à la forme anonyme (3).

N'y a-t il pas certaines sociétés qui restent soumises à l'autorisation du gouvernement ?

Le législateur a-t-il bien fait de supprimer la condition de

(1) On appelle *tontine* une association dont les membres mettent en commun une certaine quantité de biens, étant entendu que si l'un de ces membres vient à mourir, son apport ne retournera pas à ses héritiers, mais restera à la société, ce qui augmentera le revenu des survivants, si bien que le dernier survivant aura pour lui seul la totalité de l'actif social.

(2) Mais il ne faut pas dire que les sociétés d'assurances sont soumises à l'autorisation du gouvernement. Cela n'est vrai que des sociétés d'assurances *sur la vie* ; la liberté existe pour toutes les autres (assurances contre l'incendie, la grêle, la mortalité du bétail, les risques de mer, assurance maritime), etc. — Mais à l'inverse, toute société d'assurances sur la vie est soumise à l'autorisation préalable, quand bien même elle n'aurait pas la forme de société anonyme. De même, si un simple particulier (et non une société) se livrait auxdites opérations d'assurance sur la vie, il devrait obtenir l'autorisation du gouvernement et se soumettre à sa surveillance. — Les sociétés d'épargne et de capitalisation sont également soumises à l'autorisation et à la surveillance du gouvernement.

(3) Quel est le motif de cette autorisation ? Pourquoi a-t-on cru devoir protéger plus spécialement le public pour ces sortes de sociétés ? En général, ce sont de petits intérêts qui se groupent dans ces associations, et ces intérêts ne sont pas toujours dirigés par une exacte connaissance des chances auxquelles ils s'exposent. D'ailleurs, les opérations de ces sociétés sont faites généralement pour une longue échéance, et il n'est pas facile au public d'en apprécier exactement la portée.

l'autorisation et de la surveillance du gouvernement en ce qui touche les sociétés anonymes ? La question est douteuse ; c'est l'éternel conflit entre la liberté et l'autorité.

121. — *4e Phase : loi du 1er août 1893.*

Cette loi, ainsi que nous le verrons, *maintient*, *la loi précédente* (loi du 24 juillet 1867) comme base de la réglementation des sociétés anonymes ; elle se borne à la corriger et à la compléter. Son but principal est indiqué dans la disposition suivante, ajoutée par cette loi à la loi de 1867, comme art. 18 : « *Quel que soit leur objet, les sociétés en commandite ou anonymes, qui seront constituées dans les formes du Code de commerce ou de la présente loi, seront commerciales et soumises aux lois et usages du commerce* ». Ainsi une société, en réalité civile comme ayant un objet civil, est considérée et traitée comme commerciale si elle a la forme de société en commandite par actions ou de société anonyme. Dès lors, elle a la personnalité, doit tenir des livres, encourt la faillite. Cette loi a été provoquée par la dissolution de la Compagnie du canal de Panama (qui était civile comme ayant pour objet une opération civile, l'exploitation d'un canal, c'est-à-dire la location du passage dans un immeuble), afin de faciliter la liquidation de cette société.

Il résulte de cette loi que l'on ne peut plus définir une société commerciale : celle qui a pour but de faire le commerce. A ce critérium objectif, il faut ajouter un critérium formel : est également commerciale la société qui est constituée sous une forme commerciale (société anonyme ou en commandite par actions.)

§ 2. — De l'Action.

1º Définition et forme.

122. — *Dans la société anonyme (ou en commandite par actions), la part d'associé s'appelle action ; et le droit de l'actionnaire est matérialisé dans un certificat qui le constate.*

Ces certificats peuvent affecter :

a) La *forme nominative* : ce qui constitue alors le titre de l'actionnaire, c'est, non pas le certificat qu'il a eu en mains, mais la mention de son titre sur les registres de la société. Et toute cession de cette action suppose une mutation sur ces registres.

Qu'est-ce que l'action. Quelle est sa forme possible ?

b) La *forme au porteur* : le droit est incorporé dans le titre matériel ; la société doit au titre et n'a pas à connaître son propriétaire. Et celui-là est propriétaire du titre, qui en est possesseur de bonne foi (art. 2279, C. civ.).

c) La *forme à ordre* : Le droit est, ici encore, incorporé au titre, mais ce titre ne peut être cédé que par endossement.

2º Par quoi est caractérisée l'action ?

123. — *a)* *D'après un premier système, c'est la cessibilité qui caractérise l'action ;* une part d'associé est-elle cessible, c'est-à-dire susceptible d'être transmise par le titulaire à un tiers qui prendra exactement la place du cédant dans la société ? C'est une action. Peu importe d'ailleurs

Qu'est-ce qui caractérise l'action et la distingue de l'intérêt ?

le mode de cession, endossement, transfert, tradition, ou même signification faite par huissier à la société, conformément à la règle ordinaire en matière de cession de créances (C. civ., art. 1690) ; il faut et il suffit que la cession soit possible (1).

Au cas contraire, la part d'associé est une part d'intérêt.

124. — b) *Dans un deuxième système, pour qu'une part d'associé soit une action, il faut,* non seulement qu'elle soit cessible, mais de plus *qu'elle soit négociable, c'est-à-dire susceptible de l'un des modes de cession spéciaux au commerce et qui sont : la tradition, le transfert et l'endossement.*

Ce système s'attache à un caractère accessoire, secondaire. Qu'importe que la cession puisse être faite de telle ou telle façon ? L'important est de savoir si elle est ou non possible.

125. — c) *Dans un 3e système, ce qui caractérise l'action, c'est le fractionnement du capital en parties égales* (C. comm., art. 34). Une part d'associé est une action, si elle représente une de ces parties.

Ce système conduirait à regarder comme actions les parts d'associé dans une société en nom collectif, lorsque, ce qui est le cas général, ces parts sont égales ; or cette société est le type de la société par intérêts. En un mot, rien n'empêche de

______

(1) On distingue le transfert de propriété, le transfert de garantie et le transfert d'ordre :

a) Le transfert de propriété, comme le mot l'indique, a pour objet de transférer ce droit au bénéficiaire du transfert.

b) Le transfert de garantie donne au bénéficiaire un droit de gage sur le titre.

c) Le transfert d'ordre intervient dans le cas, d'ailleurs le plus ordinaire, où on vend l'action nominative par l'intermédiaire d'un agent de change. Le cédant transfère le titre à l'agent qui ensuite le transfère à l'acheteur.

faire dans une société des intérêts égaux, et j'ajoute que
rien n'empêcherait de faire des actions inégales. L'art. 34, C.
comm. n'impose pas que les actions soient d'un montant
égal et en disant que le capital social... se divise en actions...
d'une valeur nominale égale, il ne parle que du *quod plerumque fit* et n'impose pas une obligation. Si, en pratique, on fait
les actions égales, c'est dans un but de simplification.

L'action est cessible, l'intérêt ne l'est pas, telle est la règle
générale. Mais les statuts peuvent y déroger (1).

3° Droits que confère l'action.

Il y en a 4 principaux :

126. — a) *L'action donne droit à un <u>dividende</u>*,
c'est-à-dire à une quote-part des bénéfices de
la société.

Il arrive souvent que la société ne peut réaliser des bénéfices que plusieurs années après sa
fondation. Il en est ainsi notamment pour une
société qui se propose de construire et d'exploiter un chemin de fer ou un canal. Pendant tout
le temps de la construction (c'est ce qu'on appelle la *période préparatoire*), la société n'aura
que des dépenses à faire et ne gagnera pas un
sou. Il est d'usage de payer aux actionnaires, pendant cette

Quels sont
les droits
que confère
l'action ?

Que peut-on
faire quand
la société ne
peut
réaliser des
bénéfices
que long-
temps après
sa fonda-
tion ?

(1) Ainsi il peut être convenu, dans une société en nom collectif que, si un
associé vient à mourir, son fils aîné le remplacera dans la société, ou même
que cet associé pourra, quand il voudra, se substituer un tiers quelconque
dans la société. — De même, à l'inverse, on pourrait restreindre la cessibilité
de l'action, par exemple en disant qu'un actionnaire ne pourra céder son action
qu'avec l'autorisation du Conseil d'administration, ou encore qu'il ne pourra
la céder qu'à un autre actionnaire.

période préparatoire un intérêt fixé par une clause des statuts, dite *clause d'intérêt intercalaire,*

Cette clause est-elle licite ? Il est clair que, par ces distributions aux actionnaires, on diminue le capital social qui dans la société anonyme forme l'unique garantie des créanciers sociaux. Au fond, il semble que ce soit là une distribution de dividendes fictifs (V. *infra* n° 209).

Qu'est-ce que la clause d'intérêts intercalaire ? Est-elle licite ? Cependant on admet généralement la validité de cette clause et de cette distribution d'intérêts. On justifie cette opinion par un motif d'utilité. S'il en était autrement, les capitalistes, qui ont besoin pour vivre du revenu de leur argent, ne voudraient pas placer leurs fonds dans de telles entreprises, et alors certaines œuvres, qui intéressent au plus haut point la prospérité générale (chemins de fer, canaux, etc.), ne pourraient pas s'effectuer.

Faut-il, pour que la distribution d'intérêts aux actionnaires pendant la période préparatoire soit valable, que cette distribution soit autorisée par une clause formelle des statuts ? Controverse :

D'après quelques auteurs, qui considèrent cette clause comme une clause de reprise conditionnelle et partielle du capital social, cette clause est nécessaire et doit avoir été publiée afin que les tiers qui font crédit à la société en considération du capital social, soient avertis de la diminution qui doit affecter ce capital pendant la période préparatoire.

D'après la jurisprudence, cette clause est inutile. Cet intérêt fixe rentre dans les frais généraux. Ces dépenses sont légalement faites, au même titre que celles relatives au salaire des employés et aux frais généraux ; c'est le loyer du capital. Ce sont, en un mot, des dépenses relatives à l'administration intérieure de la société qui ne regardent pas les tiers, et que les administrateurs de la société autorisent librement.

Que comprend la période préparatoire ? Est-ce seulement le temps de l'exécution des travaux nécessaires pour que la société puisse fournir des services au public ? Ou bien la période comprend-elle en outre le temps qui s'écoule jusqu'à ce que la société réalise des bénéfices ? Controverse.

La jurisprudence admet que des intérêts peuvent être payés aux actionnaires jusqu'à ce que la société fasse des bénéfices.

127. — b) *Ensuite l'action confère à l'actionnaire le droit de prendre part aux assemblées générales d'actionnaires* ; nous verrons que ces assemblées ont pour but de régler la constitution de la société, son administration, son fonctionnement, les modifications qu'il convient d'apporter à ses statuts, etc. Les statuts règlent le nombre d'actions qu'il faut posséder pour être admis dans ces assemblées.

Du droit, pour l'actionnaire de prendre part aux assemblées générales.

Nous verrons d'ailleurs que pour celles qui ont trait à la constitution même de la société, tout actionnaire, ne possédât-il qu'une action, peut y prendre part et y voter.

128. — c) *L'action confère encore à l'actionnaire le droit à une partie de l'actif social en cas de dissolution* de la société, après, bien entendu, que tout le passif est éteint.

Du droit pour l'actionnaire à une partie de l'actif social.

En examinant les diverses catégories d'actions, nous allons voir que certaines d'entre elles n'ont pas tous ces droits.

129. — d) *Enfin l'action confère à l'actionnaire le droit d'agir contre les administrateurs* (soit pour leur demander des dommages-intérêts à raison des fautes de leur gestion, soit pour faire prononcer la nullité ou la dissolution de la société en

Du droit pour l'actionnaire d'agir contre les administrateurs.

certains cas).Et ces actionnaires ont le droit, lorsque le total de leurs actions représente au moins le 1/20ᵉ du capital social, de se concerter et de désigner un mandataire unique qui poursuivra en son propre nom, par dérogation à la règle « Nul en France ne plaide par procureur ».

4° Des différentes sortes d'actions.

Combien y a-t-il d'espèces d'actions ?

130. — On distingue, plusieurs espèces d'actions : *les actions de capital, les actions de jouissance, les actions ou parts de fondateurs, les actions de priorité.*

Qu'est-ce que les actions de capital?

131. — a) **L'action de capital** correspond à un apport soit en numéraire, soit en nature (immeuble, brevet d'invention, fonds de commerce, etc.).

Au 1ᵉʳ cas, l'action de capital est dite action de *numéraire*, et au 2ᵉ cas action *d'apport*. Elle confère, dans les deux cas, les mêmes droits (1).

Différences entre l'action de numéraire et l'action d'apport

Il y a toutefois 3 différences :

1° L'action de numéraire n'est soumise qu'au *versement du quart* (à moins qu'elle ne soit inférieure à 100 francs, auquel cas il faudrait un versement immédiat minimum de 25 fr.) : Au contraire l'apport en nature doit être immédiatement et intégralement réalisé ;

2° Les actionnaires d'apport n'ont *pas voix délibérative* dans

____

(1) Ainsi soit une société dont les actions sont de 1000. francs. Si j'apporte un brevet d'invention estimé 100.000 francs, on me donnera 100 actions, absolument comme si j'avais apporté 100 billets de mille francs.

l'assemblée constitutive, lorsqu'il s'agit d'accepter l'évaluation des apports en nature.

3° Les actions d'apport ne sont *pas négociables* pendant 2 ans. Ces actions de numéraire le sont de suite, aussitôt après leur création, consécutive à la fondation de la société.

132. — b) **L'action de jouissance** *est celle qui est donnée à l'actionnaire de capital, lorsque le montant de son action lui a été remboursé.*

En général, à la fin de la société, le fonds social se réduit à peu de chose : c'est un vieux matériel tout usé, des bâtiments en mauvais état. Sur un tel actif, les actionnaires ne toucheraient pas grand'chose. Ainsi, après avoir touché de beaux dividendes pendant la durée de la société, ils se trouveraient ensuite réduits à la misère.

Cette sorte d'actions a été inventée par les grandes compagnies de chemin de fer, dont le capital, représenté au début par la valeur de la concession, sera, à l'expiration de cette concession (99 ans) égal à zéro, puisqu'à cette époque la concession doit faire retour à l'Etat.

Aussi, afin d'éviter que les actionnaires ne trouvent plus, à la dissolution, les capitaux apportés par eux dans l'entreprise, les statuts décident généralement que, même après que le fonds de

réserve (1/10e du capital social) se trouvera constitué par suite du prélèvement annuel du 20e des bénéfices, conformément à la loi (L. de 1867, art. 36). (V. *infra*, n. 215), on continuera d'opérer ce prélèvement (ou un prélèvement plus fort) à l'effet de rembourser les actions par voie de tirage au sort : C'est ce qu'on nomme l'amortissement du capital de la société.

133. — Le capital diminuant chaque année de valeur, à mesure que le matériel s'use ou que le terme de la concession approche, la société, pour avoir de quoi rembourser ses actionnaires à son expiration, devrait mettre chaque année de côté une somme égale à cette diminution de valeur. Au lieu d'avoir cette masse de capitaux ainsi de côté, pourquoi ne les rendrait-elle pas de suite aux actionnaires? C'est ce qu'elle fera. Mais elle ne leur rendra pas à tous une quote-part de cette somme annuelle, ce qui ne serait pas avantageux, mais elle en remboursera complètement un certain nombre déterminés par le sort.

Mais notons que cet amortissement ne peut se faire que par des prélèvements sur les bénéfices. Autrement il serait une restitution anticipée du capital social, une atteinte au principe de fixité du capital, principe d'après lequel le capital, gage des créanciers, ne doit pas être diminué du fait des associés pendant la durée de la société. Opéré par des prélèvements sur le capital, l'amortissement serait nul et les sommes versées aux associés devraient retourner à la société comme les dividendes fictifs : L'amortissement n'est valable aux yeux des créanciers que s'il est fait au moyen de prélèvements sur les bénéfices.

134. — *Lorsqu'un actionnaire est ainsi remboursé, il ne perd pas tous ses droits dans la société.* Cela se comprend : il a couru des risques ; si la société avait fait faillite, il aurait perdu le capital qu'il y a mis. Il est donc juste qu'il demeure dans la société et continue de participer à ses bénéfices.

On lui donne, à cet effet, une action de jouissance qui lui permet de toucher un dividende, diminué naturellement d'une certaine somme représentant l'intérêt du montant de l'action, au taux fixé par les statuts (1).

135. — D'une façon générale, *l'action de jouissance ne procure pas de coupon d'intérêt, mais elle continue de procurer le coupon de dividende.* En effet le dividende est généralement payé par la société en 2 fois. La 1re fois, elle donne un acompte sur le dividende qui n'est pas encore fixé (il ne pourra l'être en effet qu'à la fin de l'année, après l'inventaire). Cet acompte n'est autre chose que l'intérêt du montant de l'action au taux fixé par les statuts, soit 15 francs pour une action de 500 francs en supposant que ce taux soit de 3 0/0. C'est ce qu'on appelle le *coupon d'intérêt.* La deuxième fois, la société sert le reste du dividende ; c'est ce qu'on appelle le *coupon du dividende.*

136. — *L'action de jouissance donne encore à l'actionnaire le droit de prendre part à la répartition du boni de liquidation,* c'est-à-dire de ce qui reste du capital social quand tous les actionnaires ont été remboursés. Certains auteurs expliquent ce droit, en disant qu'un tel remboursement d'un actionnaire n'est pas un véritable remboursement, mais un dividende exceptionnel, ou une distribution anticipée de réserve extraordinaire. Non : en réalité, il s'agit bien d'un remboursement véritable, mais l'associé cesse d'être créancier de son apport et n'est plus qu'associé.

---

(1) Ainsi supposons une action de 500 francs ; les statuts décident que l'intérêt de l'argent est fixé à 3 o/o, ce qui fait 15 francs par action. Si le dividende pour une certaine année est fixé à 60 francs, le porteur d'une action de jouissance touchera seulement 60 francs — 15 francs = 45 francs.

137. — *c)* **La part de fondateur** *est un titre qui donne droit à son titulaire à une quote-part dans les bénéfices de la société. Elle a pour objet de rémunérer,* non pas un capital proprement dit, mais *l'idée de former la société, les soins, les démarches et le temps* qui ont été consacrés par certaines personnes à la fondation. Ces parts de fondateur sont soumises aux vérifications de la première assemblée générale (art. 4, L. 24 juillet 1867).

Les parts de fondateur sont ordinairement cessibles dans la même forme que les actions : à cet effet, elles sont au porteur, nominatives ou à ordre : Elles sont négociables dès le début de la société.

138. — *Les porteurs de parts de fondateurs n'ayant aucun capital engagé, ne sont pas des associés comme les actionnaires ; ils n'entrent donc pas dans les assemblées d'actionnaires.* Mais ces assemblées doivent respecter les droits de ces porteurs de parts qui pourraient faire annuler toute délibération contraire à leurs droits acquis. Lorsque la société est dissoute, *ils n'ont droit à aucune part du capital.*

139. — *d)* **Les actions de priorité** sont émises dans les circonstances suivantes. La société, étant dans de mauvaises affaires, a besoin de capitaux pour continuer ses opérations et éviter la faillite. Elle ne peut pas trouver de l'argent facilement, ou du moins elle n'en trouve qu'à un intérêt excessif. Elle émet alors de nouvelles actions, dites actions de priorité ou de préférence, et il est entendu que ses *bénéfices futurs, jusqu'à concurrence d'une certaine somme serviront exclusivement à* *payer des dividendes aux nouvelles actions* (priorité de béné-fices), et que, lorsque ce chiffre de bénéfices sera dépassé, l'excédent sera réparti entre toutes les actions, sans distinction entre les nouvelles et les anciennes. On peut convenir aussi, dans l'émission des actions de priorité, qu'en cas de dissolution de la société, les actions de priorité seront remboursées (en capital) avant les actions ordinaires (priorité de remboursement). On peut enfin convenir que les actions de priorité auront la majorité dans les assemblées générales.

Les actions de priorité sont généralement prises par les actionnaires primitifs, auxquels est réservé un droit de préférence dans la souscription.

Si la société continue de faire de mauvaises affaires, et qu'elle ait besoin de nouveaux fonds, on émettra une nouvelle série d'actions de priorité qui seront privilégiées sur les actions primitives et sur les précédentes actions de priorité.

Il paraît qu'il y a plusieurs sociétés, notamment en Amérique, qui ont été sauvées de la faillite, et sont même devenues prospères au point de donner des dividendes aux actions primitives, après plusieurs émissions d'actions de priorité.

140. — *Dans quelles conditions une société peut-elle émettre des actions de priorité ?*

Trois phases à distinguer :

a) D'après l'art 34 C. comm. de 1807, toutes les actions devaient conférer les mêmes droits. Donc l'assemblée générale des actionnaires ne pouvait pas créer des actions de priorité, à moins d'une clause formelle des statuts.

Dans quelles conditions une société peut-elle émettre des actions de priorité ?

b) *La loi du 9 juillet 1902 permet à cette assemblée d'émettre des actions de priorité à moins d'une défense prononcée par une clause formelle des statuts.* D'après cette loi de 1902, le silence des statuts suffit pour que l'Assemblée générale des actionnaires ait le pouvoir de créer des actions de priorité. Il faut que cette assemblée délibère dans les formes de l'art. 31 de la loi de 1867, c'est-à-dire en réunion extraordinaire. Mais cette assemblée peut décider la création d'actions de priorité aux conditions de validité ordinaire des votes des assemblées générales (v. *infra*, n. 196).

c) *La loi du 16 novembre 1903* est venue combler deux lacunes de la loi de 1902 et *résoudre affirmativement les deux questions suivantes :*

Les sociétés fondées avant la loi de 1902 peuvent-elles émettre des actions de priorité ? Oui.

Les sociétés en commandite par actions peuvent-elles émettre des actions de priorité ? Oui.

Les actions de priorité sont-elles des avantages particuliers ?

Conséquences.

141. — Les actions de priorité, rompant l'égalité entre actionnaires, sont-elles des avantages particuliers, soumis à vérification (art. 4, loi 1867)? Nous ne le croyons pas, car l'avantage particulier est individuel et destiné à un associé connu d'avance, alors que les actions de priorité s'adressent à toute une catégorie de gens inconnus d'avance.

§ 3. — Des obligations.

1° Définition

142. — Il y a des titres qui offrent une grande analogie avec les actions, mais qu'il faut se garder de confondre avec elles, ce sont les *obligations*.

Comme les actions, en effet, *les obligations sont ordinairement, non seulement cessibles, mais négociables*, c'est-à-dire qu'elles peuvent être au porteur, nominatives ou à ordre.

Expliquons ce que c'est qu'une obligation :

Quand une société a besoin d'argent, soit qu'elle ait fait des pertes, soit qu'elle veuille développer ses opérations, il lui faut des sommes considérables. Pour les *emprunter*, elle offre au public des titres appelés obligations, par lesquels *elle s'engage :*

1° *A les rembourser*, dans tel délai, à tel prix, qu'on appelle la *valeur nominale* de l'obligation ;

2° *A payer, en attendant ce remboursement,* un *certain intérêt*. La société fait vendre ces titres par des banquiers (souvent par plusieurs banquiers, qui forment un syndicat d'émission) ou dans ses propres bureaux. *La différence entre la valeur nominale et le prix d'émission se nomme prime de remboursement.*

Quelquefois la société, afin d'attirer l'avantage, par l'appât éventuel d'un gros gain, ceux qui ont quelque argent à placer, décide que les obligations seront remboursées annuellement par voié de tirage au sort et que celles dont les numéros sortiront les premiers au tirage, bénéficieront d'un lot : on dit alors que ces obligations sont à lots.

2° L'émission d'obligations est-elle libre ?

143. — Sauf sur un point spécial (sociétés de chemins de fer d'intérêt local, pour lesquelles la loi du 11 juin 1880, d'ailleurs remplacée par une loi du 31 juill. 1913, avait réglementé l'émission d'obligations) *il n'y avait aucune entrave, aucune réglementation des émissions* d'obligations en général. La *loi du 30 janv. 1907* (art. 3) a réglementé « l'émission, l'exposition, la mise en vente, l'introduction sur le marché en France d'actions, d'obligations, etc. », de sociétés. *Celles-ci doivent préalablement à cette émission* ou mise en vente, *publier au Bulletin annexe du Journal Officiel, une notice contenant des énonciations* déterminées par la loi et *destinées à renseigner le public*. La sanction de cette disposition est une amende de 10.000 à 20.000 francs.

L'émission d'obligation est-elle libre.

3° Différences entre l'obligation et l'action.

144. — 1° *Au point de vue de la nature du droit :*

Quelles sont les différences entre l'obligation et l'action ?

L'action est une part d'associé : l'actionnaire est un associé.

L'obligation est la créance d'un prêteur d'argent : C'est une dette de la société dont l'obligataire est le créancier.

Il suit de là que

Les obligataires n'ont aucun

les actionnaires seuls ont le droit de diriger la société par leurs votes.

pouvoir sur la marche de la société, la nomination de ses administrateurs, etc. (1).

2° Au point de vue du revenu rapporté par ces titres :

L'action donne droit à un *dividende*, qui est une partie des bénéfices, qui ne peut exister que lorsqu'il y a bénéfice et qui est donc très variable, puisqu'il dépend de la prospérité de la société.

L'obligation donne droit à un *intérêt fixe*, qui est une dette de la société et qui doit être payé tant qu'il y a de l'argent dans la caisse sociale, quand même la société ne ferait aucun bénéfice.

3° Au point de vue des variations des cours de ces titres :

Le cours des actions est très variable, car il dépend des bénéfices et de la prospérité de la société.

Le cours des obligations en général est beaucoup plus régulier et à peu près stationnaire.

4° Au point de vue des droits que confèrent ces titres, en cas de dissolution de la société :

A la dissolution de la société, l'actionnaire a droit à une partie du fonds social, mais il n'y a droit qu'après que les obligations sont remboursées intégralement. En effet il n'a droit au partage du patrimoine social qu'après désintéressement de tous les créanciers, et l'obligataire est un créancier.

Dans ce cas, l'obligataire a droit au *remboursement de l'argent qu'il a prêté* à la société (c'est-à-dire au paiement de la valeur nominale de l'obligation), et il y a droit avant que les actionnaires puissent prendre quoi que ce soit dans la société : Il a droit à son remboursement concurremment avec tous les autres créanciers, étant lui-même créancier.

(1) Notre législation est critiquée sur ce point. On trouve qu'on fait aux

5° Au point de vue du cas où le capital des titres est remboursé avant la fin de la société :

1° L'actionnaire remboursé n'est pas déchu de tout droit dans la société ; on lui délivre, à la place de son action de capital, une action de jouissance, qui lui procure à peu près les mêmes droits ;

2° Le remboursement des actions ne s'opère que si l'état des bénéfices le permet, et au moyen de prélèvements faits sur ces bénéfices. (Amortissement des actions.)

Lorsqu'un obligataire est remboursé, il n'a plus rien à réclamer à la société ; sa créance contre elle est éteinte.

Le remboursement des obligations, aux époques indiquées dans l'acte d'émission, est obligatoire, et doit être opéré même sur le capital social. (Amortissement des emprunts.)

actionnaires une situation injustement préférable à celle des obligataires, que ceux-ci n'ont pas un rôle suffisant et proportionné à leurs risques.

Il y a des sociétés où le capital-obligations est bien supérieur au capital-actions. C'est ce qu'on remarque dans les grandes Compagnies de Chemins de fer, ce qu'on a vu dans la Compagnie du Panama, ce qu'on voit dans la société du Crédit foncier.

Aussi l'on voudrait généralement que les obligataires eussent quelques droits à la direction des affaires sociales, et participent, dans une mesure restreinte, à l'administration de la société. En fait, souvent, le syndicat de banquiers, qui font l'emprunt en bloc, fait reconnaître par la société emprunteuse, une « société d'obligataires » (qui d'ailleurs peut être constituée après coup). Cette société d'obligataires défend les droits de ses membres à l'encontre de la société.

145. — *Il y a certaines modalités qui rapprochent dans une large mesure l'action de l'obligation :*

1° C'est d'abord cette *clause d'intérêt intercalaire ou fixe* dont nous avons déjà parlé. Par là, les actions se trouvent ressembler, dans cette période préparatoire, à des obligations, puisqu'elles rapportent un revenu fixe qui est pris sur le capital social, en l'absence de tout bénéfice ;

N'y a-t-il pas des cas où l'action ressemble à certains égards à l'obligation ?

2° Dans certains cas, quand il s'agit d'une société dont le bon fonctionnement intéresse l'utilité publique, le bien-être général, comme les Compagnies de chemins de fer, *l'Etat garantit à la société un minimun de bénéfices* (garantie d'intérêts), c'est-à-dire que, si ce minimum n'est pas atteint, l'Etat le complète de ses propres deniers.

De cette façon les actions sont assurées d'un revenu minimum, et prennent, dans cette mesure, l'apparence d'obligations.

§ 4. — Constitution d'une société anonyme.

146. — On distingue deux modes de fondation d'une société :

a) *Les fondateurs constituent la société à eux seuls.* C'est ce qu'on nomme la *fondation simultanée.* Encore faut-il qu'ils soient au nombre minimum de 7 (art. 23, 1. de 1867).

En quoi consistent les procédés de fondation simultanée et successive de la société ?

b) *Les fondateurs se contentent de préparer la société* et ils offrent au public un projet de société.

Ils demandent des associés, des souscripteurs. C'est ce second procédé, dit de la *fondation successive,* qui est le plus habituel.

Quel que soit d'ailleurs le procédé employé, *les formalités de constitution sont les mêmes. Il y en a 6*, qui sont (1) :

Enumérer les formalités constitutives d'une société anonyme.

1° *La confection des statuts ;*

2° *La souscription intégrale du capital social ;*

3° *Le versement sur chaque action du quart ou de la totalité de son montant ;*

4° *La déclaration, par devant notaire, de l'état des souscriptions et des versements ;*

5° *La vérification et l'approbation par les actionnaires, des apports en nature et des avantages particuliers.*

6° *La tenue d'une assemblée générale,* qui désignera les premiers administrateurs et qui vérifiera la sincérité des souscriptions et des premiers versements..

Première formalité : Confection des statuts.

En quelle forme seront rédigés les statuts ?

147. — Ces statuts constituent le pacte social, auquel les souscripteurs adhèreront, par cela seul qu'ils souscrivent.

Ces statuts peuvent être rédigés, soit par acte notarié, soit par acte sous seing privé (2).

Lorsque les statuts sont rédigés par acte sous seing privé, il faut un double original, dont l'un

---

(1) Etant donné l'extrème importance de ces formalités, il est nécessaire de savoir les énumérer sans hésitation et dans l'ordre donné qui est d'ailleurs leur ordre rationnel.

(2) Avant la loi de 1867, il fallait un acte notarié.

D'après la loi de 1867, un acte sous seing privé suffit. Toutefois on admettait, sous l'empire de cette loi, qu'il fallait un acte notarié lorsque les statuts conféraient aux administrateurs le droit d'hypothéquer les immeubles sociaux. En effet, la constitution d'hypothèque exigeant un acte notarié, on en concluait que le pouvoir de la constituer l'exigeait également. La loi de

reste au siège social, et l'autre doit être déposé chez le notaire devant lequel devra avoir lieu la déclaration des souscriptions et des versements.

Les statuts indiquent notamment la dénomination de la société et le siège social, ils énoncent le capital social en indiquant la part constituée par les apports en nature et celle qui proviendra des souscriptions d'actions en numéraire.

Mentions que les statuts contiennent.

A partir du premier versement, il est impossible de changer un seul mot aux statuts.

Seconde formalité : Souscription intégrale du capital.

148. — *La souscription d'une action* (ne pas confondre avec le versement) *est l'engagement par un individu de prendre une action.*

Qu'est-ce que la souscription d'une action ?

Si toutes les actions ne sont pas souscrites, la société ne peut pas se constituer et le projet tombe.

Le motif de cette disposition est que si toutes les actions n'étaient pas souscrites, la société n'aurait pas les ressources qui, d'après les statuts lui sont nécessaires.

Pourquoi cette règle de la souscription intégrale ?

Les souscriptions doivent être sincères et sérieuses, c'est-à-dire non fictives : Si donc les fondateurs, pour arriver plus vite, à la formation de la société ou pour tromper le public, font souscrire des paquets d'actions à des employés, des

Qualités que doivent présenter les souscriptions.

1893 a ajouté à la loi de 1867 un art. 69, aux termes duquel le pouvoir d'hypothéquer peut être conféré aux administrateurs, même par des statuts sous seing privé.

serviteurs, etc., qui n'auraient certainement pas le moyen de les payer, ces souscriptions doivent être tenues pour non avenues.

De plus *les souscriptions sont irrévocables*, même pendant la période constitutive de la société.

Enfin les fondateurs doivent mettre en souscription la totalité du capital social.

Troisième formalité : Versement sur chaque action, tantôt du quart, tantôt de la totalité de son prix.

149. — Distinguons les actions de numéraire et les actions d'apport :

1° *Actions d'apport : Elles doivent être entièrement et immédiatement libérées.*

Quel doit être le montant minimum du versement pour les actions de numéraire ?

Pourquoi la loi exige-t-elle ce versement minimum ?

2° *Actions de numéraire : Si les actions sont de 100 francs ou au-dessus, il suffit du versement d'1/4 par action.*

Pourquoi veut-on un certain versement minimum, et ne se contente-t-on pas des souscriptions qui permettront à la société de se procurer des fonds, au fur et à mesure de ses besoins, en faisant des appels de fonds aux souscripteurs ?

C'est une garantie que les souscriptions émanent de gens sérieux et capables de payer. Autrement, les souscriptions pourraient émaner d'individus insolvables et, quand la société aurait besoin de l'argent de ses actionnaires, elle n'en trouverait pas.

On veut ainsi écarter les coureurs de primes, c'est-à-dire des gens qui souscriraient toutes les actions, puis feraient la hausse par des manœuvres de Bourse, et les vendraient ainsi en empochant la prime, c'est-à-dire l'excédent du prix de vente sur le montant de la souscription.

150. — La loi n'exige pas le versement intégral ; cela aurait embarrassé la caisse sociale de capitaux dont elle n'a pas actuellement besoin et donné à la société la tentation de dépenses inutiles. Il vaut mieux laisser aux actionnaires ces capitaux qui peuvent leur être utiles dans leurs affaires particulières, sauf à les exiger d'eux lorsque la société en a besoin. Elle fera alors ce que l'on nomme un appel de fonds.

Pourquoi la loi n'exige-t-elle pas le versement intégral ?

151. — Remarquons que les *actions qui ne sont libérées que du 1/4 doivent demeurer nominatives.* C'est seulement lorsqu'elles seront intégralement libérées que la société pourra les remplacer par des titres au porteur (1).

Il importe, en effet, tant que l'action n'est pas libérée, que la société sache quels sont les détenteurs actuels des titres, pour leur demander des versements complémentaires.

Il faut même, pour le cas où ces détenteurs actuels seraient insolvables, qu'elle puisse connaître la série de propriétaires successifs de l'action depuis la souscription. De cette façon, elle s'adressera à l'un quelconque de ces propriétaires, car ils sont tous solidaires du paiement intégral de l'action. Remarquons toutefois que, lorsqu'il s'est écoulé 2 ans depuis la cession, l'obligation du cédant, relativement à la libération de l'action, se trouve éteinte par prescription (L. de 1867, art. 3, tel qu'il a été modifié par la loi de 1893).

Celui qui a cédé une action non libérée entièrement demeure-t-il responsable des versements futurs ?

(1) C'est une innovation de la loi de 1893. D'après la loi de 1867, il suffisait qu'elles fussent libérées de moitié.

152. — *Si les actions ne sont que de 25 francs, il faut le versement intégral.* (On sait qu'aucune action ne peut être de moins de 25 fr.).

Le versement du quart, 6 fr. 25, serait trop faible, et ressemblerait à l'achat d'un billet de loterie. La petite épargne se laisserait aller trop facilement à souscrire des actions donnant lieu à un si faible déboursé, afin de profiter de la hausse que les prospectus font miroiter; puis, au lieu de voir venir la hausse, ces petits actionnaires verraient venir des appels de fonds qui les dépouilleraient de leurs derniers sous.

153. — *Si les actions sont d'un taux supérieur à 25 francs, et inférieur à 100 francs, la jurisprudence admet (avec raison) que l'esprit de la loi est d'exiger un versement minimum de 25 francs.* Tout au moins, le premier versement sera de 25 francs; mais les versements postérieurs pourront être moindres.

154. — *Le versement doit être effectué en espèces.* Ainsi un souscripteur ne pourrait remettre un effet de commerce ou un chèque. Du moins, s'il remet de telles valeurs en paiement avec l'acceptation du banquier chargé de recevoir les versements pour la société, le versement ne sera définitif qu'après que ces valeurs auront été payées en espèces.

Le paiement par confusion n'est pas admis, non plus que la dation en paiement.

Toutefois on peut très bien opérer le versement par le procédé d'un virement (1).

---

(1) J'ai souscrit une action, et je dois payer 25 francs au banquier de la

Quatrième formalité : Déclaration devant notaire, de l'état des souscriptions et versements.

155. — Les actions étant souscrites et libérées conformément à la loi, *l'un des fondateurs va chez un notaire et lui déclare que le capital est souscrit et que les versements réglementaires ont été effectués. Le notaire dresse acte de cette déclaration.* Le fondateur remet au notaire, pour être joint à cet acte :

En quoi consiste la formalité de la déclaration notariée des souscriptions et versements ?

1° La liste nominative des souscripteurs, le nombre des actions souscrites par chacun d'eux, et l'état des versements effectués ;

2° Un double des statuts, s'ils sont sous seing privé, ou une expédition s'ils sont notariés (1).

156. — *Le notaire n'a pas à vérifier la vérité des souscriptions et des versements : il n'a qu'à constater la déclaration.*

Le notaire vérifie-t-il les souscriptions et les versements ?

Si donc les souscriptions sont fictives, et que les versements n'aient pas été effectués, cela n'empêche pas la déclaration d'avoir lieu. Seulement le déclarant s'expose à une peine correctionnelle édictée par la loi de 1867 (art. 15).

société. Il se trouve que j'ai moi-même un compte et des sommes disponibles chez ce banquier. Au lieu de retirer 25 francs de chez mon banquier, comme déposant, pour les lui remettre ensuite, comme actionnaire, il est plus simple que je lui dise : « Débitez-moi de 25 francs et passez cette somme au compte de la société. »

(1) Si le notaire, devant lequel le fondateur fait sa déclaration, est le même que celui qui a rédigé les statuts (ce qui est le cas ordinaire), il est inutile de joindre cette expédition, puisque le notaire a la minute entre les mains.

But et efficacité de cette formalité.

157. — *Quel est le but de cette formalité de la déclaration notariée?* C'est d'abord d'éviter que les fondateurs ne trouvent l'occasion de réaliser des bénéfices sur les souscriptions. Ensuite si cette formalité n'existait pas, les fondateurs pourraient mettre la société en marche avec des souscriptions et des versements insuffisants, à l'insu des souscripteurs réels, dans l'espérance de placer le reste des actions plus tard en faisant antidater les souscriptions pour dissimuler l'irrégularité. Dans ces conditions, il arriverait souvent que la société péricliterait faute de capitaux suffisants, et les souscripteurs véritables perdraient le montant de leurs actions.

Mais cette *formalité est-elle bien efficace ?* Elle est en tous cas fort coûteuse et pourrait être avantageusement remplacée par une simple déclaration signée des fondateurs et déposée au greffe du tribunal de commerce. Il y a un projet de loi en ce sens.

Cinquième formalité : Vérification et approbation par les actionnaires des apports en nature et des avantages particuliers.

158. — La société projetée ayant son capital, il s'agit d'approuver les apports et les avantages particuliers. Cette approbation doit être donnée par une assemblée d'actionnaires, appelée assemblée constitutive (1).

---

(1) Remarquons bien que cette assemblée n'a pas pour mission, comme on le dit souvent à tort, d'approuver les statuts. Ces statuts ont été approuvés individuellement par chaque souscripteur, par cela seul qu'il a souscrit.

On aurait pu considérer, par la même raison, que par cette souscription l'associé ratifiait aussi implicitement les apports et avantages particuliers, puis

Tout actionnaire, même s'il ne possède qu'une action, et nonobstant toute clause contraire des statuts a le droit de prendre part et de voter à cette assemblée constitutive ; par contre les intéressés (apporteurs en nature, ou gratifiés d'avantages particuliers) ne pourront pas prendre part au vote. Les actionnaires qui délibèrent dans cette assemblée doivent représenter au moins la moitié du capital numéraire.

Comment se fait la vérification et approbation des apports en nature et des avantages particuliers ?

159. — *Cette assemblée doit se réunir 2 fois :* aussi dit-on qu'il y a 2 assemblées constitutives.

Dans la 1re, les actionnaires nomment un ou plusieurs commissaires chargés de faire un rapport sur les apports et avantages.

Que fait l'assemblée constitutive dans chacune de ses réunions ?

Le rapport doit être imprimé, et tenu à la disposition des

qu'ils font l'objet de clauses des statuts. Mais la loi a craint les abus. Elle a pensé que les souscripteurs n'étaient pas suffisamment renseignés, au moment de la souscription, sur la valeur exacte des apports et avantages. C'est pourquoi elle exige que ces apports et avantages fassent l'objet d'une délibération spéciale d'une assemblée d'actionnaires, et elle subordonne à l'approbation de cette assemblée la constitution définitive de la société. Pour plus de garantie, la loi exige, non pas une seule réunion, mais 2 réunions successives, comme nous allons le dire au texte.

Comme avantages particuliers, nous citerons, par ex., l'allocation de 10 o/o les bénéfices, faite à un fondateur à raison des services qu'il a rendus pour a constitution de la société, l'allocation de 10 o/o ou de jetons de présence, faite aux membres du Conseil d'administration pour les indemniser des soins qu'ils consacrent à la gestion. Il y a doute toutefois pour ce dernier cas, car on peut dire que l'avantage est fait à la fonction et non à l'individu, et que lès lors on doit la considérer non comme un avantage particulier, mais comme un élément des frais généraux (V. en ce sens THALLER, *Tr. élém. de tr. comm.*, n. 532).

actionnaires 5 jours au moins avant la 2ᵉ réunion (L. de 1867, art. 4 et 24).

La 2ᵉ assemblée constitutive entend le rapport des commissaires, les observations que peuvent présenter les apporteurs et bénéficiaires d'avantages particuliers, *et vote*. Deux cas peuvent se présenter :

Les apports sont approuvés : l'assemblée désigne, aussitôt après, les premiers administrateurs et le commissaire de surveillance, et la société est définitivement constituée (v. *infra*, n. 159).

S'il n'y a pas approbation (parce que l'estimation des statuts paraît exagérée), il faut encore distinguer.

Ou bien les apporteurs ne veulent pas réduire l'estimation, et alors le projet de société échoue.

Ou bien les apporteurs sont disposés à réduire l'estimation à un chiffre qui est accepté. Dans ce cas il y a controverse :

D'après l'opinion générale, les fondateurs modifieront le projet de statuts en substituant la nouvelle estimation, et la société se trouvera constituée.

D'après d'autres (1), la société ne peut se former, à moins qu'il y ait unanimité de tous les actionnaires. En effet, les associés ont souscrit en vue de certains statuts dont ils ont pris connaissance. Si ces statuts ne sont pas maintenus tels quels, la condition de leur souscription est défaillie, et la minorité ne doit pas être liée parce qu'il plaît à la majorité de modifier ces statuts (2).

____

(1) THALLER, *Tr. élém. de dr. comm.*, 5ᵉ éd., n. 539.

(2) On peut répondre que la souscription est faite sous la condition que les apports seront vérifiés et diminués, s'il y a lieu, par l'assemblée constitutive. Le souscripteur n'apprécie pas les apports, il n'a pas les documents pour cela ; il s'en rapporte à l'assemblée ultérieure, et envisage

Sixième formalité : Tenue d'une assemblée générale pour nommer les premiers administrateurs, etc.

160. — Cette assemblée se confond en fait avec la seconde assemblée constitutive, qui, après avoir approuvé les apports et avantages particuliers, désigne les premiers administrateurs et le commissaire de surveillance et vérifie la sincérité des versements et des souscriptions.

Cette opération faite, la société est constituée ; il n'y a plus qu'à la publier.

Ainsi, bien des obstacles peuvent s'opposer à la constitution de la société. Il n'est pas facile d'arriver à faire souscrire par le public, à une époque déterminée, toutes les actions de numéraire, et encore moins d'obtenir le versement soit de la totalité, soit même du 1/4.

Quand on y est parvenu, les fondateurs sont encore exposés à perdre leur peine, et à voir le projet échouer devant l'assemblée constitutive ; celle-ci peut ne pas remplir les conditions prescrites pour la validité de l'approbation à donner aux apports et avantages.

Procédé pratique pour fonder rapidement une société.

161. — Pour arriver d'une façon sûre et rapide à la constitution de la société, et soustraire le projet à toute discussion, même en ce qui touche les apports et avantages, les fondateurs procèdent souvent aujourd'hui de la façon suivante :

Ces fondateurs ne font pas appel au public

Comment, pratiquement, peut-on fonder rapidement une société anonyme ?

l'estimation des statuts comme un maximum susceptible d'être réduit par cette assemblée.

pour la souscription des actions de numéraire. L'un d'eux les souscrit toutes lui-même ; comme il faut au moins 7 actionnaires, il fait souscrire quelques actions par 6 hommes de paille (par exemple 6 de ses amis, domestiques ou commis).

Pour faire le versement, ce fondateur se borne à mettre au crédit de la société ·le montant du capital en numéraire ; c'est un simple mouvement d'écritures dans lequel il ne risque rien.

Il se rend ensuite chez un notaire devant lequel il déclare que le capital est souscrit et intégralement versé ; il dépose un double des statuts, et y joint la liste des souscripteurs et l'état de leurs versements.

Après cette déclaration, ce fondateur de la société convoque l'assemblée constitutive, où naturellement lui et ses hommes de paille, qui représentent seuls le capital en numéraire, approuveront à l'unanimité les apports en nature et les avantages particuliers, s'il y en a.

· L'assemblée désignera ce fondateur pour administrateur et pour commissaire de surveillance un de ses employés quelconque.

Ensuite on fera publier la société qui se trouvera ainsi régulièrement constituée.

. Finalement ce fondateur mettra la société en train. Il tâchera de lui donner au moins une apparence de prospérité. Puis il mettra ses actions en vente le plus cher possible afin de réaliser un gros bénéfice. Ceux qui achèteront les actions n'auront ainsi à discuter aucune clause des statuts, pas plus les apports que le reste ; ils devront prendre leurs renseignements avant d'acheter, ce qu'ils négligeront généralement de faire. Et la société n'ayant qu'une apparence de prospérité tombera au bout de très peu de temps.

§ 5. — **Publicité de la société anonyme.**

162. — *Les administrateurs doivent, dans le mois de la constitution de la société, remplir les formalités suivantes :*

a) Il faut *déposer une expédition des statuts* (ou un double si les statuts sont rédigés par acte sous seing privé) *au greffe du tribunal de commerce du siège social, et une autre au greffe de la justice de paix du même lieu.* (Comme dans les sociétés en nom collectif et en commandite simple).

b) *A ce dépôt il faut joindre :*

1° Une expédition de la déclaration notariée des fondateurs relative à la souscription et aux versements ;

2° Une copie de la liste des souscripteurs ;

3° Une copie, certifiée conforme par les administrateurs, du procès-verbal des délibérations des assemblées constitutives.

c) *Il faut faire insérer dans un journal d'annonces légales un extrait des statuts.*

Cet extrait indique :

1° Le caractère anonyme de la société ;

2° L'objet de la société ;

3° Le montant du capital social en numéraire et en autres objets ;

4° La quotité a prélever sur les bénéfices pour composer le fonds de réserve.

5° L'époque ou la société commence et celle où elle finit ;

6° Le siège social ;

7° Les noms des administrateurs ;

8° La date du dépôt au greffe du tribunal de commerce et à celui de la justice de paix.

En quoi consistent les formalités de publicité ?

Ne doit-on pas publier, dans un journal, un extrait des statuts ?

Quelles sont les mentions de cet extrait ?

Droits du public de connaître les actes constitutifs.

163. — Il faut faire afficher les divers documents soumis au dépôt, d'une façon apparente, dans les bureaux de la société.

Toute personne pourra consulter, au greffe, les pièces déposées, et s'en faire délivrer copie à ses frais.

Toute personne pourra se faire délivrer, au siège social, une copie des statuts moyennant une somme de 1 franc. En pratique, les statuts sont imprimés, et on en délivre gratuitement un exemplaire à tout requérant.

Le capital social ne doit-il pas être indiqué dans tous les actes de la société.

163 (*bis*).— d) *Il faut mentionner dans tous les actes*, factures, circulaires, publications et autres documents imprimés ou autographiés, émanés de la société : 1° *la dénomination de la société* (c'est-à-dire l'enseigne, puisqu'il n'y a pas ici de raison sociale (39), 2° *le caractère anonyme* de la société, 3° *le montant du capital social* en toutes lettres (L. de 1867, art. 64).

§ 6. — Sanctions des formalités constitutives d'une société.

164. — Voyons la sanction des formalités relatives à la formation de la société anonyme. *Il y a 3 sanctions :*

La nullité de la société; la responsabilité civile des fondateurs, ou, d'une façon générale, *de ceux qui sont cause de la nullité ; parfois, la responsabilité pénale de ces fondateurs.*

a) Nullité.

165. — La nullité de la société est prononcée par les art. 7 et 41 de la loi de 1867. Il s'agit dans ces deux cas, non d'une *nullité relative,* mais d'une *nullité absolue,* c'est-à-dire *opposable à tous les tiers.*

La cause de nullité peut tenir, soit à l'inobservation des conditions prescrites par les lois de 1867 et 1893 (1), soit à l'inobservations des règles ordinaires pour la validité des contrats en général (2).

Les formalités constitutives de la société sont-elles sanctionnées par la nullité ?

La nullité vaut dissolution, de telle sorte que la société sera liquidée en observant les statuts.

La jurisprudence, pour simplifier, assimile à la nullité pour défaut de publicité, la nullité qui tient à l'inobservation de l'une des conditions prescrites pour la constitution même de la société (3).

La société étant annulée, voici le conflit qui se présente. Les actionnaires disent au liquidateur : « Rendez-nous nos versements ; puisque la société est nulle, ces paiements n'ont pas de cause. »

D'autre part, les créanciers disent au liquidateur : « Payez-nous avec l'argent versé par les actionnaires, et même, si leurs

______

(1) Il n'y a pas eu souscription intégrale du capital, ou versement du 1/4 ou de la totalité des actions ; les assemblées constitutives n'ont pas rempli les conditions requises pour la validité des votes ; ou encore les formalités de publicité n'ont pas été régulièrement observées : par ex. on n'a pas fait les dépôts aux greffes, ou on ne les a faits qu'incomplètement ; on n'a pas mentionné dans l'extrait toutes les indications prescrites par la loi.

(2) Par exemple certains souscripteurs sont incapables (mineurs ou interdits). Certaines souscriptions ont été le résultat du dol ou de la violence.

(3) Cette assimilation est critiquée par M. THALLER (*Tr. élém. de dr. comm.,* 5e éd. n° 547). Les deux situations sont bien différentes, et il est illogique de les traiter de même. Au 1er cas (vice dans la publicité), la société a été régulièrement constituée. Au 2e cas, cette constitution n'est pas valable ; on devrait donc considérer les statuts comme nuls et non avenus.

actions ne sont pas entièrement libérées, faites des appels de
fonds pour nous payer ».

Dans ce conflit, *les créanciers doivent l'emporter*. Tant pis
pour les actionnaires : en souscrivant, puis en nommant, dans
l'assemblée constitutive, des administrateurs, ils ont donné
mandat à ces derniers de les obliger envers les tiers, du moins
dans la mesure du montant de leurs actions. Les actionnaires
seront réduits à un recours en dommages-intérêts contre les
personnes auxquelles la nullité de la société est imputable.

'La nullité d'une société peut-elle être couverte ou prescrite ?

166. — *La nullité peut-elle se couvrir, soit par
la ratification, soit par le temps* (c'est-à-dire
par la prescription de l'action en nullité)?

Sous l'empire de la loi de 1867, la nullité ne
pouvait pas se couvrir (1).

Aujourd'hui, d'après la loi de 1893 (modification apportée
à l'art. 8 de la loi de 1867) il en est différemment : *Trois
règles :*

a) *La nullité peut se couvrir par 10 ans (2).*

(1) Toutefois la jurisprudence admettait que les actionnaires ne pouvaient
plus invoquer la nullité au bout de 30 ans. — Cela donnait lieu à des chan-
tages. Un individu peu scrupuleux achetait une action dans une riche Compagnie, puis il étudiait les statuts, recherchait si toutes les formalités requises
avaient été remplies, et, lorsqu'il avait découvert une cause de nullité, il allait
trouver les administrateurs et leur disait : « Si vous ne me payez pas telle
somme, je vais, en ma qualité d'actionnaire, demander la nullité de la société ». D'autre part, pourquoi la nullité ne pouvait-elle pas se couvrir ? C'est
qu'elle était considérée comme fondée sur l'ordre public, et par conséquent
comme absolue. On disait aussi que la société était inexistante, les formalités
de constitution étant requises *ad solemnitatem* : or, un acte inexistant ne peut
devenir valable par le temps. De même les actionnaires ne pouvaient pas,
même par leur volonté unanime, ratifier une même société. Il fallait liquider
la société, et en refaire une nouvelle qui fût régulière.

(2) On pourrait croire qu'il s'agit là de l'application de l'art. 1304 C. civ.

b) D'après le même texte, *la nullité est encore couverte lorsque sa cause a cessé*. Par exemple, certains actionnaires n'avaient pas fait les versements réglementaires avant la constitution de la société, et ils les ont faits depuis (1).

c) *Si, pour couvrir la nullité, une assemblée générale devait être convoquée, la demande en nullité ne serait plus recevable à partir de la convocation régulière de cette assemblée.*

b) Responsabilité civile.

167. — La nullité étant prononcée, les personnes lésées, notamment les actionnaires et les créanciers sociaux, pourront demander des dommages-intérêts à certaines personnes (art. 42, loi 1867). *Ces personnes responsables sont :*

Ce n'est pas exact. Sans doute le délai de notre prescription est le même, mais le fondement en est bien différent. La prescription de l'art. 1304 est fondée sur une ratification tacite. Ici, il s'agit d'une nullité fondée sur l'ordre public, qui n'est pas susceptible par conséquent de ratification, et qui ne devrait pas, d'après le droit commun, se couvrir par le temps. Le législateur de 1893 a dérogé ici au droit commun par le motif que, la société ayant fonctionné d'une façon satisfaisante pendant 10 ans, malgré son vice de constitution, il est sans inconvénient de la maintenir, tandis que son annulation léserait de graves intérêts.

La différence avec la prescription de l'art. 1304 apparaît bien nettement au point de vue suivant : le point de départ de la prescription de l'art. 304 est le jour où le vice a cessé ou a été connu. Au contraire, le point de départ de notre prescription, c'est le jour du contrat. Non seulement la cessation du vice ne fait pas courir, dans notre cas, le délai pendant lequel on pourra demander la nullité de la société, mais elle couvre immédiatement cette nullité, ainsi que nous allons le dire.

(1) Ou encore certaines actions n'ont été souscrites qu'après la constitution de la société, c'est-à-dire après la deuxième assemblée constitutive. Ou encore la liste des souscripteurs n'avait pas été déposée chez le notaire ou dans les greffes ; les administrateurs la déposent après la constitution.

1° *Les fondateurs* (1).

2° *Ceux qui ont fait des apports en nature ou qui ont des avantages particuliers, lorsque ces apports ou ces avantages n'ont pas été soumis à l'approbation de l'assemblée des actionnaires :* ces associés auraient dû veiller à l'observation de cette formalité (2).

168. — *Quelle est la mesure de cette responsabilité civile ?*

Dans quelle mesure jouera cette responsabilité civile ?

1° *A l'égard des actionnaires :* ils peuvent demander aux fondateurs la réparation du préjudice que leur cause la nullité de la société. Pas de préjudice, pas de responsabilité. Donc, si la société est dans de mauvaises affaires, et que, même à supposer qu'elle ait été valablement constituée, elle n'en serait pas moins ruinée, parce que cette ruine résulte de cas fortuits dont les fondateurs ne sont pas cause, les actionnaires n'auront rien à leur demander, car ce n'est pas l'annulation qui fait ici le préjudice, c'est l'insuccès des opérations ;

---

(1) Cette expression est un peu vague. Elle comprend, d'après M. THALLER (*Tr. élém. de dr. comm.*, 5° éd., n° 562) :

1° Ceux qui ont signé les statuts ;

2° Ceux qui ont fait la déclaration notariée ;

3° D'une façon générale, tous ceux qui auront, en fait, coopéré, d'une façon plus ou moins ostensible, à la constitution de la société. Cette formule comprend les banquiers, qui, par leurs prospectus, ont invité leurs clients à souscrire les titres, en leur en faisant valoir les avantages, et en leur adressant même des bulletins de souscription tout préparés.

(2) On se demande si les commissaires de surveillance sont responsables. Nous ne le pensons pas. Ils n'ont pas pour mission de vérifier que la constitution de la société est régulière : leur mission ne commence qu'après la constitution de la société et elle a pour objet uniquement de contrôler la gestion des administrateurs pour en rendre compte aux actionnaires.

2° *A l'égard des créanciers sociaux*. Avant la loi de 1893, la jurisprudence admettait que les créanciers pouvaient considérer les fondateurs, responsables de la nullité de la société, comme tenus solidairement de tout le passif social.

L'art. 5 de la loi de 1893 (modifiant l'art. 42 de la loi de 1867) décide que les fondateurs sont responsables solidairement, seulement du préjudice subi.

Mais les fondateurs peuvent être poursuivis en dommages-intérêts, même lorsque la cause de nullité a cessé d'exister, et qu'il s'est encore écoulé 3 ans depuis le jour où la nullité était encourue (loi de 1893, art. 3, modifiant l'art. 8 de la loi de 1867) (1).

c) Responsabilité pénale.

169. — Elle est réglée par les art. 15 et 45 de la loi de 1867 (2).

1° Tout d'abord il peut y avoir lieu contre les fondateurs à la *poursuite pour escroquerie*, conformément au droit commun (C. pénal, art. 405) (3).

Quand y aura-t-il responsabilité pénale ?

(1) Le motif de ce maintien d'actions en indemnité, malgré la couverture du vice, c'est qu'autrement les fondateurs pourraient commettre des irrégularités dans la constitution de la société et s'exonérer ensuite de toute responsabilité, en convoquant rapidement une assemblée d'actionnaires pour couvrir le vice.

(2) Une difficulté vient de ce que l'art. 45 renvoie, pour cette responsabilité pénale à propos de la société anonyme, à l'art. 15 qui vise la société en commandite. Mais les termes ne sont pas les mêmes. Est-on autorisé à faire la transposition ? Certains auteurs, M. Thaller notamment, ne l'admettent pas, parce que l'on est en matière pénale, où l'interprétation doit être très stricte.

(3) Par exemple, je fonde une société pour exploiter une mine d'or, dont je prétends être propriétaire dans l'Afrique du Sud ou ailleurs, alors que je ne

170. — 2° Il n'y aurait pas véritablement escroquerie si les manœuvres frauduleuses avaient pour but d'attirer des versements, non pour se les approprier d'une façon exclusive, mais pour en bénéficier partiellement comme membre de la société, dans la caisse de laquelle ces fonds seront versés. Aussi a-t-il fallu un texte formel pour assimiler ce cas à l'escroquerie.

L'art. 15 de la loi de 1867 cite les faits suivants :

1° *Le fait de simuler des souscriptions ou des versements pour en obtenir d'autres.*

2° *Le fait*, toujours pour provoquer des souscriptions ou des versements, *de publier de mauvaise foi les noms de personnes désignées, contrairement à leur volonté, comme étant ou devant être attachées à un titre quelconque à la société* (1).

Il n'y a pas lieu aux peines de l'escroquerie, mais à une simple amende de 500 à 10.000 francs (susceptible d'ailleurs d'être réduite par des circonstances atténuantes), s'il n'y a pas eu, chez le fondateur qui a inexactement certifié la souscription

---

suis propriétaire de rien du tout. Je fabrique de faux plans, de faux titres de propriétés, de faux actes de concessions, de faux rapports de prétendus ingénieurs attestant l'abondance et la richesse du minerai. Je déclare vendre ma mine à la société projetée moyennant 10 millions. Je fais lancer des prospectus alléchants par des banquiers, qui peuvent être de bonne foi et ne sont pas chargés de prendre des renseignements, surtout si je leur donne une bonne commission sur les souscriptions. Les actions sont souscrites, les versements effectués ; je touche le prix de ma prétendue mine, et je laisse les actionnaires et leurs administrateurs avec mes plans et mes rapports.

(1) Ainsi on mentionne dans les statuts, comme devant former le premier conseil d'administration, des personnes connues pour jouir d'une grande fortune, de beaucoup de crédit, d'une grande influence politique, etc., alors que ces personnes ignorent l'abus qu'on fait de leurs noms et l'existence même de ce projet de société.

intégrale et le versement réglementaire, d'intention frauduleuse, par exemple, il a voulu arriver plus tôt à la constitution
de la société, mais il n'a pas eu l'intention de détourner à son
profit l'argent des actionnaires. Encore ce délit n'existe-t-il
que si le fondateur a, dans ces conditions, délivré des actions.

§ 7. — Administration et surveillance.

1° Des administrateurs.

a) Nomination des administrateurs. Dépôt en gage de leurs actions.

171. — *La société anonyme est représentée par des administrateurs, dont la gestion a lieu sous l'autorité des assemblées générales d'actionnaires et sous le contrôle d'un commissaire de surveillance ou censeur.*

Qui représente la Société anonyme ?

172.—Les premiers administrateurs sont *nommés par la deuxième assemblée constitutive* pour une durée qui ne peut pas excéder *6 ans*. Ils sont révocables *ad nutum* et peuvent démissionner.

Comment sont nommés les premiers administrateurs ?

Ils peuvent être désignés aussi *dans les statuts*. Dans ce cas, les administrateurs ne peuvent pas être révoqués, parce que leur nomination est une clause des statuts. Aussi la loi décide-t-elle que leurs fonctions ne durent que *3 ans*.

Peuvent-ils être désignés par les statuts ?

Ces administrateurs sont *salariés* ou *gratuits*. La plupart du temps, ils reçoivent des jetons de présence, ou un tant pour cent sur les bénéfices.

Doivent-ils être actionnaires ?

173. — Les administrateurs doivent être nécessairement actionnaires. En pratique, ils sont choisis parmi les plus gros actionnaires, parce que leur intérêt personnel est une garantie de bonne gestion.

Les administrateurs ne doivent-ils pas déposer un certain nombre d'actions pour garantir leur gestion ?

Les statuts déterminent le nombre minimum d'actions qu'il faut posséder pour être administrateur. Ces actions doivent être *nominatives* (si elles sont au porteur, on les convertit en actions nominatives), *inaliénables* (frappées d'un timbre indiquant l'inaliénabilité), et *déposées en gage dans la caisse sociale.*

Les actions de tous ne garantissent-elles la gestion de chacun ?

174. — *Ces actions forment un véritable gage qui garantit la créance de la société contre les administrateurs à raison de leurs fautes de gestion.* C'est pourquoi il devra être opéré un transfert de garantie de ces actions au profit de la société. Cette garantie réelle est, de plus, solidaire, c'est-à-dire que l'ensemble des actions de tous les administrateurs garantit les fautes de l'un quelconque d'entre eux (1).

Il suit de là que, si un administrateur décède, démissionne ou est révoqué, il ne peut pas, bien qu'il soit déclaré quitte de tout compte après vérification de sa gestion, reprendre les actions par lui déposées, car ces actions contribuent à garantir la gestion des administrateurs restés en fonctions (2).

(1) Cette garantie de la société n'est pas fameuse. En effet, lorsqu'on aura découvert les fautes, le crédit de la société sera fortement atteint, les actions seront dépréciées, et par suite, le gage en question se trouvera illusoire.

(2) Ils sont généralement soumis à un renouvellement partiel. Supposons qu'il y ait trois administrateurs : les statuts disent que tous les 2 ans on élira un administrateur ; les 2 premières fois, l'administrateur sortant sera désigné

175. — *Les administrateurs* (à part ceux qui sont désignés par les statuts) *peuvent être révoqués librement par l'assemblée ordinaire annuelle*. Ils peuvent aussi démissionner à leur gré (sauf toujours ceux qui sont nommés par les statuts). Ils sont rééligibles par la même assemblée. D'ailleurs, les administrateurs nommés par l'assemblée ordinaire, de même que ceux nommés primitivement par l'assemblée constitutive, ne reçoivent leurs fonctions que pour une durée maximum **de 6 ans**.

Comment les administrateurs sont-ils révoqués ou remplacés ?

b) Gestion et responsabilité des administrateurs.

176. — 1° *Les administrateurs obligent la société sans s'obliger eux-mêmes*. Ils sont, en effet, les mandataires de la société. Or, on sait que le mandataire oblige le mandant qu'il représente, sans s'obliger lui-même.

Les contrats faits par les administrateurs au nom de la société les obligent-ils personnellement ?

Remarquons d'ailleurs que, lorsqu'il y a plusieurs administrateurs (il pourrait très bien n'y en avoir qu'un seul), ils ne peuvent individuellement représenter la société ; celle-ci est représentée, non par chaque administrateur, mais par le Conseil d'administration. Lorsqu'il y a une mesure à prendre, le Conseil délibère et vote ; ses décisions sont prises à la majorité des voix des membres présents. Pour plus de simplicité, le Conseil peut déléguer ses pouvoirs, pour une catégorie spéciale d'affaires, à l'un de ses membres ; c'est ce qu'on appelle l'administrateur délégué.

La gestion des administrateurs n'est-elle pas collective ?

par le sort. De cette façon, les deux administrateurs restants mettront le nouveau au courant des affaires.

177. — Souvent, pour se décharger des détails de l'administration, le Conseil nomme un employé supérieur, appelé *directeur*, ayant les connaissances spéciales nécessaires pour bien diriger l'entreprise sociale, par exemple, un ingénieur des ponts et chaussées s'il s'agit d'un chemin de fer. Ce directeur peut être pris en dehors des actionnaires, et le Conseil peut le révoquer librement. C'est ce que l'on nomme un *directeur technique*. Ce n'est qu'un employé supérieur de la société.

Lorsqu'ils se déchargent de leurs fonctions sur un directeur, ne sont-ils pas responsables de sa gestion ?

Dans ce cas, les fautes du directeur engagent la responsabilité des administrateurs envers la société comme s'ils avaient commis ces fautes eux-mêmes.

Les noms des premiers administrateurs doivent être publiés ; si certaines clauses des statuts leur donnent plus ou moins de pouvoirs que n'en a un mandataire général, ces clauses doivent être publiées également (L. de 1867, art. 57).

178. — 2° *Les administrateurs sont responsables de leurs fautes envers la société.*

Les administrateurs sont-ils responsables s'ils commettent des fautes dans leur gestion ?

Cette responsabilité est-elle solidaire ? En un mot la société peut-elle demander des dommages-intérêts à un administrateur à raison des fautes de ses collègues du Conseil d'administration ? Oui, certainement, en tant que cette responsabilité s'exerce sur les actions que ces administrateurs ont dû déposer dans la caisse sociale pour garantie de leur gestion : le total de ces actions répond des fautes de l'un quelconque des administrateurs.

Mais supposons que ces actions soient insuffisantes : *peut-on poursuivre un administrateur personnellement et pour le tout à raison des fautes d'un de ses collègues ?*

On distingue :

S'il s'agit d'une mesure qui a été prise à tort par le Conseil d'administration, les administrateurs qui ont pris cette mesure sont solidaires à raison de leur faute commune ; mais ceux qui étaient absents de la délibération, ou qui ont voté contre la mesure, ne sont pas tenus.

S'il s'agit d'un acte fait par un administrateur individuellement (1), cet administrateur sera seul responsable.

179. — Quant aux pouvoirs des administrateurs, ils comprennent d'une façon générale tous les actes nécessaires à la marche de la société. En pratique, les statuts fixent ces pouvoirs d'une façon large.

Quels sont les pouvoirs des administrateurs ?

Un administrateur ne doit pas prendre ou conserver un intérêt dans une entreprise ou dans un marché fait avec la société (ou pour le compte de la société) (L. de 1857, art. 40) (2).

La prohibition ne s'applique pas à des opérations isolées, mais à une suite d'opérations : cela

Un administrateur peut-il avoir un intérêt dans un contrat fait avec la société ?

(1) Par exemple il a volé la caisse de la société ou a donné des renseignements à X, concurrent de la société, afin de couler la société au profit de X.

(2) Par exemple, une société qui fabrique des automobiles, passe un marché avec un industriel X, en vertu duquel X lui fournira, à certaines conditions, les métaux dont elle a besoin : Un administrateur de la société ne pourra pas s'associer avec X ; s'il est déjà associé, il devra immédiatement briser cette association. En somme, il y a là une application de la maxime qu'un mandataire ne doit pas avoir un intérêt personnel contraire à celui de son mandant. Autrement ce mandataire serait placé entre son devoir qui serait de faire un contrat avantageux pour son mandant, et par conséquent funeste à lui-même, et son intérêt qui est d'agir en sens contraire : cette situation serait trop dangereuse pour le mandant. Par application de cette idée, nous avons vu qu'un tuteur ne peut pas acheter les biens de son pupille, etc.

résulte des expressions « entreprises et marchés » employées par l'art. 40 (1).

D'autre part, elle ne s'applique pas aux entreprises et marchés qui ont fait l'objet d'une adjudication publique : cela résulte des travaux préparatoires (2).

La prohibition souffre exception lorsque l'assemblée générale a autorisé le marché ou l'entreprise entre la société et l'un des administrateurs. Mais il faut dans ce cas qu'il soit rendu compte à cette assemblée, chaque année, de l'exécution du marché.

c) Exercice de l'action en responsabilité contre les administrateurs ?

Quelles sont les actions par lesquelles la responsabilité des administrateurs sera mise en jeu ?

180. — Leur responsabilité envers la société peut faire l'objet de trois actions différentes :

a) *L'action collective ou sociale est fondée sur un droit qui appartient à la collectivité des actionnaires, à la Société elle-même,* qui, dans une assemblée générale, décidera, s'il y a lieu ou

(1) M. Thaller cite comme contraire à cette règle la pratique des *filiales*. Supposons, dans mon exemple, que la société de *L'Automobile* emploie une partie de son capital à fonder une société *Les Forges et aciéries modèles* ayant pour but de préparer et vendre les métaux dont elle a besoin dans sa fabrication. La 2ᵉ société sera « filiale » de la 1ʳᵉ. La société *L'Automobile* ayant toute influence dans la société *Les Forges*, parce qu'elle y possède beaucoup d'actions, les administrateurs de l'une seront administrateurs de l'autre. Dans ce cas, ils pourront sacrifier les intérêts de l'une à ceux de l'autre, suivant qu'ils auront un intérêt plus grand dans celle-ci, ce qui est contraire à notre règle. — Cette pratique présente un autre inconvénient, c'est que, si la société filiale fait faillite, cette faillite entraînera souvent celle de la société mère, qui a une grande partie de ses capitaux chez sa fille.

(2) Un marchand de charbon est administrateur d'une société de chemins de fer. Cette société met en adjudication, au rabais, la fourniture du charbon

non, d'exercer cette action : Elle nomme alors un mandataire *ad hoc*, qui, agissant au nom de tous les actionnaires (*ut universi*), demandera la réparation intégrale du dommage causé. Mais cette action sociale peut être intentée par un actionnaire, ou un groupe d'actionnaires (sauf prohibition formelle et contraire des statuts), qui, agissant en tant que membre de la collectivité lésée (*ut singuli*) demande la réparation du préjudice subi, dans une mesure proportionnée à sa part dans le capital social. L'action sociale *ut singuli* n'influe en rien sur l'action sociale *ut universi*, que la société peut intenter quoique la première soit intentée antérieurement. Au contraire, l'action sociale *ut universi* (ou la transaction équivalente) fait tomber l'action *ut singuli* que l'associé ne peut même plus continuer. La chose jugée sur l'action *ut universi* est opposable à l'associé. La chose jugée sur l'action *ut singuli* n'est pas opposable à la société. En résumé, on peut dire que, dans son principe, l'action *ut singuli* est indépendante de l'action *ut universi*, mais qu'elle en est dépendante dans son exercice. L'action sociale (*ut singuli* ou *ut universi*) ne peut plus être exercée contre les administrateurs, pour fautes de gestion, lorsque l'assemblée régulière des actionnaires a approuvé les comptes des administrateurs (ce qui, pour eux, vaut *quitus*) à moins toutefois que ces administrateurs aient obtenu ce *quitus*, grâce à des réticences.

N'y a-t-il pas deux façons d'exercer l'action sociale ?

qui lui est nécessaire : cet administrateur peut très bien se porter adjudicataire. Il n'y a pas à craindre qu'il n'abuse de sa situation pour avoir un meilleur prix, puisque ce prix est fixé par une concurrence publique, après affiches. Cela n'est cependant pas sans inconvénient. En effet, cet administrateur peut très bien se laisser entraîner, s'il est d'accord avec la majorité du conseil d'administration, à tromper la société sur la quantité ou la qualité.

181. — b) *L'action individuelle* est celle qui, intentée par un ou plusieurs actionnaires, tend à la réparation d'un préjudice individuel causé par la gestion d'un administrateur (1).

> Qu'est-ce que l'action individuelle ?

182. — c) *L'action émanant d'un groupe d'actionnaires* (art. 17, l. 1867) est celle qui, exercée au nom d'un groupe d'actionnaires représentant au moins le 1/20e du capital social, a pour but la réparation d'un préjudice éprouvé, non par la société, mais par ce groupe d'actionnaires (2).

> Qu'est-ce que l'action émanant d'un groupe d'actionnaires ?

Ces actions en responsabilité se prescrivent par 30 ans. Toutefois, si la responsabilité des administrateurs résulte d'un délit correctionnel, l'action civile serait prescrite par 3 ans, comme l'action publique.

2° Censeurs ou Commissaires de surveillance.

183. — *Ils sont nommés pour un an par l'assemblée générale des actionnaires et sont élus en même temps que les administrateurs. Ils sont rééligibles. Leur nombre est variable :* un ou plusieurs, dit l'art. 32, l. 1867.

> Comment les commissaires de surveillance sont-ils nommés ?

184. — *Ils sont principalement chargés de faire un rapport aux actionnaires sur la marche*

> Quel est leur rôle ?

(1) Ex. : Ces administrateurs publient, en fin d'année, un bilan mensonger sur la foi duquel j'achète très cher des actions sans valeur. J'ai une action individuelle contre les administrateurs.

(2) Ex. : Les administrateurs font un acte qui préjudicie aux droits des porteurs d'actions de jouissance. Ceux-ci exerceront ou l'action individuelle, ou, se réunissant, cette troisième action de l'art. 17.

de la société. En cas d'urgence, *ils ont le droit de convoquer l'assemblée générale.* Les statuts peuvent augmenter aussi les pouvoirs de ces commissaires.

Pour faire leur rapport à l'assemblée générale, ces commissaires prennent connaissance des livres de la société. Ils peuvent en exiger la communication *dans les 3 mois* qui précèdent la tenue de l'assemblée (L. de 1867, art. 33). De même ils prendront connaissance de l'inventaire, du bilan et du compte, profits et pertes, qui sont mis à leur disposition le quarantième jour au plus tard avant la date de l'assemblée générale.

Généralement ces commissaires sont désignés sur la présentation des administrateurs ; aussi leur contrôle n'est guère sérieux ; ils se bornent à déclarer que tout va le mieux du monde dans la meilleure des sociétés, ou que du moins, si cela va mal, c'est que cela ne peut pas aller autrement, et que les administrateurs n'en ont pas moins droit à tous les éloges.

185. — *Quelle est la responsabilité de ces commissaires de surveillance ?* Ils ne répondent pas de la gestion, ni de ses résultats, mais seulement de leurs fautes de surveillance. Ils peuvent être l'objet de trois actions en responsabilité comme les administrateurs. Mais leur mandat étant en général gratuit (et celui des administrateurs étant salarié) leur responsabilité sera appréciée moins sévèrement.

Quelle est la responsabilité des commissaires de surveillance?

§ 8. — Assemblées d'actionnaires dans la société anonyme.

N'y a-t-il pas plusieurs espèces d'assemblées d'actionnaires ?

186. — On distingue les assemblées constitutives, ordinaires et extraordinaires.

1° Assemblées constitutives.

Comment doit être composée une assemblée constitutive ?

187. — *L'assemblée constitutive doit être composée d'un nombre d'actionnaires représentant au moins la moitié du capital social.*

On ne tient pas compte, pour l'appréciation de ce capital, des apports en nature.

De plus, *ceux qui ont fait des apports en nature et stipulé des avantages, ne peuvent voter sur la question d'approbation,* même pour les actions du numéraire qu'ils ont souscrites, car ils seraient juges et parties. Mais le fait que ces apporteurs auraient pris part au vote n'est cause de nullité de ce vote que si le *quorum* ou la majorité n'ont été atteints que par suite de leur présence et de leur vote.

Quel est le quorum des actionnaires nécessaire à la tenue de l'assemblée constitutive ?

188. — Il ne suffit pas, pour que le vote relatif à l'approbation des apports et avantages soit valable, que l'assemblée constitutive soit régulièrement formée, c'est-à-dire que la moitié du capital social soit représentée. Il faut que les actionnaires qui ont voté pour l'approbation représentent 1/4 des actionnaires et 1/4 du capital en numéraire.

Si la 1/2 du capital n'est pas représentée, l'assemblée ne peut prendre qu'une délibération provisoire. Les fondateurs publient cette délibération en convoquant les actionnaires à nouveau. Il suffit, à cette 2e assemblée, que le 1/5e du capital social soit représenté. Les délibérations provisoires primitives demeurent définitives si elles sont approuvées par cette 2e assemblée.

Ordinairement les statuts décidaient, avant la loi du 22 novembre 1913, dont nous parlerons, tout à l'heure, que, pour avoir voix délibérative aux assemblées d'actionnaires, il faut posséder un certain nombre d'actions (1). *[Celui qui n'a qu'une seule action peut-il prendre part et voter à l'assemblée constitutive ?]*

Cette disposition ne s'appliquait pas pour les assemblées constitutives, car les statuts ne sont pas encore en vigueur. Donc tout actionnaire, n'eût-il qu'une seule action, peut venir à ces assemblées, et y jouit d'au moins une voix.

Toutefois, *les statuts*, quoique non encore approuvés, *sont appliqués* sur un point : c'est *en ce qui touche la pluralité des voix pour ceux qui possèdent un grand nombre d'actions.*

2° Assemblées ordinaires.

189. — *L'assemblée ordinaire doit être réunie au moins une fois l'an.* *[Quand a lieu l'assemblée ordinaire ?]*

Le rôle de ces assemblées est de se rendre

---

(1) Un actionnaire qui ne peut ou ne veut assister à une assemblée, a le droit de s'y faire représenter par un mandataire quelconque. Il n'est pas tenu de prendre ce mandataire parmi les actionnaires à moins de clause contraire des statuts. Cette clause est d'ailleurs assez souvent insérée pour éviter l'immixtion dans les assemblées de tiers étrangers à la société.

Quel est le rôle de l'assemblée ordinaire ?

compte annuellement de la marche de la société, de nommer ou révoquer les administrateurs et les commissaires de surveillance, de déterminer le dividende à distribuer, etc.

La loi du 22 nov. 1913 s'applique-t-elle aux assemblées ordinaires ?

190. — *Les dispositions de la loi du 22 novembre 1913*, dont nous parlerons tout à l'heure, relatives au droit de vote des petits actionnaires, au *quorum* et à la majorité dans les assemblées *ne s'appliquent pas aux assemblées ordinaires: Pour avoir le droit de vote dans celles-ci, il faut donc posséder le nombre d'actions exigé par les statuts. Mais les petits actionnaires peuvent se réunir et déléguer l'un d'eux pour les représenter* et exercer en leur nom le droit de vote que leurs actions réunies leur donnent.

Comment les petits actionnaires, exclus de l'assemblée ordinaire, peuvent-ils y voter ?

D'après la loi du 22 novembre 1913, ce droit de vote des petits actionnaires ainsi réunis appartiennent même aux actionnaires de sociétés constituées avant cette loi de 1893.

Quel est le quorum que ∩oit réunir l'assemblée ordinaire ?

191. — *Une assemblée ordinaire ne délibère valablement que si le quart du capital social est représenté.* Si cette condition n'est pas remplie, les administrateurs convoquent une nouvelle assemblée qui délibérera valablement, quel que soit le capital représenté.

Les décisions se prennent à la majorité des membres présents, votant selon le nombre des actions dont ils sont titulaires ou selon les dispositions des statuts.

Ces assemblées se réunissent sur convocation par lettres individuelles ou par annonce dans les journaux, convocation qui doive précéder l'assemblée d'au moins 15 jours.

192. — Tout intéressé peut provoquer l'annulation judiciaire de la délibération. Si même le vice consistait dans le fait par plusieurs actionnaires d'avoir créé une majorité lactice, ces actionnaires seraient passibles de certaines peines, amende, prison, etc. (V. art. 13 et 45, L. 1867, combinés).

3° Assemblées générales extraordinaires.

193. — *Les assemblées générales extraordinaires sont celles qui ont à délibérer sur des modifications aux statuts*, par exemple, sur des propositions de continuation de la société au delà du terme fixé, ou de dissolution anticipée, l'émission d'actions de priorité, l'augmentation ou la diminution du capital social, etc.

Quel est le caractère distinctif des assemblées générales extraordinaires ?

a) Quorum et majorité dans ces assemblées.

194. — Avant la loi du 22 novembre 1913, ces assemblées ne pouvaient valablement délibérer que si elles étaient composées d'un nombre d'actionnaires représentant la moitié au moins du capital social (art. 31, L. 1867.)

Modifiant ce texte, *la loi du 22 novembre 1913, distingue parmi ces assemblées celles qui ont à délibérer sur des modifications touchant à l'objet ou à la forme de la société, et celles qui ont un autre but.*

Quel est le régime de ces assemblées depuis la loi du 22 novembre 1913.

195. — Les premières de ces assemblées extraordinaires, qui ont à délibérer sur les modifications touchant à l'objet ou à la forme de la société, *ne sont régulièrement constituées et ne délibèrent valablement que si elles sont composées d'un nombre d'actionnaires représentant les trois*

Quelle distinction fait cette loi de 1913, quant à l'objet de la délibération ?

quarts au moins du capital social. Les résolutions, pour être valables doivent réunir les deux tiers au moins des voix des actionnaires présents ou représentés.

En un mot :

Quorum : Les trois quarts du capital social.

Majorité : Les deux tiers des voix présentes.

196. — Et si l'assemblée ne réunit pas ce *quorum* ?

Dans quel cas peut-on réunir une deuxième et une troisième assemblée à quorum moindre que la première ?

Alors, la loi ne prévoyant la possibilité d'une seconde ou d'une troisième assemblée à *quorum* moindre que pour les assemblées extraordinaires de la seconde sorte, on en conclut qu'*elle maintient pour celles de la première catégorie son exigence du quorum des deux tiers.*

197. — *Les assemblées générales extraordinaires qui ont un but autre que celui de modifier l'objet ou la forme de la société sont soumises à la même loi du quorum* (3/4 du capital social) *et de la majorité* (2/3 des voix). Mais pour elles, il y a quelque chose de particulier : *Si la première assemblée ne réunit pas le quorum des trois quarts du capital,* « *une nouvelle assemblée peut être convoquée* » dans les formes statutaires et par deux insertions, à quinze jours d'intervalle, dans le *Bulletin annexe* du *Journal officiel* et dans un journal d'annonces légales du lieu où la société est établie. Cette convocation reproduit l'ordre du jour, en indiquant la date et le résultat de la précédente assemblée. *La seconde assemblée délibère valablement*, si elle se compose d'un nombre d'actionnaires représentant *la moitié au moins du capital social. Si cette seconde assemblée ne réunit pas la moitié du capital, il peut être convoqué*, dans les formes ci-dessus, *une troisième assemblée, qui délibère valablement*, si elle se compose d'un nombre d'actionnaires représentant *le tiers* du capital social. Dans toutes ces assemblées, *les résolutions*, pour être valables, *devront réunir les deux tiers des voix des actionnaires présents ou représentés*.

198. — On peut résumer aussi la loi de 1913 sur ce point :

Assemblées extraordinaires touchant à l'objet ou à la forme de la société.

Une seule assemblée :

Quorum : 2/3 du capital social.
Majorité : 2/3 des voix.

Assemblées extraordinaires ayant un objet autre qu'une modification de l'objet ou de la forme de la société :

Trois assemblées possibles :

La 1re
- *Quorum* : 3/4 du capital
- Majorité : 2/3 des voix.

La 2e
- *Quorum* : 1/2 du capital
- Majorité : 2/3 des voix.

La 3e
- *Quorum* : 1/3 du capital
- Majorité : 2/3 des voix.

b) **Droit de vote dans ces assemblées.**

199. — A un autre point de vue, encore, la loi du 22 novembre 1913 a opéré des changements en cette matière. Avant cette loi, pour avoir le droit de vote dans une assemblée générale, il fallait posséder le nombre d'actions exigé par les statuts.

La nouvelle loi dispose que : « *Nonobstant toute clause contraire de l'acte de société*, dans les assemblées générales qui ont à délibérer sur les modifications aux statuts, *tout actionnaire, quel que soit le nombre des actions dont il est porteur*, peut prendre part aux délibérations avec un nombre de voix égal aux actions qu'il possède, sans limitation ».

Les petits actionnaires peuvent-ils voter à l'assemblée extraordinaire ?

Mais *cette disposition*, comme nous l'avons déjà dit, *n'est pas rétroactive* et les stipulations contraires insérées dans les statuts des sociétés créées antérieurement à cette loi, doivent recevoir exécution. Elle est, nous l'avons dit, limitée aux assemblées extraordinaires.

c) **Des pouvoirs de l'assemblée générale extraordinaire.**

Quelles sont les modifications des statuts interdites à l'assemblée générale ?

200. — Une question très importante, au sujet des assemblées générales extraordinaires, est celle de savoir quels sont exactement leurs pouvoirs. Il faut distinguer :

1° *Certaines modifications de statuts leur sont absolument interdites* et ne pourraient être réalisées que par le consentement unanime des actionnaires : C'est ce qui résulte du § 1er *in fine* du nouvel art. 31, L. 1867, tel que l'a modifié la loi du 22 novembre 1913 (1). *L'assemblée extraordinaire ne peut pas « changer la nationalité de la société, ni augmenter les engagements des actionnaires ».*

Quelles sont les modifications permises à l'assemblée générale extraordinaire ?

2° Cette double restriction étant faite, *l'assemblée générale extraordinaire peut modifier les statuts dans toutes leurs dispositions, sauf clauses formelles contraires des statuts* (Même texte, loi du 22 nov. 1913).

201. — La loi met fin ainsi à une très longue controverse au sujet des pouvoirs de l'assemblée générale. Avant cette loi, on se demandait quels étaient, en l'absence de dispositions statutaires sur ce point, les pouvoirs de l'assemblée générale : Certains auteurs lui refusaient tout pou-

____

(1) Voici la partie du nouvel art. 31 qui règle les pouvoirs de l'assemblée générale :

Art. 31. Sauf dispositions contraires des statuts, l'assemblée générale, délibérant comme il est dit ci-après, peut modifier les statuts dans toutes leurs dispositions. Elle ne peut toutefois changer la nationalité de la société ni augmenter les engagements des actionnaires.

voir de modifier les statuts. *La jurisprudence admettait d'une façon presque constante que cette assemblée pouvait les modifier à condition de ne pas toucher aux bases essentielles de la société.*

Quid avant la loi du 22 nov. 1913 ?

C'est M. Thaller qui, le premier, avait proposé cette théorie des « bases essentielles » intangibles.

Sans doute la démarcation était délicate, mais la jurisprudence était parvenue à poser des règles assez précises.

La loi de 1913 a tranché toute controverse sur ce point : sauf stipulations contraires du pacte social, l'assemblée générale peut y apporter toutes les modifications qu'elle voudra, sauf celles qui aboutiraient à un changement de nationalité ou à une augmentation des charges des associés.

Ces dispositions de la loi de 1913 sont-elles rétroactives ? S'appliquent-elles aux sociétés antérieurement constituées ? La question, quoique controversée, est résolue en général dans le sens de la négative.

§ 9. — De l'augmentation et de la réduction du capital social et de la fusion de deux sociétés.

1° Augmentation du capital.

202. — *L'augmentation du capital social peut se faire par une émission d'actions nouvelles* pour lesquelles, si l'affaire est bonne, on réserve généralement un droit de préemption aux premiers actionnaires. — Cela peut encore se faire *en décidant que les actions anciennes seront dédoublées* et considérées chacune comme deux actions incomplètement libérées (ici c'est la carte

Comment peut se faire l'augmentation du capital social ?

forcée pour les anciens actionnaires). Le premier moyen peut être réalisé par l'assemblée générale. Mais le deuxième moyen exige, croyons-nous, l'unanimité des actionnaires.

203. — Cette augmentation peut encore se faire *par la création d'actions de priorité* (art. 34, C. comm., modifié par les lois du 16 nov. 1903 et 22 nov. 1913), que l'assemblée générale peut créer, en suivant les règles tracées pour les délibérations qui ne touchent ni à l'objet ni à la forme des sociétés (v. *supra*, n. 198).

A quelles conditions les droits des actionnaires de priorité peuvent-ils être modifiés ?

Une fois créées, ces actions de priorité ne peuvent subir de modifications dans les droits qu'elles comportent que si la décision de l'assemblée générale de la société, qui a établi ces modifications, est ratifiée par une assemblée spéciale composée seulement des actionnaires de priorité; et cette assemblée spéciale (L. du 22 nov. 1913, art. 2) pour délibérer valablement doit réunir, pour la portion de capital qu'elle représente, les conditions du *quorum* et de majorité établies par les §§ 3 et 4 du nouvel article 31, L. de 1867. Cette disposition est rétroactive.

Quelles sont les conditions de forme à remplir pour l'augmentation du capital ?

204. — *Les conditions de constitution des sociétés sont toutes applicables à l'augmentation du capital.* Souscription intégrale, versement du quart, déclaration notariée, approbation des nouveaux avantages particuliers et vérification des nouveaux apports en nature, certificat de sincérité des versements et des souscriptions; publicité (dans les mêmes formes que l'acte social). La sanction de ces règles serait la nullité de l'augmentation du capital.

Cette augmentation est possible dans les formes du § 4 du nouvel article 31, L. 1867, sauf s'il en résultait une augmen-

tation des engagements des actionnaires (§ 1ᵉʳ du même texte) :
Une décision unanime serait alors nécessaire.

2° Réduction du capital.

205. — La réduction du capital est plus dangereuse pour les créanciers dont elle diminue le gage. Aussi *on distingue les créanciers antérieurs, auxquels cette réduction est inopposable pendant cinq années, et les créanciers postérieurs, auxquels cette réduction sera opposable, du moment qu'elle aura été publiée.*

A quels créanciers la réduction est-elle opposable ?

206. — *Cette réduction peut se faire de plusieurs façons :*

a) *La société renonce à faire de nouveaux appels de fonds sur les actions non entièrement libérées.*

Comment cette réduction peut elle s'opérer ?

b) Les pertes ayant réduit fortement le capital social, *on abaisse son chiffre nominal au chiffre effectif*, en réduisant proportionnellement le taux des actions.

c) *On abaisse le chiffre du capital* en laissant les actions à leur ancien taux, mais en *en réduisant le nombre*. On en donne 2 à l'associé qui en avait 3 ; mais cela présente des difficultés : Comment faire à l'égard des associés qui ont 1, 2, 4 ou 5 actions, par exemple ?

207. — L'assemblée générale extraordinaire peut opérer cette réduction en suivant les règles du § 4 du nouvel article 31, L. 1867 (possibilité d'abaisser le *quorum*).

Mais s'il en résultait une augmentation des engagements des actionnaires (ou une diminution de leurs droits, croyons-nous, comme dans le troisième procédé), il faudrait une décision unanime des actionnaires (§ 1er, art. 31 nouveau, (1) L. 1867).

3° Fusion de deux sociétés.

Comment peut s'opérer cette fusion ?

208. — *La fusion de deux sociétés peut s'opérer soit par dissolution simultanée des deux sociétés et création immédiate d'une nouvelle, soit par dissolution de la plus petite et augmentation du capital de la plus grande.*

Pour décider cette opération, l'assemblée générale peut délibérer suivant les règles du § 4 du nouvel article 31, L. 1867 (possibilité d'abaisser le *quorum*), sauf s'il en résultait pour l'une des deux sociétés un changement de forme ou d'objet (§ 3 du même texte) ou un changement de nationalité ou une augmentation des engagements des actionnaires (§ 1er du même texte : nécessité de l'unanimité des actionnaires).

§ 10. — Les bénéfices. — Les dividendes fictifs. Les réserves.

1° Des bénéfices et des dividendes.

Définition et caractère des bénéfices.

209. — *Le mot « bénéfices » sert à exprimer la différence entre le montant total des produits et la somme des charges,* quand la première somme est *supérieure* à la seconde.

La part de chaque associé dans les bénéfices se nomme le dividende.

(1) C'est l'opinion de la plupart des auteurs. V. not. M. Whal, *Commentaire de la loi du 22 nov. 1913,* n° 77.

C'est le sort normal des bénéfices d'être distribués annuellement; et, en principe, les créanciers sociaux sont absolument étrangers aux bénéfices lorsqu'ils ont été dûment distribués.

210. — Souvent les administrateurs d'une société, pour faire illusion sur la prospérité des affaires sociales, font ressortir, en truquant les écritures, un bénéfice qui n'existe pas et font aussi distribuer ce que l'on nomme des *dividendes fictifs*.

Qu'est-ce qu'un dividende fictif.

En agissant ainsi, ces administrateurs diminuent le fonds social, qui (art. 2093, C. civ.) *est le gage des créanciers sociaux et dont toute diminution doit être publiée pour être opposable aux tiers.*

Pourquoi les dividendes fictifs sont-ils prohibés?

N'étant pas publiée, cette diminution du capital social résultant d'une distribution de dividendes fictifs, n'est pas opposables aux tiers, et, *en principe, les associés devront rapporter ces dividendes indûment perçus, alors que le dividende réel, une fois distribué, appartient, sans retour possible, à l'associé.*

211. — Mais l'art. 10 de la loi de 1867, statuant pour les sociétés de capitaux (anonymes et en commandite par actions) distingue :

Quand les dividendes fictifs pourront-ils être répétés contre les actionnaires?

a) *Les dividendes fictifs pourront être répétés si l'actionnaire qui les a touchés était de mauvaise foi* :

L'actionnaire est de mauvaise foi, par exemple, lorsqu'il savait que l'inventaire majorait les bénéfices. Il est encore de mauvaise foi, d'après la loi, lorsqu'il n'y a pas eu d'inventaire du tout, car l'actionnaire a commis alors une faute lourde (assimilable au dol) en recevant des dividendes sans s'informer s'il y avait un inventaire et sans en demander communication.

Dans ce cas, la société et les créanciers sociaux pourront se faire restituer les dividendes fictifs. Toutefois, par faveur pour les actionnaires, *cette action en répétition se prescrit par 5 ans* (art. 10, L. de 1867).

b) *Ils ne pourront être répétés si cet actionnaire était de bonne foi.* Les tiers n'ont qu'une action en dommages-intérêts contre les administrateurs et les censeurs (V. *infra*, n. 212).

212. — *Dans les sociétés de personnes, la répétition est toujours admise, même contre l'associé de bonne foi*, quoique la question soit discutée pour les commanditaires dans la commandite simple. La controverse sur ce point est la même que celle qui existait avant la loi de 1867, pour savoir si les dividendes fictifs pouvaient être répétés des actionnaires de bonne foi.

(Quand cette répétition est-elle possible dans les sociétés de personnes ?)

D'après un 1er système, les actionnaires de bonne foi ne devaient pas la restitution. En effet, les dividendes sont des *fruits civils*. Or le possesseur gagne les fruits qu'il a perçus de bonne foi (art. 549 et 550, C. civ.). De plus, l'obligation de restituer les dividendes détournerait les capitalistes des sociétés anonymes.

D'après un 2e système, ces actionnaires de bonne foi devaient restituer. Les dividendes fictifs ne sont pas des fruits, mais une *portion du capital indûment restitué*. Certes les actionnaires sont très intéressants, mais les créanciers sociaux, dont le gage a fondu en dividendes fictifs, le sont aussi, et il n'est pas juste que les actionnaires s'enrichissent à leurs dépens.

213. — *Quelle est la responsabilité de l'administrateur et du censeur, qui ont autorisé la distribution de dividendes fictifs ?* Ils encourent une responsabilité civile et une responsabilité pénale.

Par combien de temps se prescrit l'action en responsabilité ? Nous pensons qu'il y a lieu d'appliquer le droit commun, à savoir la prescription de 30 ans (1).

Les administrateurs qui ont distribué des dividendes fictifs en l'absence d'inventaire ou en vertu d'un inventaire frauduleux (c'est-à-dire dans lequel les bénéfices ont été sciemment majorés), sont passibles des peines de l'escroquerie (Art. 5, §§ 3 et 45, L. de 1867 (2).

---

(1) M. THALLER (*Tr. élém. de dr. comm.*, 5ᵉ éd., n° 661 *in fine*) dit que la prescription est de 3 ans, parce que la distribution de dividendes fictifs constitue un délit passible des peines de l'escroquerie (art. 15, 3ᵉ et 45, L. de 1867). Or, l'action publique à raison de ce délit se prescrit par 3 ans et l'action civile est soumise à la même prescription que l'action publique (C. instr. crim., art 638). Donc l'action en responsabilité civile est éteinte par 3 ans.

Nous répondons que d'abord la distribution des dividendes fictifs ne constitue pas un délit lorsque l'inventaire, qui majore les bénéfices, est entaché, non de fraude, mais d'erreur.

A supposer même qu'il y ait délit, les administrateurs demeureraient tenus de l'action en dommages-intérêts pendant 30 ans (quoi qu'ils soient libérés de l'action publique au bout de 3 ans), car ils doivent les dommages-intérêts, non seulement en vertu du délit, mais aussi en vertu du mandat. C'est l'action civile née du délit qui se prescrit par 3 ans comme l'action publique, et non pas l'action en réddition de compte du mandat (action *mandati directa*).

Les créanciers sociaux peuvent de même poursuivre les administrateurs pendant 30 ans, en exerçant obliquement (C. civ., art. 1166) l'action *mandati directa*.

(2) Ce texte ne prononce pas formellement cette peine contre les censeurs.

Les divi-dendes réels d'une certaine année deviennent-ils fictifs par suite de pertes postérieures ?

214. — *Le principe que le bénéfice est distribuable annuellement et que, une fois distribué, il est acquis définitivement aux associés produit des conséquences importantes :*

Des dividendes, distribués conformément à des inventaires réguliers indiquant des bénéfices réels, deviennent-ils fictifs, après coup, et sont-ils sujets à répétition, lorsque, par la suite, la société subit des pertes qui entament son capital ?

Par exemple, soit une société au capital d'un million. La 1re année de sa constitution, elle marche très bien et fait 100.000 francs de bénéfices qui, après prélèvement du 20e pour le fonds de réserve, sont distribués aux actionnaires.

L'année suivante, la société perd 200.000 francs, par suite d'un vol, ou de la faillite d'un débiteur. Son capital n'est plus entier ; il est réduit maintenant à 800.000 francs, plus le fonds de réserve (5.000 francs) = 805.000 francs.

Faut-il dire dès lors que les prétendus bénéfices réalisés l'année précédente, et qui ont été distribués en dividendes pour 95.000 francs, cessent en réalité d'être des bénéfices à raison de cet événement postérieur, et que la société ou les créanciers sociaux peuvent faire rapporter ces dividendes aux actionnaires, après les avoir informés de la perte ? *On admet que non :* autrement les actionnaires ne seraient jamais tranquilles. *Les bénéfices doivent être considérés pour l'année en cours et non par rapport à l'ensemble des opérations de la société.*

qui ont approuvé de mauvaise foi cette distribution. Mais le droit commun suffit pour les rendre passibles, car ils se sont rendus complices du délit des administrateurs.

215. — Voici une question inverse de la précédente. Pendant la 1re année, la société ne réussit pas ; elle perd 200.000 francs de son capital ; mais l'année suivante elle fait un bénéfice de 100.000 francs, c'est-à-dire que, pour cette année-là, l'excédent de ses recettes sur ses dépenses de toute nature est de 100.000 francs.

Peut-elle les distribuer aux actionnaires comme dividendes ? *Dira-t-on* au contraire *que ces bénéfices cessent d'avoir ce caractère à raison des pertes antérieures*, que dès lors, il faut les appliquer à reconstituer l'intégralité du capital, et que les dividendes, qui seraient distribués dans ce cas, seraient fictifs et sujets à restitution.

Nous pensons que le bénéfice de l'année peut être valablement donné aux actionnaires. On ne doit pas plus ici se préoccuper du passé que, dans la question précédente, on ne doit se préoccuper de l'avenir (1).

2° Des Réserves.

216. — L'art. 36 de la loi de 1867 dispose qu' « *il est fait annuellement, sur les bénéfices nets, un prélèvement d'un vingtième au moins, affecté à la formation d'un fonds de réserve. Ce prélèvement cesse d'être obligatoire lorsque le fonds de réserve a atteint le dixième du capital social* ».

---

(1) Je parle ici au point de vue légal. En pratique, il sera prudent de suspendre la distribution des dividendes jusqu'à ce qu'on ait reconstitué, au moyen des bénéfices, le capital social dans son intégralité.

Objet et nature de la réserve légale. Cette précaution, qui n'est exigée par la loi que dans les *sociétés anonymes*, a pour but d'augmenter le gage des créanciers sociaux (le capital social). La réserve est donc le prolongement, ou, comme on l'a dit, le « *bastion avancé du capital social* ». Mais destinée à être entamée par les pertes avant le capital social, *cette réserve* (dite légale, parce qu'ordonnée par la loi) *n'a pas pour but d'égaliser les bénéfices actuels*, et, avec M. Thaller, nous croyons que la distribution d'un dividende prélevé sur cette réserve, une année où les bénéfices feraient défaut, serait une distribution de dividendes fictifs.

Réserves non obligatoires. **217.** — Mais il est d'usage d'établir à côté de cette réserve légale d'autres fonds, les uns permanents (par exemple pour égaliser les dividendes) les autres temporaires et occasionnels pour des buts déterminés.

3° Du rachat, par la société, de ses propres actions.

Dans quelles conditions une société peut-elle racheter ses actions ? **218.** — *Une société peut-elle acheter ses propres actions ?*

Il est bien certain qu'elle peut faire cette opération avec le produit de ses bénéfices. L'opération ne nuit pas aux créanciers sociaux, puisque le capital reste intact. D'autre part, elle procure divers avantages aux actionnaires :

1° La société soutient ainsi les cours de ses actions, et même les fait monter par des demandes abondantes, ce qui augmente son bon renom et son crédit.

2° Supposons qu'une panique amène une baisse considérable

des actions de la société; par exemple, on a fait courir de faux bruits, d'après lesquels la société est sur le point d'être ruinée et de tomber en faillite. La société, qui sait que ces bruits sont faux, achètera bien vite ses propres actions à vil prix, et ainsi les droits des actionnaires qui auront gardé leurs titres, se trouvent beaucoup élargis, puisqu'ils n'auront plus à subir le partage avec ceux qui ont vendu leurs titres à la société.

La société pourra aussi, une fois que les bruits seront dissipés, et que la solidité de ses affaires sera démontrée, revendre sur le marché les actions qu'elle a achetées à vil prix, et réaliser un important bénéfice.

219. — *Mais la société pourrait-elle employer son* capital à *acheter ses propres actions ?* La négative nous semble certaine, car le capital est le gage des créanciers sociaux. *L'opération consiste en somme à rembourser ce capital aux actionnaires au mépris des droits des créanciers.* Donc, l'achat est nul comme constituant un remboursement déguisé des actions achetées et par suite une réduction du capital social, et dès lors les créanciers pourront se faire restituer par les actionnaires vendeurs le prix qu'ils ont illégalement touché.

La question est plus douteuse lorsqu'il s'agit d'une société qui a le droit, d'après ses statuts, de spéculer sur les titres et par suite d'acheter en général des actions pour les revendre à bénéfice. Si, dit-on, elle peut faire cela sur des actions étrangères, pourquoi ne pourrait-elle pas le faire sur les siennes ?

Une telle société (une société de banque par exemple), peut incontestablement racheter de ses actions et faire des opérations sur ces valeurs. Mais *c'est à la condition de les acheter pour les revendre.* Sinon nous retombons dans le cas précédent : il y a réduction indue du capital social, remboursement anticipé d'actionnaires qui devront restituer.

CHAPITRE V

SOCIÉTÉ EN COMMANDITE PAR ACTIONS

Régime des sociétés en commandite sous le Code de commerce. — **220**. — Le Code de commerce de 1807 rendant difficile la constitution de sociétés anonymes en exigeant pour elles l'autorisation du gouvernement, on usa de la forme des commandites par actions, dont *la constitution avait été laissée absolument libre par le Code de commerce*, parce que l'on ne soupçonnait pas alors l'importance des capitaux qu'on pouvait concentrer dans cette forme de société et que l'on pensait aussi un peu naïvement que la responsabilité personnelle, solidaire et indéfinie des gérants, serait une suffisante garantie contre les abus.

La liberté des commandites par actions ne donna-t-elle pas lieu à des abus ? — **221**. — *Cette liberté ne tarda pas à engendrer des abus ;* de vastes escroqueries furent organisées sous la forme de sociétés en commandite par actions. Des financiers créaient des entreprises qui n'avaient rien de sérieux, et ne servaient qu'à attirer l'argent du public. Comme la classe laborieuse est la plus facile à tromper, on émettait, pour soutirer l'argent des petits épargnistes, des actions accessibles aux plus modestes travailleurs ; on faisait des actions de 20, de 10 et même de 5 francs.

222. — *Le législateur a empêché ces abus par une loi du 17 juillet 1856 qui soumet les commandites par actions à une réglementation sévère. Cette loi de 1856 a été abrogée par la loi du 24 juillet 1867 qui contient une réglementation générale des commandites par actions et des sociétés* et dont le titre 1ᵉʳ est exclusivement consacré aux commandites par actions.

Les règles des sociétés anonymes sont-elles applicables aux sociétés en commandite par actions ?

223. — *En général, les règles que nous avons exposées pour la constitution des sociétés anonymes s'appliquent aux commandites par actions ; il nous suffira donc d'indiquer les différences :*

Quelles sont les différences entre ces deux sortes de sociétés ?

1ʳᵉ Différence : *Au point de vue de l'existence d'associés indéfiniment responsables :*

Société en commandite par actions.	Société anonyme.
Il y en a au moins un, qui est le gérant de la société.	Il n'y en a pas ; les administrateurs obligent la société sans s'obliger eux-mêmes, conformément au principe général de la représentation du mandant par le mandataire.

De cette première différence découlent notamment les quatre conséquences suivantes :

Conséquence 1. — Au point de vue de la coexistence des qualités de *gérant et d'actionnaires :*

Dans la commandite par actions, le gérant ne doit pas être actionnaire (C. comm. art. 27 et 28) ; s'il l'était, il perdrait le bénéfice de n'être tenu que dans la limite de son action ; il serait personnellement et indéfiniment responsable de toutes les dettes sociales.

Dans la société anonyme, les administrateurs peuvent être actionnaires ; bien plus, ils doivent l'être, et en pratique ce sont les plus gros actionnaires qui sont désignés comme administrateurs.

Conséquence 2. — Au point de vue de la *raison sociale :*

La raison sociale contient le nom des associés en nom indéfiniment responsables.

La raison sociale de la société anonyme ne contient aucun nom d'associé.

Conséquence 3. — Au point de vue de la nécessité d'un *fonds de réserve :*

Le fonds de réserve est facultatif ; aux yeux de la loi, la responsabilité personnelle et indéfinie du gérant est une suffisante garantie pour les tiers.

Le fonds de réserve est imposé par la loi. Pour le constituer, on doit prélever et mettre de côté, chaque année, 1/20 des bénéfices.

Conséquence 4. — Au point de vue de *la nécessité de convoquer l'assemblée générale* des actionnaires, pour délibérer sur la dissolution de la société en cas de *perte des 3/4 du capital social :*

Cette obligation n'existe pas dans la société en commandite par action.

Il y a lieu de convoquer l'assemblée générale des actionnaires pour délibérer sur la dissolution et la liquidation immédiate de la société.

2e Différence : *Au point de vue de la révocabilité du gérant et des administrateurs.*

Dans la société en commandite par actions, le gérant est toujours statutaire et irrévocable.

Ceux des administrateurs qui sont désignés par les statuts sont irrévocables. Ceux qui sont nommés au cours de la société, sont essentiellement révocables.

3e Différence : *Au point de vue de la durée des pouvoirs du gérant ou des administrateurs :*

Les pouvoirs du gérant durent indéfiniment.

Les pouvoirs des administrateurs ne peuvent excéder 6 ans.

4e Différence : *Au point de vue de la surveillance :*

Elle est exercée par un *conseil de surveillance* d'une façon permanente et qui, par suite, a communication des livres d'une façon permanente.

Elle est exercée par des *censeurs* ou commissaires de surveillance d'une façon intermittente.

Les censeurs ne peuvent prendre communication des livres de la société anonyme que dans les 3 mois qui précèdent l'assemblée générale.

Les membres de ce conseil ne peuvent être pris que parmi les actionnaires.

Le nombre des membres du conseil doit être de 3 au moins.

Les censeurs peuvent être pris en dehors de la société.

Le nombre des commissaires n'est pas déterminé par la loi ; souvent il n'y en a qu'un seul.

5ᵉ Différence : *Au point de vue du nombre minimum des actionnaires :*

Ce nombre n'est pas déterminé par la loi.

Il faut 7 actionnaires au
moins.

6ᵉ Différence : *Au point de vue de la réglementation des assemblées générales extraordinaires d'actionnaires.* Avant la loi de 1903, ces assemblées n'étaient pas réglementées pour les sociétés en commandite par actions. Mais depuis la loi de 1903 et surtout depuis la loi de 1913, les assemblées extraordinaires sont régies par ces lois dans les deux sortes de sociétés.

CHAPITRE VI

SOCIÉTÉS A CAPITAL VARIABLE

224. — Ces sociétés sont destinées à servir de cadre juridique aux sociétés *coopératives* ; elles ont été organisées par la loi de 1867 (art. 48 et s.) comme un moyen d'améliorer le sort de la classe ouvrière.

Si la loi de 1867 ne parle pas ouvertement de sociétés coopératives, c'est uniquement parce que les ouvriers d'alors ne voulaient aucune faveur et qu'on ne voulait pas avoir l'air de faire une loi d'exception.

225. — La société à capital variable n'est pas une forme particulière de société. *La variabilité du capital est une modalité*, c'est-à-dire un caractère accessoire *qui peut s'adjoindre à toute espèce de société*, qu'elle soit anonyme, en commandite, ou en nom collectif.

226. — *Une société est à capital variable, lorsqu'il est stipulé dans ses statuts que le capital peut être susceptible d'augmentation par des versements nouveaux, et de diminution par* *la reprise totale ou partielle des apports effectués*. Il n'est pas nécessaire que ces clauses d'augmentation et de diminution soient stipulées l'une et l'autre. Il suffit que le capital soit susceptible d'augmentation ou de diminution.

Quel est le caractère particulier de cette société ?

Remarquons que *cette société*, même lorsqu'elle a la forme anonyme, *est fondée sur l'intuitus personæ*, c'est-à-dire sur la confiance personnelle que les associés ont les uns dans les autres. Aussi les actions et coupures d'actions seront nominatifs même après leur entière libération. Les statuts pourront permettre à l'assemblée générale ou au conseil d'administration de s'opposer à leur transfert.

La loi n'accorde-t-elle pas certaines faveurs aux sociétés à capital variable ?

227. — Les sociétés à capital variable jouissent de faveurs particulières quant aux conditions de leur constitution.

Il suffira que le 1/10 seulement du capital social soit versé, au lieu du quart comme dans les sociétés ordinaires, et même, la loi n'exige pas que chaque action soit libérée du 1/10 ; *il suffit que le 1/10 du capital social entier soit versé*, alors que dans les sociétés ordinaires, le versement du quart doit être opéré sur chaque action.

En quoi consistent, dans cette société, le droit d'augmentation du capital et le droit de retraite des associés ?

228. — D'autre part, *le capital social peut être augmenté*, pourvu que l'augmentation ne dépasse pas 200.000 francs par an, *par l'adjonction de nouveaux associés, et cela en vertu d'une délibération de l'assemblée ordinaire* des actionnaires et non de l'assemblée extraordinaire, puisque les statuts prévoient cette possibilité d'augmentation : il s'agit par suite de les appliquer et non de les modifier.

229. — A l'inverse, *chaque associé a le droit de se retirer de la société, en exigeant la restitution de son apport*. Toutefois ce droit de retraite cesse lorsque le capital social se trouve réduit à son dixième ou à un chiffre fixé par les statuts, mais qui ne peut être inférieur au $1/10^e$ du capital. En effet, si tous les actionnaires se retiraient, ils épuiseraient, par la reprise de leurs apports, tout l'actif social, et il ne resterait plus rien pour payer les créanciers sociaux. Ce droit de reprise de l'apport peut être total, c'est-à-dire porter sur tout l'apport, ou partiel, c'est-à-dire que l'associé ne reprend qu'une partie de son apport.

Ce droit de retraite est fondé sur l'*intuitus personæ* qui doit exister dans ces sociétés. Du moment que l'un des actionnaires n'a plus confiance dans les autres, il doit avoir le droit de sortir de la société.

230. — Réciproquement *la société jouit du droit d'exclusion à l'égard de ceux de ses membres qui ne lui paraissent plus désirables*.

La société n'a-t-elle pas le droit d'exclusion ?

Bien entendu, quand la société renvoie un de ses membres, elle doit lui rendre son apport.

Ce droit d'exclusion cesse lorsque le capital social se trouve réduit au dixième, par la même raison qui fait cesser dans le même cas le droit de retraite.

L'associé qui se retire de la société ou qui en est exclu reste tenu des obligations de la société, dans la mesure où il l'était avant sa retraite et *cela pendant les 5 années qui suivent son départ,* mais seulement pour les obligations contractées antérieurement à ce départ.

Quelle est la responsabilité de l'associé sortant ?

231. — Si les sociétés à capital variable jouissent, comme nous venons de le dire, de certaines décisions de fa-

Les sociétés à capital variable ne subissent-elles pas une certaine restriction quant à leur capital ? veur, en revanche elles sont soumises à une certaine règle rigoureuse quant au chiffre de leur capital. *Elles ne peuvent se constituer avec un capital supérieur à 200.000 francs, et ce capital ne peut pas être augmenté au delà de 200.000 francs par an.*

Le motif de cette restriction est que l'on craignait que des sociétés de lucre ne profitassent des faveurs accordées à ces sociétés pour faire des dupes, en abusant notamment de la faculté de reprise des apports jusqu'à concurrence des 9/10 du capital social. La limitation à 200.000 francs empêche la formation de sociétés importantes, mais elle est une entrave sérieuse à la coopération.

CHAPITRE VII

(C. comm. art. 47 et s.)

232. — Les sociétés en participation sont très fréquentes dans le commerce où elles présentent la plus grande utilité (1).

Il y a plusieurs sortes de sociétés.

Tantôt le non gérant n'apporte que sa responsabilité éventuelle ; — tantôt il apporte, en outre, une certaine somme ; — tantôt il s'agit d'une opération à faire de concert par deux commerçants sous le nom d'un seul, etc.

233. — Pour que ces associations, si utiles au commerce, puissent se conclure facilement, *le législateur les a dispensées de toute espèce de formes, soit pour leur constitution, soit pour leur preuve.*

Comment se forme la société en participation ?

(1) Exemple : Un négociant apprend que toute la cargaison de blé d'un navire est à vendre pour 500.000 francs. Il pense que ce serait une très bonne affaire d'acheter le tout, mais il ne peut disposer que de 150.000 francs. le expose la chose à un tiers et tous les deux font alors une société en participation, en convenant que le second fournira 350.000 francs au premier, lequel achètera la cargaison, et il la revendra seul (ou qu'ils se la partageront pour en vendre chacun une partie), et qu'ils partageront ensuite le bénéfice ou la perte résultant de l'opération.

Comment se prouve-t-elle ?

Elles se forment par le seul consentement, et se prouvent de toute espèce de manière (témoins, livres de commerce, présomptions).

Quel est le caractère essentiel de cette société ?

234. — *Qu'est-ce qui caractérise la société en participation*, et la distingue des autres sociétés de commerce ? Controverse :

D'après un 1ᵉʳ système, c'est qu'elle est formée en vue d'une affaire déterminée, et non pour toute une série d'opérations.

C'est une société qui est occulte et qui doit le rester.

D'après l'opinion généralement suivie, c'est que cette société n'existe pas au regard du public ; elle n'a d'existence et ne produit d'effet que dans les rapports entre les associés : Son existence interne est au prix de son inexistence extérieure.

L'Association en participation a-t-elle la personnalité morale ?

235. — Par conséquent, *elle ne constitue pas une personne morale*, et n'est soumise à *aucune formalité de publicité.* L'associé en participation contracte avec les tiers en son nom personnel, et non au nom de la société ; les tiers ne connaissent que lui et n'ont d'action que contre lui.

TITRE IV

Des Bourses de commerce, agents de change et courtiers

On distingue la Bourse des effets publics ou bourses des valeurs et la Bourse des marchandises.

CHAPITRE I

BOURSE DES EFFETS PUBLICS ET AUTRES, OU BOURSE DES VALEURS

236. — *On appelle ainsi la réunion, dans un lieu fixé par la loi et sous la surveillance du gouvernement, des agents de change qui ont pour mission de vendre ou d'acheter des effets publics et autres.*

Qu'est-ce que la Bourse des Valeurs ?

La Bourse a pour effet de concentrer les demandes et les offres en un même lieu et dans un même moment.

Les Bourses doivent-elles être laissées libres ? En théorie

on peut discuter la question : En pratique, toutes les Bourses sont réglementées, tantôt par l'initiative privée (à Londres, aux Etats-Unis, etc.), tantôt par l'Etat (c'est le système français).

237. — On distingue deux sortes de Bourses des valeurs :

Combien y en a-t-il de sortes ?

a) *Les Bourses munies d'un parquet* : Il y en a 7 en France (dont Paris qui compte 70 agents de change). Ce sont celles où les agents de change sont séparés du public : L'emplacement où ils se tiennent se nomme la corbeille.

b) *Les Bourses sans parquet*, ou bourses ordinaires moins importantes. Elles ne publient pas de cours.

§ 1. — Personnel du marché financier.

Qu'est-ce que les agents de change ?

238. — a) **Les agents de change** *sont des officiers ministériels nommés par décret et ayant le monopole du droit de servir d'intermédiaires entre les vendeurs et les acheteurs d'effets publics et autres cotés à la Bourse.*

Ces agents sont réunis par villes en compagnies.

Conditions pour être agent de change.

239. — *Pour être agent de change il faut :*

1° *Etre Français.*

2° *Etre âgé de 25 ans.*

3° *Jouir de ses droits civils et politiques.*

4° *Avoir accompli un stage de 4 ans* au moins chez un agent de change ou un notaire ou dans une bourse de commerce.

La loi de 1816 a établi la vénalité de ces charges ; et la chambre syndicale des agents de change surveille chaque transmission.

240. — *Il est loisible aux agents de change de s'associer des bailleurs de fonds*, à condition (art. 75, C. comm.) :

1° Que cet associé ne soit tenu des pertes que jusqu'à concurrence des fonds apportés par lui.

2° Que le titulaire de la charge possède au moins le quart de sa valeur.

3° Que le contrat de société soit publié.

Cette société ressemble à une commandite ; avec les différences suivantes :

Les tiers ne connaîtront que l'agent de change et non la société. Mais d'un autre côté, dans la commandite, un commanditaire ne peut pas s'immiscer dans la gestion extérieure, même en vertu d'un mandat à lui donné par le gérant. Le bailleur de fonds d'un agent peut au contraire faire des actes de gestion, non seulement intérieure, mais même extérieure. Il n'y a pas à craindre, en effet, que les tiers se trompent sur la qualité de ce bailleur de fonds et les tiers savent que c'est l'agent seul qui est responsable envers eux.

Du droit pour l'agent de change de s'adjoindre un bailleur de fonds.

241. — b) *On appelle* **commis principal d'agent de change** *le principal collaborateur, mandataire spécial, qui d'ailleurs prend part aux opérations dans les limites de son mandat.*

Qu'est-ce qu'un commis principal a'agent de change?

242. — c) **La Compagnie des agents de change** *réglemente les questions relatives à la corporation.* Ce pouvoir réglementaire appartient à l'assemblée générale de la compagnie. *Le pouvoir d'exécuter ces décisions et d'administrer la corporation appartient à la* **Chambre syndicale** *de la compagnie,* qui représente celle-ci, et qui, d'autre part, *décide de l'administration ou de la radiation d'une*

Qu'est-ce que la Compagnie des agents de change ?

Qu'est-ce que la Chambre syndicale des agents de change ?

11

valeur à la cote, et s'interpose dans la liquidation des marchés à termes.

A la tête de la compagnie est un syndic.

§ 2. — Du Rôle de l'agent de change.

243. — *Un agent de change joue le rôle de commissionnaire à la Bourse* et traite avec un autre agent, également commissionnaire.

L'agent de change est un commissionnaire.

Les avantages de cette manière d'agir sont les suivants :

a) Les agents de change couvrent le marché de leur responsabilité solidaire et de leur solvabilité.

b) Les parties s'ignorent, car *l'agent de change est toujours tenu au secret absolu, sauf :*

En quoi consiste l'obligation au secret qui pèse sur l'agent de change ?

a) *Si le client y renonce.*

b) *Si la nature de l'opération l'exige.*

c) *Devant la chambre syndicale.*

Par suite de cette obligation au secret, le client ne peut exiger que l'agent justifie qu'il n'a été qu'un intermédiaire et qu'il n'était pas lui-même la contre partie de ce client. Mais *il est très sévèrement interdit aux agents de change de se porter contre-partistes de leurs clients.*

Qu'est-ce que la responsabilité solidaire et collective des agents de change ?

c) Un décret de 1898 a établi *la responsabilité collective et solidaire des agents,* dans les bourses de plus de 40 agents : Si l'un d'eux ne peut plus exécuter ses engagements, tous les autres en sont responsables et doivent les exécuter.

244. — *Comment opèrent les agents de change ?*

Les ordres des clients aux agents sont donnés verbalement ou par écrit ; — sauf clause contraire, ils ne sont valables que pour le jour même ; — ils sont donnés : à cours fixe (achetez ou vendez à 93 fr. 20), — à cours moyen (achetez ou vendez entre 93 fr. 10 et 93 fr. 60), ou « au mieux », ou au 1ᵉʳ cours (celui qui est coté à l'ouverture de la Bourse) ou au dernier cours.

Comment opèrent les agents de change ?

Conformément à cet ordre, l'agent traite avec un confrère et tous les deux inscrivent immédiatement l'opération.

Le droit de courtage constitue les honoraires de l'agent.

Les agents de change ne sont pas seulement les intermédiaires des parties. *Ils sont aussi chargés d'établir les cours,* c'est-à-dire de constater le prix moyen des transactions auxquelles donnent lieu les titres cotés.

§ 3. — Des valeurs sur lesquelles opèrent les agents de change. — Du monopole de ces agents.

245. — *Les agents de change n'opèrent que sur les valeurs officiellement cotées.*

Une valeur cotée est celle dont les transactions donnent lieu à la constatation officielle du cours, à la Bourse.

Qu'est-ce qu'une valeur cotée ?

L'admission à la cote (c'est-à-dire parmi les valeurs cotées) :

Qui prononce l'admission des valeurs à la cote ?

a) *Existe de plein droit pour les fonds d'Etat français.*

b) *Est prononcée par la Chambre syndicale de*

agents de change pour toutes les autres valeurs. La liberté de cette chambre à cet égard est absolue, sauf pour les valeurs étrangères (il faut en plus l'autorisation du gouvernement) (1).

246. — *Mais les agents de change ont le monopole de toutes les transactions portant sur des valeurs cotées.*

En quoi consiste le monopole des agents de change ?

Ce monopole est surtout établi dans l'intérêt du crédit public. *C'est l'art. 76, C. comm., qui l'établit* (2). Mais il faut interpréter restrictivement ce texte et y lire, au lieu de : « et autres susceptibles d'être cotés », les mots : « et autres effectivement admis à la cote ». Cette interprétation restrictive a été confirmée par une loi du 13 avril 1898.

247. — *Lorsque l'on vend des titres dépendant d'une succession vacante (ou acceptée bénéficiairement ou appartenant à un mineur ou un interdit), et que ces titres sont au nombre de ceux admis à la cote par le syndicat,* y a-t-il lieu

Dans quels cas n'y a-t-il pas échec au monopole des agents de change ?

au monopole des agents ? On sait que les valeurs mobilières doivent être vendues, aux termes du Code de procédure, aux enchères publiques, après affiches et insertions, par un officier public désigné par le Président du tribunal civil, ordinairement par un notaire. *La jurisprudence admet qu'ici il n'y a pas lieu à application du monopole des agents de change* et que la vente sera valablement faite par un officier public autre qu'un agent de change.

(1) Avant la guerre, nulle valeur allemande n'était inscrite à la cote de la Bourse de Paris, malgré les efforts réitérés de l'Allemagne.

(2) Texte à retenir.

248. — *Le contrat direct fait-il échec au monopole des agents de change ?* C'est-à-dire que si deux parties désirant l'une acheter, l'autre vendre un même titre, se mettent en rapport et passent un marché de gré à gré, un marché direct, sans intermédiaire, y a-t-il contravention à la règle du monopole des agents de change ? *La jurisprudence répond affirmativement*, afin d'empêcher que, sous couleur de faux marchés à terme des maisons de banque, dite « de contre-partie » ne fassent échec à ce monopole. Mais il faudrait, croyons-nous, permettre le marché direct entre simples particuliers (1).

249. — *Le marché à terme* (dans lequel on ne livre pas ordinairement le titre), *est-il contraire à la règle du monopole ?* On l'a prétendu, mais *nous ne le croyons pas*, car c'est beaucoup plus un jeu qu'une transaction de valeurs.

250. — *Quelles sont les sanctions de cette règle du monopole des agents de change ?*

1° Quiconque exerce les fonctions d'agent de change sans y avoir été nommé par le Gouvernement est passible d'une *amende* du 1/12 au 1/6 du cautionnement des agents de la place.

2° Les agents de change ont contre tout tiers qui porte atteinte à leur privilège *l'action en responsabilité de l'art. 1382.*

3° *La principale sanction est la nullité de toutes opérations passées sans leur concours*, alors que ces opérations rentraient dans le monopole : Cette sanction dérive de l'art. 68 de l'arrêt du Conseil du Roi du 24 septembre 1724. On n'a demandé cette nullité qu'à partir de 1879.

(1) Du moins s'il s'agit d'un titre au porteur.

Si c'est un titre nominatif, il faut l'intervention d'un agent de change qui certifie que le transférant est bien la personne dont le nom figure sur le titre.

251. — *Cette nullité est-elle d'ordre public ?*
Non, répond la jurisprudence, voulant éviter que
les parties ne puissent remettre en cause des
opérations de coulisse très anciennes et complètement terminées. Cette nullité est couverte par le
fait que l'opération fait l'objet d'un règlement de
comptes et d'un paiement. Mais une jurisprudence plus récente,
appliquant au client, qui argue envers son cocontractant de
l'absence d'agent de change (c'est ce qu'on appelle *l'exception
de coulisse*), la règle « *Nemo auditur, turpitudinem propriam
allegans* » admet que cette nullité ne sera couverte que si l'opération a été réglée par le client en connaissance du vice qui
l'infectait. Enfin certains auteurs admettaient que ces opérations
contraires au monopole étaient nulles comme constituant un
jeu ou pari. Le fondement de la nullité eût été l'art. 965,
C. de comm.

252. — 4° Quoi qu'il en soit, depuis la loi de 1898, beaucoup
moins d'opérations sont annulées pour contravention au monopole des agents de change. Cette loi y a apporté, en effet, une
dernière sanction, qui consiste en une *amende fiscale* : A toute
réquisition des agents du fisc, les coulissiers (c'est-à-dire les
intermédiaires qui opèrent sur toutes valeurs, et notamment
sur valeurs non cotées) doivent, sous peine d'amende fiscale,
représenter les bordereaux d'agents de change relatifs aux
opérations que ces coulissiers ont été chargés de traiter et qu'il
ne pouvaient réaliser que par l'intermédiaire d'un agent de
change.

§ 4. — Des opérations accomplies par les agents de change.

Il y en a 3 : Marchés au comptant, marchés à terme, report.

1° Marché au comptant.

253. — *Ce marché se réalise à la Bourse lors-qu'une offre et une demande, émanant de deux agents, coïncident en tous points.* Le marché est immédiatement constaté par écrit.

Qu'est-ce que le marché au comptant ?

254. — Ce marché doit être exécuté (remise des titres et des sommes) dans des *délais très brefs*, fixés par la Compagnie des agents de change : A Paris, l'opération doit être exécutée avant la cinquième bourse qui suit la négociation.

Dans quel délai ce marché doit-il être exécuté ?

Si le marché n'est pas exécuté (le vendeur ne remet pas les titres, par exemple), l'agent de change, trois jours après un avertissement, achète des titres en Bourse au lieu de ceux qui devaient lui être remis, ou, si c'est l'acheteur qui n'a pas remis les fonds, il revend les titres en Bourse, le tout aux risques du donneur d'ordres qui n'exécute pas : C'est ce que l'on nomme l'*exécution en Bourse*.

Que se passe-t-il en cas d'inexé-cution d'un marché de Bourse au comptant ?

Si c'est l'agent de change qui n'exécute pas vis-à-vis d'un client ou d'un collègue, la chambre syndicale se substitue à lui et exécute.

255. — Mais pour toutes les opérations qu'il traite, *l'agent est personnellement responsable de l'exécution du contrat*. Le client vendeur ne connaît que l'agent pour le paiement du prix, et l'agent doit payer, quand même l'acheteur ne paierait pas. De même, envers l'acheteur, l'agent est personnellement responsable de la livraison des titres ; l'acheteur n'a aucune action en livraison contre le vendeur qu'il ne connaît pas et n'a d'ailleurs pas le droit de connaître.

2° Marché à terme.

256. — C'est plus spécialement un *marché de spéculation : Le prix est fixé dès le moment de la vente, mais la livraison et le paiement sont reculés à terme* (1).

Qu'est-ce que le marché à terme ?

L'acheteur a la conviction que les valeurs qu'il achète vaudront davantage à l'époque du terme fixé qu'au jour de l'achat. C'est un *haussier*.

Le vendeur croit au contraire à la baisse : c'est un *baissier*. Il opère d'ailleurs à découvert, c'est-à-dire sans avoir les titres en main.

Qu'est-ce que le marché ferme et le marché a primes ?

Presque toujours ce marché se règlera, non par la remise effective des titres, mais par un paiement de différences de cours : Celui qui s'exécute réellement porte le nom de marché ferme. L'autre est le marché à prime.

---

(1) Le terme n'est pas libre : pour la commodité des liquidations, il ne peut être fixé avant la fin du mois en cours pour les fonds d'Etat français (rentes sur l'Etat et bons du Trésor), les actions de la Banque de France, du Crédit foncier et des Chemins de fer français. Pour les autres valeurs, il peut être fixé soit au 15, soit à la fin du mois courant. Le terme le plus long ne peut dépasser la fin du mois qui suit le mois en cours. Le syndicat des agents de change pourrait d'ailleurs fixer d'autre délai ; mais son règlement doit être approuvé par le ministre.

a) *Du marché ferme.*

257.—*Quand le marché est ferme, il doit s'exécuter réellement de part et d'autre*, c'est-à-dire que le vendeur doit livrer le titre et l'acheteur doit payer le prix.

Le vendeur ne peut pas forcer l'acheteur à payer avant le terme, mais l'acheteur peut forcer le vendeur à faire livraison avant le terme, en renonçant au terme. Ainsi, dans la vente ferme à terme, le terme est considéré comme stipulé dans l'intérêt de l'acheteur. Ce droit pour l'acheteur d'exiger la livraison anticipée se nomme l'*escompte* (1).

Qu'est-ce que l'escompte dans le marché à terme ?

(1) La pratique de l'escompte est consacrée par le règlement de la Bourse de Paris. Les acheteurs en usent pour provoquer la hausse. En se concertant entre eux pour forcer, sur une certaine valeur, les vendeurs à la livraison immédiate, ils obligent ceux-ci, lorsqu'ils ont vendu à découvert, ce qui est le cas habituel, à acheter les titres pour les livrer. Si les acheteurs ont pris soin de s'en saisir d'avance, les vendeurs seront obligés de les acheter à leurs acheteurs eux-mêmes et au prix qu'il plaira à ces derniers.

Souvent l'acheteur à terme n'a pas, à l'échéance, l'argent nécessaire pour payer. Ainsi j'ai acheté un titre de rente 3 o/o moyennant 100 fr., livrable et payable fin courant, et à la fin du mois, je n'ai pas les 100 fr, pour payer l'agent de change par l'intermédiaire duquel j'ai acheté. Dans ce cas, je revends le titre au comptant pour le payer.

S'il vaut 102 fr., je gagne 2 fr.

Mais s'il vaut 98 fr., je dois prendre dans ma bourse les 2 fr. de différence et je perds 2 fr. Si je n'ai pas ces 2 fr., mon agent de change n'en est pas moins tenu de payer de sa poche le vendeur ou l'agent du vendeur ; le vendeur, en effet, ne peut pas me connaître, puisque mon agent me doit le secret. Mon agent risque donc d'être en perte si je suis insolvable ; c'est pour éviter cela qu'il m'oblige, moi acheteur, à lui fournir, avant l'opération, une *ouverture* représentant la baisse possible du titre.

Il arrive souvent aussi que le vendeur à terme n'a pas, au moment de la

Les agents de change obligent leurs clients au début de l'opération, à déposer une somme ou des valeurs devant servir de couverture, c'est-à-dire de garantie contre les risques du marché.

b) *Du marché à prime.*

258. — Le marché à terme peut être également à prime. Dans ce genre de marchés, l'*acheteur a la faculté de ne pas exécuter le marché, de le résilier en un mot, en payant au vendeur un dédit appelé prime* (1). L'acheteur limite ainsi certainement sa perte.

vente, les titres qu'il vend (on dit alors qu'il vend à découvert). Ainsi, vous avez vendu un titre de rente de 3 fr. moyennant 100 fr., livrable et payable fin courant, et vous n'avez pas ce titre à la fin du mois pour le livrer à votre agent de change. Dans ce cas vous achetez un titre au comptant pour le livrer :

A) S'il vaut 98 fr., vous gagnez 2 fr.

B) Mais s'il vaut 102 fr., vous devez débourser les 2 fr. de différence, et vous perdez ces 2 fr. Si vous n'avez pas ces 2 fr. pour acheter le titre que vous devez livrer, votre agent de change n'en est pas moins tenu de livrer le titre à l'acheteur, et c'est lui qui souffrira la perte si vous êtes insolvable. Pour éviter cela, il vous oblige, vous vendeur, avant l'opération, à lui fournir une couverture représentant la hausse possible du titre.

A la fin de chaque mois, il y a lieu à la liquidation des marchés à terme qui ont eu lieu dans le courant du mois.

On distingue la liquidation particulière, qui a lieu entre chaque agent et chacun de ses clients, et la liquidation centrale qui a lieu entre les agents eux-mêmes.

(1) La prime est très variable ; elle dépend de l'importance des fluctuations dont la valeur est susceptible. Sur la rente, on promet souvent une prime « dont 50 » ou « dont 25 » (sous-entendu centimes), ce qui veut dire que si l'acheteur résilie le marché, il paiera, à titre de crédit au vendeur, une somme de 50, de 25 centimes, etc.

On appelle « réponse des primes » l'acte par lequel l'acheteur fait savoir, à l'échéance, s'il résilie le marché en abandonnant la prime, ou si au contraire il préfère exécuter le marché en payant le prix et en levant le titre. Cette réponse a lieu tous jours à la Bourse.

A) Ainsi je vous vends un titre de 3 fr. de rente moyennant 100 fr. *à prime dont* 50. Si la baisse arrive et qu'à la fin du mois le titre vaille 98 fr. 50, vous perdriez 1 fr. 50 en exécutant le marché, puisqu'il vous faudrait me livrer une somme de 100 fr. pour ne recevoir, en échange, qu'un titre valant 98 frs. 50. Vous préférez me payer la prime, c'est-à-dire 0 fr. 50 dans l'espèce.

B) Le vendeur, dans les usages de la Bourse, ne stipule pas la faculté de se libérer de l'obligation de livrer les titres par l'abandon d'une prime. Il en résulte que le vendeur est dans une situation plus mauvaise que l'acheteur. En effet, si le titre vendu 100 fr. à prime dont 50, baisse beaucoup de valeur et ne vaut que 95 fr., l'acheteur abandonnera la prime, et le vendeur ne gagnera que 0 fr. 50. Si, au contraire, le titre hausse de 5 fr., le vendeur qui livrera un titre de 105 fr. et ne touchera que 100 fr., perdra 5 fr. Donc, la chance de gain est illimitée pour l'acheteur, et limitée à 0 fr. 50 pour le vendeur.

Il s'ensuit que, pour compenser cette inégalité, la vente à terme à prime est faite à un prix plus élevé que la vente à terme ferme (celle où l'acheteur n'a pas la faculté de résiliation).

c) *Le marché à terme doit-il être considéré comme un pari ?*

Le marché à terme res-semble-t-il au pari ?

259. — On voit que le marché à terme (ferme ou à prime), lorsque le vendeur n'a pas les titres vendus en sa possession ni même l'argent né-cessaire pour se les procurer, et que l'acheteur n'a pas non plus l'argent nécessaire pour payer le prix, res-semble à une sorte de *jeu* ou de *pari.* Le vendeur parie que le titre baissera ; et si, en effet, la baisse arrive, il gagne la différence (ou la prime), tandis que l'acheteur la perd. Il peut même être convenu que le vendeur ne livrera pas le titre et que l'acheteur ne lui paiera que cette différence. L'acheteur, au contraire, parie que le titre haussera, et, si la hausse arrive, il gagne la différence entre son prix d'achat et le cours au jour du terme, tandis que le vendeur perd cette différence. Il peut encore être convenu que le vendeur ne li-vrera pas le titre et ne paiera que la différence.

Faut-il donc dire que le marché à terme doit être traité comme un pari et qu'il est, par suite, illégal?

On sait que l'art. 1965, C. civ., établit ce qu'on nomme *l'ex-ception de jeu:* Pour se refuser à exécuter une obligation résultant d'une opération de jeu, une partie oppose à son ad-versaire une fin de non-recevoir tirée de ce texte ainsi conçu :

L'exception de jeu peut-elle être opposée en matière de marché à terme ?

« La loi n'accorde aucune action pour une dette de jeu ou pour le paiement d'un pari ». *Cette ex-ception de jeu peut-elle être opposée en matière de marchés à terme ?*

260. — *Historique de la question.*

1re Période.

Dans notre ancien droit, à la suite des spéculations effrénées qui avaient eu lieu sous la minorité de Louis XV sur les titres créés par Law, et du krach formidable qui en fut la conséquence, les marchés à terme furent rigoureusement interdits. (Arrêt du Conseil du Roi du 29 sept. 1724.) Par un esprit à terme de réaction, 'on défendit même les marchés à terme faits à couvert ; *on ne souffrit que les marchés au comptant :* il fallait que, le jour même, le vendeur déposât les titres et l'acheteurle prix.

Plus tard, sous Louis XVI, le gouvernement fut plus tolérant. On continua de prohiber les ventes à terme à découvert, mais on permit les ventes à terme faites à couvert, et les achats à terme, quelle que fût la couverture fournie par l'acheteur (1).

Dans l'époque intermédiaire, on revient à l'ancienne prohibition de Louis XV relativement aux marchés à terme.

261. — *2ᵉ Période.*

Le Code de commerce ne prononce ni autorisation ni prohibition formelles. De là, controverse.

D'après la jurisprudence (2), il fallait distinguer :

Si le marché était sérieux, il était valable.

Si, au contraire, il constituait simplement un pari sur la hausse et la baisse des titres, il devait

Exception de jeu sous le régime du Code de commerce.

----

(1) La raison de cette différence faite entre la vente et l'achat à découvert, est que, lorsqu'il s'agissait de fonds publics, ce qui était le cas général, l'achat favorisait le crédit de l'Etat, en provoquant la hausse de ses titres, tandis que la vente lui nuisait en provoquant la baisse.

(2) D'après une 2ᵉ opinion, le marché à terme était nul, comme il l'était dans l'ancien Droit et sous la législation intermédiaire, sans distinguer si le marché cachait un pari ou s'il était sérieux. Il n'y avait même pas lieu

être traité comme tel. Donc le perdant pouvait opposer l'exception de jeu (art. 1965, C. civ.), mais n'avait pas cependant d'action en répétition une fois qu'il avait exécuté.

Mais comment savoir si le marché était sérieux, ou si au contraire il ne constituait qu'un pari déguisé ? Il fallait rechercher l'intention des parties, et voir si le vendeur avait les titres en mains, ou du moins les ressources suffisantes pour se les procurer, et si l'acheteur avait la somme nécessaire pour les payer : dans ces cas, le marché était valable.

Si, au contraire, le vendeur vendait à découvert, et sans même avoir la somme nécessaire pour se les procurer, si, en

d'admettre le tempérament apporté sous Louis XVI pour les ventes à couvert et pour les achats à terme.

D'après une 3ᵉ opinion, le marché à terme, même à découvert, était parfaitement valable, et il n'y avait pas lieu à l'exception de jeu :

Ce qui n'est pas défendu est permis : or, nulle part la loi n'a défendu le marché à terme.

Quant à l'objection que les ventes à terme des effets publics déterminent la baisse des effets publics et nuisent au crédit de l'État, on peut répondre que, lorsque les acheteurs sont plus nombreux que les vendeurs, ce qui arrive souvent, ces marchés favorisent la hausse et soutiennent le crédit de l'Etat. Bien des personnes qui n'achèteraient pas ces titres s'il fallait les payer comptant, s'empresseront de les acheter s'il leur est permis de le faire à terme.

On ajoute enfin que les marchés à terme favorisent les souscriptions des grands emprunts de l'Etat. Les capitalistes, les banquiers par exemple, ne souscriraient pas pour des sommes énormes à ces émissions, s'ils n'avaient pas l'espérance de revendre leurs titres avec profit à terme, car ils ne trouveraient que lentement à les revendre au comptant. De même les gens (spéculateurs ou joueurs), qui consentent à acheter ces titres à terme, ne le font qu'avec l'espoir de les revendre à terme également, car on ne peut vendre au comptant une grande masse de titres, surtout dans les périodes ordinairement troublées, où l'Etat est obligé de faire un grand emprunt.

un mot, il comptait uniquement se procurer les titres en les achetant avec le prix de vente — ou si l'acheteur n'avait pas à sa disposition, au moment de l'achat, le montant du prix; et ne comptait se les procurer qu'en revendant le titre en hausse, — en un mot, si chacune des parties ne visait qu'à gagner une différence, le marché devait être traité comme pari.

La jurisprudence tirait argument des art. 421 et 422 C. pén.

L'art. 421 punissait les paris sur la hausse ou la baisse des effets publics.

L'art. 422 définissait ce pari « une convention de vendre ou de livrer des effets publics qui ne sont pas prouvés par le vendeur avoir existé à sa disposition au temps de la convention ou avoir dû s'y trouver au temps de la livraison ».

Donc, lorsque les titres vendus devaient se trouver à la disposition du vendeur au moment de la livraison, l'opération n'était pas un pari et était valable ; au cas contraire, c'était un pari, qui était nul et même délictueux.

262. — *3e Période. Elle commence avec la loi du 28 mars 1885* dont le principe est : Pour écarter de la Bourse le monde douteux, il faut forcer les joueurs à s'exécuter. *Nul ne peut, pour se soustraire aux obligations résultant de ces marchés, invoquer l'art. 1965 C. civ., même si ces marchés se règlent par différence.* On a soutenu l'opinion que cette loi établit seulement une présomption que le marché à terme n'est pas un pari, mais bien une opération sérieuse destinée à être exécutée ; mais que cette présomption n'est pas absolue, et que, lorsque l'une des parties peut prouver que la vente n'était pas sérieuse, l'opération n'est qu'un pari, et que l'exception de jeu est rece-

Quel est le principe posé par la loi de 1885 ?

vable : En somme, d'après cette opinion, la loi de 1885 n'aurait presque rien changé à la jurisprudence antérieure, mais seulement renversé le fardeau de la preuve mis à la charge de celui qui se refusait à exécuter le marché. La Cour de cassation a tranché la question d'une façon définitive, en décidant que : « à raison de ses termes essentiellement impératifs, la loi du 28 mars 1885 avait entendu interdire aux parties d'opposer l'exception de jeu, et aux juges de rechercher l'intention des parties ». *L'exception de jeu n'est plus jamais opposable dans les marchés à terme.*

263. — Mais la lutte a continué sur un autre terrain et les joueurs malheureux à la Bourse se défendent la plupart du temps en opposant à leur adversaire soit *l'exception de coulisse* (c'est-à-dire la nullité de l'opération qui, au lieu d'avoir été faite par ministère d'agent de change, comme l'exigeait la nature du titre, a été faite en coulisse), soit *l'exception de contre-partie* (consistant à prétendre que le banquier ou l'agent de change chargés de vendre, — c'est-à-dire commissionnaires, — se sont portés eux-mêmes contre-parties de leur client, ce qui, nous le verrons, est interdit à tout commissionnaire.

3º Du report

264. — *Définition*. — *Le report est une vente au comptant de certains titres, suivis d'un rachat à terme d'une égale quantité de titres de même espèce et entre les mêmes parties.*

Ex. : Je vous ai acheté au commencement de mai un titre de rente 3 0/0, fin courant, moyennant 100 fr., parce que je comptais sur la hausse ; à fin mai le titre ne vaut que 98 fr., mais néanmois je crois toujours à une hausse prochaine. — Si j'avais l'argent nécessaire, je vous paierais les 100 fr., je prendrais livraison du titre et j'attendrais la hausse pour le vendre. — Mais comme je ne suis qu'un joueur, j'ai assez d'argent pour payer la différence de cours, mais pas assez pour payer la valeur totale. Il faut donc que je revende le titre au comptant pour vous payer. Je pourrais le vendre à un tiers quelconque au cours actuel du comptant, c'est-à-dire à 98 fr., en prenant 2 dans ma poche pour compléter les 100 que je vous dois. Ensuite je rachèterais un pareil titre à un autre tiers à terme (puisque je compte toujours sur la hausse) à fin juin prochain, moyennant 98 fr. 25 (le prix à terme est, en général, un peu supérieur au prix au comptant).

Pour éviter cette double opération, je m'adresse à un capitaliste appelé *reporteur* ; je lui vends mon titre au comptant moyennant 98 fr. pour vous payer (en y joignant de ma poche la différence de 2 fr.), et en même temps je rachète à ce reporteur un titre de même espèce à terme (à fin juin) moyennant 98,25.

Si la hausse arrive dans le courant de juin et que le titre atteigne par ex. 102 fr., je m'empresserai de le vendre, et avec le prix, je paierai les 98,25 que je dois à mon reporteur ; je remettrai dans ma poche la différence de 2 fr. que j'ai perdue fin mai, et j'aurai encore un bénéfice de 1,75.

Si la baisse se maintient, je me ferai reporter de nouveau sur juillet.

265. — *Ainsi, dans le report, je vends un titre au reporteur au comptant pour me procurer sa valeur actuelle, et je lui rachète immédiatement à terme un titre pareil à un prix un peu supérieur* (la différence est celle qui existe entre le cours à terme et le cours au comptant). Cette différence, qui constitue le bénéfice du reporteur, se nomme aussi *report* : C'est le second sens du mot.

Quels sont les deux sens du mot report ?

Le reporteur étant nanti du titre, se trouve garanti, car, si je ne lui paie pas à l'échéance les 98 fr. 25, il fera vendre le titre à la Bourse pour se payer. S'il ne le vend que 97 par suite de la baisse, je devrai lui payer la différence, c'est-à-dire 1,25 (1).

Quelle diffé-rence y a-t-il entre la situation du rep)rteur et celle du créancier gagiste ?

266. — *Le reporteur se trouve dans une situation analogue à celle du créancier gagiste. Sa situation en diffère par les points suivants :*

1° Le gage est généralement d'une somme supérieure à la créance, tandis qu'ici *la somme avancée par le reporteur est juste égale à la valeur du titre qu'il détient* ;

2° Le gagiste n'est pas propriétaire de la chose, il n'en est que détenteur. Il n'en peut donc pas disposer, si ce n'est à défaut de paiement à l'échéance, 8 jours après une sommation infructueuse au débiteur et en observant certaines formes. *Le reporteur, au contraire, est propriétaire, et cela d'une façon définitive, du titre qu'il a acheté au comptant.* Il en exerce les droits (droit aux dividendes et intérêts, droit de faire partie des assemblées d'actionnaires, droit au remboursement du capital s'il y a lieu), *et en subit les obligations* (notamment l'obligation de faire les versements en cas d'appel de fonds).

Comparez le report et la vente à ré-méré.

267. — *On peut comparer aussi le report à une vente à réméré.* C'est à peu près comme si je vendais mon titre au reporteur à 98 fr. avec faculté pour moi de réméré. Il y a pourtant deux différences :

1° Dans le réméré, il suffit que je rende à mon acheteur son

---

(1) Très souvent les reports se font par l'intermédiaire des agents de change, qui sont responsables personnellement envers le reporteur des engagements du reporté.

prix, pour reprendre la chose, tandis que, dans le report, le reporté doit payer à l'échéance un excédent qui est le report ;

2° (Et ceci est essentiel), *la vente à réméré est une vente sous condition résolutoire.* L'acheteur n'acquiert pas un droit ferme sur la chose achetée, et les droits qu'il peut consentir sur cette chose sont résolubles comme le sien. *Au contraire, le reporteur a un droit ferme et définitif sur les titres qu'il achète* ; il en peut donc disposer librement.

3° C'est la chose même qui a été vendue qui fait retour au vendeur à réméré lorsqu'il exerce le réméré en rendant le prix. Au contraire, *le reporteur ne doit pas au reporté les mêmes titres, mais seulement des titres de même espèce.*

268. — *On appelle à l'inverse « déport » l'excédent du prix au comptant sur le prix à terme.* Cela arrive rarement (1). J'en citerai deux cas :

Qu'est-ce que le déport ?

1° Des personnes ont acheté, croyant à la hausse, des titres de rente sur l'Etat, moyennant 100 francs à terme, c'est-à-dire livrables et payables à la fin du mois.

Dans le courant du mois, ces acheteurs usent du droit d'*escompte,* c'est-à-dire qu'ils exigent la livraison immédiate. Les vendeurs, qui ont vendu à découvert, sont forcés d'acheter de suite, au comptant par conséquent, les titres pour les livrer. De là une hausse sur le cours au comptant, alors que le cours à terme ne s'élève pas, et que peut-être il a baissé. Le cours au comptant peut être ainsi supérieur au cours à terme.

2° Des acheteurs à terme exigent à *l'échéance* la livraison

---

(1) Pourquoi en général le prix à terme est-il supérieur au prix au comptant? C'est une application de la loi de l'offre et de la demande : il y a bien plus d'acheteur à terme qu'au comptant, car ceux qui n'ont pas d'argent disponible sont plus nombreux que ceux qui en ont.

des titres. Les vendeurs, qui les ont vendus à découvert, sont obligés de les acheter au comptant pour les livrer de suite ; cette masse de demandes de titres à livrer immédiatement, fait monter le cours au comptant, alors que le cours à terme demeure stationnaire, ou même subit une baisse par suite du discrédit où sont tombés ces titres.

De même que l'acheteur à terme sans argent peut, en cas de baisse, faire reporter sa situation sur le mois suivant, en vendant ses titres au comptant et en les rachetant à terme, moyennant le prix de report, de même le vendeur à terme sans titres (c'est-à-dire à découvert) peut faire reporter sa situation sur le mois suivant, en achetant des titres au comptant à la fin du présent mois pour les livrer à son acheteur, et en revendant à terme d'autres titres de même espèce et en pareille quantité.

En général, il les vend à terme plus cher qu'au comptant, et il gagne ainsi un report.

Il est possible aussi qu'il les vende à terme le même prix qu'il les achète au comptant ; il en est ainsi lorsque, le titre étant discrédité, il y a peu d'acheteurs à terme. On dit alors que le report est *au pair*.

Enfin, il peut arriver qu'il les vende moins cher à terme qu'il ne les a achetés au comptant. Cela arrive lorsque beaucoup de vendeurs à découvert de titres discrédités, sont obligés de les acheter au comptant pour les livrer. Cela fait monter le cours du comptant alors que le cours du terme reste bas. Il y a alors déport au préjudice des vendeurs à découvert.

269. — Il suit de ce qui précède que le reporteur n'est pas toujours un capitaliste venant au secours de gens ayant acheté des titres à terme sans l'argent nécessaire, en un mot des joueurs à la hausse. Le reporteur peut être aussi un joueur à la baisse, c'est-à-dire qui vend à découvert.

Ces deux catégories de joueurs peuvent entrer en relations et se reporter mutuellement. Le vendeur achète au comptant les titres dont il a besoin, à l'acheteur qui a besoin d'argent pour payer les titres par lui achetés, et en même temps il les lui revend à terme.

Si les demandes de titres adressées par les vendeurs à découvert et les offres de titres faites par les acheteurs sans argent s'équilibrent, *le report est au pair*.

Si les demandes de titres excèdent les titres offerts, il y a *déport*.

Si les demandes de titres sont inférieures aux offres, il y a *report*.

CHAPITRE II

BOURSE DES MARCHANDISES

270. — *Définition.* — *C'est la réunion, dans un lieu fixé par la loi et sous la surveillance du gouvernement, des courtiers en marchandises, et de tous ceux qui ont à vendre ou à acheter des marchandises quelconques* (autres que les effets publics et autres, cotés à la Bourse des effets publics).

L'utilité de cette Bourse est de concentrer les demandes et les offres de marchandises, et d'établir le cours des diverses marchandises qui y font l'objet des marchés habituels.

§ 1. — Des courtiers en général.

271. — Le mot courtier vient de « couratier », faiseur de courses.

La mission essentielle du courtier est en effet de faire les démarches nécessaires pour mettre une certaine personne en rapport avec une autre personne, pour un certain contrat,

Ainsi à celui qui veut vendre, le courtier cherche un acheteur ; à celui qui veut acheter, un vendeur. Telle est la fonction des *courtiers en marchandises*.

A celui qui veut louer un emplacement sur un navire pour le transport des marchandises, le courtier cherche un armateur. A l'armateur qui a un navire à louer, il cherche un chargeur : Telle est la fonction des *courtiers maritimes*.

A celui qui veut assurer un navire ou des marchandises exposées aux risques de mer, le courtier cherche un assureur. A l'assureur il cherche des assurés. Telle est la fonction des *courtiers d'assurances maritimes.*

A celui qui veut faire transporter des marchandises par terre ou par rivière, le courtier cherche un voiturier ou un batelier. Au voiturier ou batelier, il cherche des clients ayant des marchandises à faire transporter. Telle est la fonction du *courtier de transports par terre et par eau* (1).

---

(1) On ajoute quelquefois à ces 4 sortes de courtiers les courtiers-gourmets-piqueurs de vins. Ces courtiers, qui n'existent qu'à Paris pour l'entrepôt des vins, et sont nommés par le ministre du commerce, ont, par monopole, les attributions suivantes :

1° Ils servent d'intermédiaires, dans un entrepôt (par ex. à l'entrepôt de Bercy), dans la vente des boissons. Certes, si je veux acheter du vin à Bercy, je peux m'y aboucher directement avec un marchand de vins qui y possède un dépôt. Mais si je veux me servir d'un intermédiaire, je ne suis pas libre dans mon choix, je dois prendre un courtier-gourmet-piqueur de vins.

2° Dans le cas précédent, si je veux faire goûter par un connaisseur, ne

Le courtier fait-il le contrat lui-même pour le compte de son client?

272. — Une fois que le courtier a mis les parties en présence, son rôle est terminé. *Il ne traite pas au nom de l'une d'elles ; ce sont les parties qui arrêtent elles-mêmes les conditions de leur contrat.*

Toutefois, quand elles se sont mises d'accord, elles peuvent (et c'est ce qu'elles font en pratique) charger le courtier de rédiger les clauses du contrat, parce qu'il a mieux l'habitude de cette rédaction, et qu'il donnera aux conventions des parties plus de clarté, d'ordre et de précision.

Est-il responsable de l'exécution du contrat ?

273. — *Le courtier n'est nullement responsable de l'exécution des obligations* que les parties contractent l'une envers l'autre.

§ 2. — Courtiers en marchandises.

Les courtiers en marchandises n'avaient-ils pas autrefois un monopole ?

274. — *Ils étaient autrefois en nombre limité et jouissaient d'un monopole.* Lorsqu'on voulait vendre (ou acheter) des marchandises par l'intermédiaire d'autrui, on devait s'adresser à un de ces courtiers privilégiés.

m'en rapportant pas à moi-même, le vin que je me propose d'acheter, je ne peux pas choisir un tiers quelconque, par ex., un de mes amis que je considère comme bon connaisseur, je dois prendre un de ces courtiers.

3° Ces courtiers sont chargés des expertises lorsqu'il y a contestation sur la qualité des vins, par ex., si je prétends que celui qui m'a été livré par le vendeur n'est pas celui que j'ai acheté, ou que le voiturier chargé de me l'amener l'a falsifié, par ex., en soutirant du vin pour le remplacer par de l'eau ou par du vin inférieur,

Ce monopole a été supprimé par une loi du 18 juillet 1886. Donc tout le monde peut s'établir courtier en marchandises.

On a supprimé le privilège des courtiers en marchandises pour plusieurs raisons :

1° Une raison de principe. Ce monopole était une atteinte à la liberté du travail ;

2° Le monopole avait donné lieu à des abus : assurés de la clientèle, les courtiers se montraient négligents dans leurs fonctions.

Il n'y avait même pas de concurrence entre eux. Pour l'éviter ils se spécialisaient, l'un s'occupant du café, un autre des huiles, un autre des farines, etc. Ainsi le commerçant n'avait pas un choix suffisant : il ne désignait plus son courtier, celui-ci lui était en quelque sorte imposé, et c'était le commerçant qui devait être à ses ordres.

275. — Les courtiers en marchandises étaient soumis à diverses obligations, analogues à celles des agents de change : Ils devaient mentionner sur un *carnet* leurs opérations de courtage, et les reporter sur un livre spécial.

Ils ne pouvaient pas avoir, dans leurs opérations, un *intérêt* autre que celui de gagner leurs honoraires.

Ils ne pouvaient même pas faire des actes de commerce étrangers à leur courtage. Ainsi, un courtier en grains ne pouvait pas être en même temps marchand de laine ou de coton.

Enfin le courtier ne pouvait pas, à la différence de ce que nous avons vu pour l'agent de change, former une société pour acheter et exploiter sa charge.

276. — Le courtage étant libre, ces restrictions ne sont

Quelle loi a supprimé ce monopole ? Pourquoi?

Les courtiers en marchandises privilégiés n'étaient-ils pas soumis à diverses obligations?

Aujourd'hui encore n'est-il pas défendu au courtier d'avoir un intérêt ?

plus applicables. Toutefois la *loi de 1886 défend encore au courtier libre, dans l'intérêt des parties, d'avoir un intérêt dans l'opération pour laquelle il s'entremet*, à moins de le déclarer aux contractants. La sanction est une peine correctionnelle.

Qu'est-ce que les courtiers inscrits ?

277. — Bien que le courtage des marchandises soit devenu libre en vertu de la loi de 1886, cette loi établit une certaine catégorie de courtiers en marchandises, appelés *courtiers inscrits*, qui ont seuls le droit de faire certaines opérations, et jouissent ainsi exclusivement de certaines prérogatives des anciens courtiers privilégiés. Ces courtiers inscrits ont seuls le droit :

Quelles sont leurs prérogatives ?

1° De procéder aux ventes *volontaires* de marchandises *neuves* (1) aux *enchères* publiques *en gros*.

Remarquons bien que le courtier inscrit chargé de procéder à une vente, ne peut se porter lui-même acheteur : il ne faut pas que ce courtier soit pris entre son devoir, qui est de vendre cher, et son intérêt, qui serait d'acheter bon marché. La sanction consiste en ce que le courtier sera rayé de la liste des courtiers inscrits, sans préjudice des dommages-intérêts aux parties lésées.

2° De procéder à la vente de marchandises déposées dans un *magasin général*, ou qui ont, d'une façon générale, fait l'objet d'un *gage commercial* (2).

---

(1) Pour les marchandises qui ne sont pas neuves, il faut le ministère d'un commissaire-priseur, ou encore d'un notaire, huissier, greffier de justice de paix.

(2) Quant aux choses faisant l'objet d'un gage civil, la compétence appartient aux commissaires-priseurs, notaires, huissiers, greffiers de justice de paix.

3° De procéder aux ventes de marchandises *ordonnées par le tribunal de commerce*. Ce tribunal peut d'ailleurs désigner d'autres officiers publics.

4° D'*expertiser* les marchandises déposées dans les *magasins généraux*, à moins que les parties ne se mettent d'accord pour désigner un expert quelconque.

5° De constater le *cours officiel des marchandises*.

Ces courtiers sont dits « *inscrits* » ou encore « *assermentés* », parce *qu'ils sont inscrits sur une liste spéciale dressée par le tribunal de commerce, et doivent prêter serment devant ce tribunal de remplir leur charge honnêtement*.

Pourquoi ce nom de courtiers « inscrits » ?

Pour pouvoir être porté sur cette liste, il faut présenter certaines garanties de moralité, de capacité et payer un certain droit.

§ 3. — Des courtiers privilégiés.

278. — *Nous ne visons ici que les courtiers maritimes, les courtiers d'assurances maritimes et les courtiers de transport par terre et par eau, parce que le courtage des marchandises est devenu libre. Voici les règles générales applicables à ces courtiers.*

Ils sont nommés par décret sur la proposition du ministre du commerce. Pour pouvoir être nommé, il faut :

Conditions requises pour être courtier privilégié.

1° Avoir la jouissance des droits de citoyen français.

2° Avoir été commerçant ou du moins avoir travaillé pendant 4 ans chez un commerçant ou chez un notaire.

3° N'être pas dans un cas d'incapacité prévu par la loi.

**Cautionne-
ment.**

**Droit de pré-
sentation.**

Ces courtiers doivent fournir un *cautionnement*, comme les officiers ministériels, ce qui
entraîne pour eux le droit de présenter leur successeur, c'est-à-dire, pratiquement, le droit de
vendre leur charge.

**Quelles sont
les obliga-
tions des
courtiers
privilégiés ?**

. **279.** — Ils sont soumis à certaines obligations
ou prohibitions.

1° *Ils doivent tenir un carnet* où ils relatent
les opérations dans lesquelles ils s'entremettent.

2° *Ils doivent reporter ces opérations*, et, d'une
façon générale, tous les actes faits par leur ministère, *sur un
livre spécial* (C. comm., 84), qui doit être tenu avec un soin
particulier (pas de ratures, ni interlignes, ni abréviations).

**Ces cour-
tiers sont
soumis à
certaines
prohibi-
tions.**

3° *En cas de faillite, ils sont déclarés banque-
routiers.*

4° *Ils ne peuvent faire une société pour acheter ou exploiter leur charge*, ce qui est une importante différence avec les agents de change.

5° *Ils ne peuvent faire aucun acte de commerce pour leur
compte*, même en dehors des affaires rentrant dans leur
charge.

6° *Ils ne peuvent s'intéresser à aucune opération de commerce*, et particulièrement aux affaires pour lesquelles ils
s'entremettent.

**Attribu-
tions.**

Nous avons suffisamment indiqué plus haut
les attributions de ces diverses espèces de courtiers privilégiés (V. *supra*, n. 270).

TITRE V

Du gage et des commissionnaires.

Le titre VI du Code de commerce (art. 91 et s.) a été complètement remanié par la loi du 23 mai 1863.

§ 1. — Du gage.

280. — Nous devons distinguer 2 phases dans la législation : la 1re, antérieure à la loi du 23 mai 1863 ; la 2e, postérieure à cette loi.

a) Du gage commercial avant la loi de 1863.

281. — *Le Code de commerce n'ayant formulé aucune règle dans cette matière, on appliquait purement et simplement les dispositions du Code civil sur le gage*(art. 2074 et s.). Ces dispositions peuvent se résumer ainsi :

Au point de vue de la *constitution* du gage, il fallait :

1° Un écrit *authentique* ou *sous seing privé*

Quelles étaient les règles applicables à la constitution et à la réalisation du gage avant la loi de 1863 ?

enregistré, constatant le montant et l'échéance de la dette, et décrivant aussi exactement que possible l'objet remis en gage.

2º La mise du créancier gagiste en *possession* de la chose engagée (ou des titres constatant la créance, si le gage avait pour objet une créance).

3º Dans le cas où le gage avait pour objet une créance, il fallait *signifier* la constitution du gage au débiteur de la créance engagée, ou obtenir son acceptation dans un acte authentique (1). (Art. 1690 C. civ.)

Au point de vue de la *réalisation* du gage, c'est-à-dire de sa conversion en argent pour payer le créancier, il fallait *obtenir un jugement* ordonnant la vente du gage, et cette vente ne pouvait avoir lieu qu'aux enchères publiques devant un officier public que désignait le tribunal.

b) Du gage commercial d'après la loi de 1863 actuellement en vigueur (2).

282. — La loi du 23 mai 1863 a réglé le gage commercial ; elle a pour cela donné une nouvelle rédaction aux art. 91 et 92, C comm.

Depuis la loi de 1863.

283. — A) Au point de vue de la constitution du gage, la loi distingue plusieurs cas :

Comment a lieu la constitution du gage ?

1º *Le gage a pour objet un meuble corporel* (bi-

---

(1) Ce 2ᵉ mode (acceptation du débiteur par acte authentique) n'est pas indiqué dans l'art. 2075 C. civ. ; aussi est-il repoussé par certains auteurs.

(2) Déjà, avant la loi de 1863, le législateur avait simplifié les règles du gage au profit de certains établissements de crédit pratiquant le prêt sur gage (Monts de piété, Banque de France, Comptoir d'Escompte, Crédit Foncier, Magasins généraux). La loi de 1863 n'a fait que généraliser ces dispositions en les étendant à tous les cas de gage en matière commerciale.

joux, œuvres d'art, marchandises quelconques).

Aucune formalité n'est requise. Le gage se prouve, aussi bien à l'égard des tiers qu'entre les parties elles-mêmes, *de toute manière*, conformément aux règles générales de l'art. 109 C. comm., c'est-à-dire par la correspondance, les livres de commerce, ou même par témoins et par présomptions.

Pour les meubles corporels ?

Une seule condition est exigée, c'est la mise en possession du créancier gagiste. A cet effet, le constituant doit livrer la chose au créancier (ou à son mandataire) (1).

Ainsi donc, pas besoin d'acte authentique ni d'acte sous seing privé enregistré.

2° *Le gage a pour objet un meuble incorporel*, c'est-à-dire une créance. Il faut sous-distinguer, selon la nature du titre qui constate la créance.

a) *Il s'agit d'un titre négociable.*

Si c'est un titre au porteur, tout se passera comme pour les meubles corporels, c'est-à-dire qu'il *suffira de mettre le créancier en possession de ce titre.*

Quid pour un titre au porteur ?

Si c'est un titre à ordre, il y aura lieu à un endossement pignoratif, ou endossement de garantie.

Quid pour un titre à ordre ?

(1) Quel est le motif de cette condition de la mise en possession ? C'est l'intérêt des tiers qui, sans cela, pourraient être déterminés à faire crédit au débiteur, en considération d'objets précieux qui seraient bien matériellement entre les mains du débiteur, mais qui s'y trouveraient déjà grevés d'une constitution de gage. Ces tiers seraient ensuite exclus, après la saisie et la vente de ces objets, par le privilège des créanciers gagistes.

Quid pour un titre nominatif ?

Si c'est un titre nominatif, on fera, sur les registres de la société qui a émis ce titre, *un transfert de garantie*.

Quid pour un titre non négociable ?

b) *Il s'agit d'un titre non négociable : Dans ce cas, on applique les formalités du Code civil.* (Acte authentique, mise en possession du créancier, signification au débiteur) v. *supra* n. 280. Pour les fonds de commerce, v. *infra* n. 333 et s.

Comment a lieu la réalisation du gage commercial ?

284. — B) Au point de vue de la **réalisation du gage**, c'est-à-dire de sa conversion en argent pour payer le créancier, *la loi de 1863 a simplifié beaucoup les formalités du Code civil.*

Il suffit qu'à l'échéance de la dette, *le créancier fasse à son débiteur sommation de payer. Huit jours après* cette sommation, le créancier, *s'il n'a pas été payé, peut faire vendre le gage* et il n'a pas besoin, pour cela, de demander l'autorisation du tribunal.

La vente doit avoir lieu publiquement et aux enchères, par le ministère d'un courtier inscrit pour les marchandises, et d'un agent de change pour les valeurs de Bourse.

Le pacte commissoire est-il permis ?

Peut-il être convenu entre le débiteur et le créancier que si le créancier n'est pas payé à l'échéance, il gardera définitivement la chose engagée en toute propriété ? C'est ce qu'on appelle *le pacte commissoire de gage. Nous pensons que ce pacte est valable aujourd'hui*, à raison de la loi de 1886 relative à la liberté du taux de l'intérêt en matière commerciale. Il est vrai que l'art. 93 prohibe cette clause, mais cette prohibition était la conséquence de la limitation du taux de l'intérêt ; l'excédent du gage sur la créance pouvait, en effet, se trouver bien supérieur au taux légal maximum de 6 0/0. Mais, depuis la loi de 1886, l'intérêt étant libre en matière commerciale, la prohibition du pacte commissoire n'a plus de raison d'être.

§ 2. — Magasins généraux

285. — *Un magasin général est un vaste immeuble qui reçoit en dépôt, moyennant salaire, des marchandises plus ou moins encombrantes que leurs propriétaires ne peuvent garder chez eux.*

Qu'est-ce qu'un magasin général?

C'est la loi du 28 mai 1858 qui a institué et réglementé chez nous les magasins généraux à l'image des docks d'Angleterre.

Quelle est l'origine de cette institution ?

Il ne faut pas confondre le magasin général avec un entrepôt. L'entrepôt est un immeuble où les marchandises n'entrent que d'une façon provisoire, et simplement le temps nécessaire pour accomplir les formalités de douane (vérification de la nature et du poids des marchandises, acquittement des tarifs douaniers). En pratique, ce sont souvent les mêmes immeubles qui servent à la fois d'entrepôt et de magasins généraux ; il en est ainsi, par exemple, de l'entrepôt de Bercy pour les vins.

Quelle est la différence entre un magasin général et un entrepôt ?

286. — Le magasin général facilite beaucoup, soit la mise en gage, soit la vente des marchandises qui y sont déposées.

Quelle est l'utilité d'un magasin général ?

Exemple : Un marchand de vin, dépose à un magasin général, sous le n° 50, 100 hectolitres de vin.

Le magasin général remet à ce marchand deux titres, unis, mais facilement séparables, à son gré. L'un de ces titres se nomme *récépissé*, et l'autre *warrant*. Chacun de ces titres porte le numéro des marchandises déposées.

287. — *Le warrant est un bulletin de gage* : Le marchand s'en servira en le séparant du récépissé, s'il a besoin de donner la marchandise en gage à un créancier. Ainsi il a besoin d'emprunter 950 fr. Il dit à un bailleur de fonds : « Prêtez-moi 950 fr., je vous les rendrai avec 50 fr., d'intérêts le 1er juillet prochain ». Ce bailleur de fonds consent, pourvu que le marchand lui donne des marchandises en gage. Alors le marchand détache son warrant, sur lequel il écrit : « Le 1er juillet prochain, je paierai à X... (le bailleur de fonds), ou à son ordre, la somme de 1.000 fr. Signé : Z. », et il le remet à ce bailleur (1).

Le prêteur, avant de remettre les fonds au marchand emprunteur, informe le magasin général, qui en prend note, qu'il est porteur du warrant n° 50, et que ce warrant est de 1.000 francs, payables le 1er juillet prochain.

Cela n'empêche nullement le marchand de vendre son vin, à un tiers quelconque, en lui endossant le récépissé, qui est le titre de propriété des marchandises ; seulement cet acheteur ne pourra exiger du magasin général la livraison des marchandises qu'en consignant à ce magasin le montant du warrant. Ainsi, si l'acheteur a acheté la marchandise 10.000 fr., il versera au magasin 1.000 fr., et ne paiera au marchand que le reste, soit 9.000 fr.

Le 1er juillet, jour de l'échéance du warrant, si le pré–

---

(1) On voit que le warrant est un billet à ordre garanti par un gage.

teur de fonds n'est pas payé par le marchand, il commence par faire protester le warrant, puis il s'adresse au magasin général et là il est sûr de trouver :

Ou les marchandises qu'il fera vendre, aux enchères publiques et par courtier inscrit, 8 jours après le protêt, pour se payer du warrant.

Ou bien le prix du warrant qui aura été consigné par le porteur du récépissé à l'effet d'enlever les marchandises.

Si ce prêteur de fonds est payé par le négociant à l'échéance, il lui restitue le warrant, et c'est le négociant qui va trouver le magasin général.

Si les marchandises ont été enlevées par le porteur du récépissé (acheteur), le marchand-vendeur se fait remettre les 1.000 fr., que cet acheteur a dû consigner au magasin général.

Si les marchandises y sont encore, sans aucun prix consigné, le marchand vendeur peut les faire vendre aux enchères, 8 jours après l'échéance du warrant, et, sur le prix, il prendra la valeur du warrant, soit 1.000 francs ; le reste demeurera consigné en magasin à la disposition de l'acheteur quand il se présentera (1).

288. — *Quant au magasin, il remet la marchandise à celui qui lui représente à la fois : 1° le récépissé ; 2° le warrant ou sa valeur.*

Toutefois, si la marchandise est vendue aux enchères publiques à la requête du porteur du

______

(1) Cet acheteur n'a pas à se plaindre, car il devait savoir, puisqu'il n'avait que le récépissé, que le warrant était quelque part, et par, le magasin, il pouvait savoir également son montant et sa date d'échéance. Pour éviter

warrant (bailleur de fonds ou marchand-vendeur) il est clair que l'adjudicataire pourra enlever la marchandise à la seule condition de payer le prix d'adjudication au magasin qui devra, sur cette somme, remettre le montant du warrant à son porteur et tiendra le reste à la disposition du porteur du récépissé quand il se présentera.

L'indemnité d'assurance est-elle subrogée à la marchandise assurée ? Lorsque la marchandise déposée en magasin est assurée contre l'incendie, et qu'elle vient à brûler, l'indemnité d'assurance est subrogée à la marchandise au regard des porteurs du récépissé et du warrant (1).

§ 3. — Des commissionnaires en général
(art. 94 et s.)

289. — *Définition. — Le contrat de commission est celui par lequel le commissionnaire s'oblige, moyennant une rémunération qu'un donneur d'ordres s'engage à lui donner, à faire pour ce commettant, plusieurs opérations, soit en son nom personnel, soit au nom du commettant.*

la vente des marchandises, il n'avait qu'à consigner au magasin, au moment de l'échéance, la valeur du warrant, pour être remise au porteur de ce warrant.

(1) Cette décision est formellement donnée par la loi de 1858 sur les Magasins généraux (art. 10). Elle passait généralement à cette époque comme dérogeant au droit commun. En effet, l'indemnité était considérée généralement comme représentant les primes versées, et non pas la chose assurée. Il fallait une clause expresse du contrat de gage ou de constitution d'hypothèque, dite « clause de subrogation à l'indemnité d'assurance », pour qu'il en fût autrement. Mais aujourd'hui cette décision est devenue le droit commun, en vertu d'une loi du 19 février 1889, qui subroge d'une façon générale l'indemnité d'assurance à la chose assurée.

290. — Le contrat de commission est fait *intuitu personæ.* Le commissionnaire peut agir de 2 façons différentes. Ou bien en dévoilant le nom de son commettant ; — ou bien en le tenant caché, et en faisant alors l'opération en son nom personnel. C'est cette seconde manière d'opérer qui est la plus usitée.

On appelle particulièrement « consignataire », le commissionnaire chargé de vendre.

Contrats qui se rapprochent du contrat de commission.

291. — 1° *Le contrat de commission ressemble beaucoup au* **mandat,** *et les auteurs ne sont pas d'accord sur le critérium de la distinction.*

Comment distinguer la commission du mandat ?

Par exemple, je vous charge de m'acheter un cheval ou de vendre ma bibliothèque : y a-t-il commission ou mandat ?

Il y a 3 principaux systèmes sur ce point :

D'après les uns, c'est la gratuité qui forme le caractère essentiel du mandat. Si donc je vous donne une rémunération pour le service que vous me rendez, il y a commission ; sinon c'est un mandat.

Ce système est généralement repoussé. En effet, il résulte d'un article formel du Code civil (art. 1986) que la gratuité est de la nature du mandat, mais non de son essence ; en un mot, le mandat peut très bien porter une clause formelle, aux termes de laquelle le mandataire recevra du mandant une certaine rémunération : l'opération n'en demeure pas moins un mandat.

D'après d'autres, c'est la représentation du préposant par le préposé qui forme le critérium.

Si, pour l'opération dont je vous ai chargé, il a été entendu que vous agiriez, non seulement pour mon compte, mais aussi *en mon nom*, en un mot que vous me représenteriez (c'est-à-dire que le contrat serait réputé fait entre le tiers et moi et non entre le tiers et vous), alors il y a mandat.

Si au contraire il a été entendu que vous traiteriez, pour mon compte sans doute, mais en votre propre nom (c'est-à-dire que le contrat par vous passé pour mon compte se formerait uniquement entre le tiers et vous, et nullement entre le tiers et moi), il y a commission.

Ce système est arbitraire : pourquoi donc le commissionnaire ne pourrait-il pas, s'il a reçu de son commettant des instructions en conséquence, traiter au nom de ce dernier, tout comme un mandataire? On n'en voit aucune bonne raison. Il est vrai qu'en général le commissionnaire agit en son propre nom, mais cela n'a rien de nécessaire.

D'après un troisième système qui paraît prévaloir aujourd'hui, il faut s'attacher à la nature de l'acte que je vous charge d'opérer pour mon compte. Si c'est un acte commercial, il y a commission ; au cas contraire, il y a mandat.

Quel intérêt y a-t-il à distinguer la commission du mandat ?

292. — *Quel est l'intérêt de cette question* de savoir si le contrat intervenu entre nous, et en vertu duquel je vous ai chargé de faire une certaine opération pour moi, est un mandat ou une commission ? Cet intérêt existe à plusieurs points de vue :

a) Au point de vue du droit pour vous d'exiger de moi une *rémunération*, lorsque notre convention est muette sur ce point. S'il y a mandat, je ne vous dois rien. S'il y a commission, je vous dois rémunération.

b) Au point de vue de l'existence d'un *privilège* pour garantir les sommes dont je vous suis redevable, soit que vous ayez fait des avances pour moi, soit que je vous aie promis une rémunération : S'il y a mandat, vous n'avez pas de privilège ; s'il y a commission, vous avez un privilège.

c) Au point de vue de l'*étendue des affaires* que vous pouvez traiter pour mon compte : Le mandat peut être spécial ou général (C. civ., art. 1987). — La commission est toujours spéciale, c'est-à-dire relative à telle catégorie d'affaires déterminées.

293. — 2° *Le commissionnaire ressemble fort au* **courtier**. Mais il en diffère en ce que le courtier se borne à mettre les parties en présence ; tandis que le commissionnaire prête au commettant son nom, son crédit, sa responsabilité.

294. — 3° *Le commissionnaire ressemble encore au* **représentant de commerce** (1). Mais celui-ci n'est pas un mandataire révocable à volonté et il est lié à son chef de maison par un louage de services. Le représentant de commerce est néanmoins comme le commissionnaire, titulaire de son fonds de représentation et a une clientèle qu'il peut céder, etc. Mais ses rapports avec la clientèle sont plus étroits, et s'il peut avoir plusieurs chefs de maison et être le représentant de plusieurs négociants, il ne peut cependant recevoir les ordres de n'importe quel négociant, dans la branche d'industrie qu'il traite, chose que fait le commissionnaire, qui parfois ne fait qu'un acte isolé au nom d'un commerçant.

Quels sont les autres contrats voisins du contrat de commission ?

(1) Ne pas confondre le représentant de commerce, véritable titulaire d'un fonds de représentation commerciale, avec le voyageur de commerce, dont le nom ordinaire de commis-voyageur indique bien qu'il ne s'agit que d'un simple employé du commerçant, qui, au lieu de vendre derrière un comptoir, dans un magasin, circule et va trouver les clients à domicile.

Obligations qui naissent du contrat de commission.

295. — 1° *Le commissionnaire doit suivre strictement les instructions de son commettant*, indications qui seront ou impératives, — ou facultatives, — ou indicatives.

Je vous donne commission d'acheter pour moi un objet moyennant 100 fr., et vous l'achetez moyennant 120 fr.

Il est certain que vous ne pouvez me forcer à prendre l'objet pour 120. Mais pouvez-vous me forcer à le prendre pour 100 ?

La question est célèbre ; elle était déjà controversée entre les jurisconsultes romains pour le mandat, et l'est encore aujourd'hui dans le cas de commission. Je pense que le commissionnaire ne peut forcer le commettant à prendre la chose pour 100. La commission n'a pas été exécutée comme l'ordre avait été donné, et le commissionnaire ne saurait avoir une action en remboursement d'une dépense qu'il n'a pas pu faire pour le compte du commettant.

Quel est l'intérêt de la question ?

La chose peut avoir considérablement baissé de valeur, par exemple elle ne vaut plus aujourd'hui que 10. Si je suis obligé de la prendre pour 100, je perds 90, et vous ne perdez que 20. Il vaut mieux pour moi vous la laisser, en disant que vous n'avez pas exécuté la commission, car ainsi je ne perdrai rien, et c'est vous seul qui souffrirez de la baisse en perdant 110 (1).

____

(1) Certains auteurs (notamment M. Lyon-Caen) admettent la solution con-

296. — 2° *Il répond de ses fautes* et sa responsabilité se mesure en tenant compte de sa qualité de mandataire salarié.

297. — 3° *Il n'a pas le droit de se constituer contre-partie de son commettant* : La règle est posée, non par le C. comm., mais par l'art. 1596 C. civ. Cela signifie que le commissionnaire ne peut être qu'un intermédiaire et que jamais il ne peut traiter une opération pour lui-même avec son commettant, sauf si celui-ci

traire. Le commettant ne peut pas se plaindre puisque le commissionnaire lui offre le marché dans les conditions où il l'avait voulu. Nous répondons que le marché n'a pas été exécuté, et ne pouvait l'être, puisque la chose valait 120 et non 100. Le commissionnaire ne peut dire au commettant : « Tenons le marché pour exécuté dans les conditions où vous l'avez ordonné ; supposons qu'il a été exécuté », alors qu'en réalité la commission n'a pas été exécutée. Dans ce système opposé à celui que nous avons adopté, le commissionnaire peut spéculer à la hausse sur le dos du commettant : en effet, il achètera toujours la chose au cours actuel (120 fr., quoique supérieur au prix fixé (100 fr.), en se disant : « Si la chose monte, je la garderai pour moi en disant que je n'ai pu exécuter la commission ; si elle baisse considérablement, je la passerai au commettant qui subira le plus gros de la perte, car, quant à moi, je ne perdrai jamais que 20 ». Le commissionnaire a ainsi toutes les chances de gain, et quant aux risques, il ne les subit que pour une faible partie, le gros danger étant pour le commettant. Cette situation est évidemment inique.

M. Lyon-Caen répond que si le commettant souffre les risques de perte, il n'est pas vrai qu'il n'ait pas les chances de gain lorsqu'il y a hausse des cours. Ainsi, supposons que la chose atteigne la valeur de 200 ; je peux, d'après M. Lyon-Caen, aller vous trouver et vous dire : « Vous avez acheté la chose moyennant 120 ; eh bien, voici les 120, donnez-moi la chose. »

Nous pensons que cette décision ne compense pas le risque que court le commettant en cas de baisse. En effet, dans ce cas, le commissionnaire ne manquera pas de transporter l'affaire au commettant, tandis qu'en cas de hausse, le commettant sera bien embarrassé pour prouver que le commissionnaire a fait l'opération moyennant 120. Ce serait là, en général, un droit purement théorique.

y consent. Sinon le commettant peut se refuser à exécuter le contrat et opposer *l'exception dite de contre-partie*. Mais il lui sera difficile de prouver que le commissionnaire était contre-partiste, car celui-ci, quand il traite en son nom (2ᵉ manière, v. *supra*, n. 289), est tenu au secret et ne peut dévoiler le nom de son commettant. (On voit qu'il ne faut pas confondre le commissionnaire contre-partiste, et le commissionnaire traitant l'affaire en son nom, mais, en réalité pour le compte d'un tiers qu'il ne peut nommer.)

298. — *4° Le commissionnaire doit ensuite rendre compte* à son commettant de l'opération passée.

Le commissionnaire est-il personnellement responsable de l'exécution du contrat ? — En général, le commissionnaire *ne garantit pas* la solvabilité du tiers avec lequel il traite pour le compte de son commettant (1).

Le commissionnaire n'est pas tenu d'indemniser le commettant de l'inexécution du contrat de la part du tiers.

299. — Tel est le principe. Mais il peut y être dérogé

---

(1) Par ex., vous vendez pour mon compte 3o pièces de vin, et les acheteurs ne vous paient pas : les risques de non paiement sont pour moi ; vous n'êtes pas obligé de me payer ce prix de votre poche ; vous n'avez pas à me restituer ce que vous n'avez pas reçu. Je suppose, bien entendu, qu'il n'y a ni dol ni faute de la part du commissionnaire.

S'il y a *faute* (par ex. le commissionnaire n'a pas pris de renseignements sur ceux auxquels il a vendu mon vin à crédit), il doit des dommages-intérêts.

S'il y a *dol*, non seulement le commissionnaire me devra des dommages-intérêts, mais de plus il peut être passible des peines de l'escroquerie. Il en est ainsi, par ex., s'il vend mon vin à crédit, non à des clients sérieux mais à des compères qui se hâtent de le revendre au comptant et en partagent le prix avec lui.

par une clause particulière du contrat de commission qu'on appelle clause de « *ducroire* » (1).

En vertu de cette clause, le commissionnaire, nommé alors « *commissionnaire ducroire* », *garantit personnellement l'exécution du contrat.* Dans ce cas, *le droit de commission* est évidemment plus élevé ; il est généralement du *double*, et représente en réalité deux choses :

1° *Le droit de commission proprement dit,* destiné à indemniser le commissionnaire pour ses démarches et son temps.

2° *Une prime d'assurance de solvabilité* : le commissionnaire ducroire assure en effet le commettant contre le risque de l'insolvabilité des tiers (2).

Du privilège du commissionnaire.

300. — *Le commissionnaire a un privilège sur les choses qu'il détient à raison de la commission et pour le compte du commettant ; ce privilège garantit les sommes que le commettant peut devoir au commissionnaire à raison de la commission,* c'est-à-dire : 1° Le salaire du commissionnaire ; 2° les avances que le commissionnaire fait souvent au commettant.

Par exemple, je suis fabricant d'automobiles et vous êtes

Qu'est-ce que
la clause de
« ducroire »?

Sur quoi
porte le privilège du
commissionnaire ?
Que garantit
ce privilège?

(1) Ce mot vient de l'italien *del credere* : le commettant *croit* dans le commissionnaire ; c'est en lui seul qu'il place sa confiance, et non pas en ceux avec qui le commissionnaire traitera pour son compte.

(2) Il y a toutefois une importante différence entre le commissionnaire ducroire et un assureur. L'assuré ne peut recourir contre l'assureur qu'à la condition de *prouver le sinistre.* Au contraire, le commettant n'a pas besoin, pour se faire payer par le commissionnaire ducroire, de prouver que le tiers, avec lequel ce dernier a contracté, ne peut pas exécuter ses obligations.

commissionnaire en automobiles. Je vous envoie mes voitures pour que vous les vendiez moyennant une rémunération de 5 0/0. En attendant que vous ayez opéré cette vente, j'ai besoin d'argent, et vous m'avancez cent mille francs : vous avez privilège sur cette marchandise pour garantir le remboursement (1).

L'art. 95, C. comm., dit que ce privilège porte sur la valeur des marchandises à lui *expédiées*, *déposées* ou *consignées*, c'est-à-dire des marchandises qui sont *en sa possession exclusive et réelle* (2).

301. — *Ce privilège est fondé sur l'idée de gage :* Je vous constitue tacitement en gage les marchandises que je vous ai chargé de vendre (ou d'acheter), pour sûreté des *avances* que vous me faites à cette occasion, et de la *rémunération* que je vous dois pour la commission.

Quel est le fondement de ce privilège ?

Toutefois il y a de notables différences entre le privilège d'un commissionnaire et celui d'un créancier gagiste ordinaire :

En quoi diffère-t-il de celui du gagiste ?

1° Le gagiste doit, avant d'opérer la vente, faire une sommation au débiteur.

Le commissionnaire n'a pas de sommation à faire, puisqu'il est précisément chargé de vendre par le débiteur (3).

(1) Le privilège du commissionnaire acheteur est contesté par certains auteurs, sous prétexte que les termes « expédiées ou consignées » de l'art. 95 C. comm. ne peuvent s'appliquer qu'au commissionnaire vendeur, mais la jurisprudence admet que ce privilège appartient à tous les commissionnaires.

(2) Même dans le cas de marchandises expédiées, la possession du commissionnaire est bien réelle et exclusive, puisqu'il a en mains la lettre de voiture ou le connaissement, qui représente les marchandises, lesquelles ne peuvent être délivrées qu'à lui.

(3) Nous visons ici le commissionnaire vendeur. Pour le commissionnaire

2° Le gagiste doit attendre 8 jours après la sommation avant de faire opérer la vente, pour laisser au débiteur le temps de payer.

3° Le gagiste doit faire vendre le gage aux enchères publiques, et par courtier inscrit, en observant toutes les formalités prescrites par l'art. 93, C. comm.

Le commissionnaire peut vendre la marchandise sur laquelle il a privilège sans attendre aucun délai.

Le commissionnaire vend à l'amiable, conformément aux instructions de son commettant; mais il n'y a pas là une dérogation à la règle de l'art. 93, C. comm., interdisant le pacte commissoire. La preuve en est que, si la faillite du commettant survient avant que le commissionnaire n'ait rempli son mandat, ce mandat tombe et le commissionnaire ne pourra plus vendre à l'amiable. Les formalités de l'art 93 C. comm. s'imposeront à lui, et comme le gagiste, il devra faire vendre les marchandises aux enchères, etc.

301 (*bis*). — *Outre le privilège, le commission naire a le droit de rétention*. Il peut garder les marchandises qu'il est chargé de vendre (ou d'acheter), jusqu'à ce que son commettant lui ait remboursé sesavances.

> Le commettant a-t-il le droit de rétention ?

acheteur, nous pensons qu'il devrait remplir les mêmes formalités que le gagiste, parce que le motif donné au texte pour en dispenser le commissionnaire vendeur ne lui est pas applicable.

Droits et obligations du commettant.

302. — 1° Il doit *rembourser au commissionnaires toutes ses avances, ses frais*, etc. S'il y a plusieurs commettants, ils sont solidairement responsables.

2° Il a une *action en reddition de compte* contre le commettant.

3° *En cas de faillite du commissionnaire, le commettant n'a pas de privilège pour ses marchandises ni pour leur prix*. Mais : *a)* Si ces marchandises sont encore entre les mains du commissionnaires, soit qu'elles ne soient pas encore vendues, soient qu'elles aient été achetées par le commissionnaire et non encore livrées, le commettant a une *action en revendication* ; *b)* Les marchandises ont été vendues. Le commettant pourra *revendiquer le prix, à condition qu'il n'ait été ni payé ni réglé en valeurs ni compensé en compte-courant* ; *c)* Le prix a été payé ou réglé en valeur. Le commettant subira la loi du dividende comme un créancier ordinaire ; *d)* Le prix a été porté au compte-courant : Par dérogation à la règle de l'effet novatoire du compte-courant, mais seulement quand ce compte-courant se solde par un excédent en faveur du failli, *le commettant pourra retenir sur ce solde la somme qui représente le prix des marchandises vendues ou encore non achetées* pour son compte par le commissionnaire failli.

Quels sont les droits et les obligations du commettant ?

§ 4. — Des commissionnaires pour les transports par terre et par eau.

303. — *Définition*. — *Le contrat de transport est un contrat par lequel une personne s'engage envers une autre à faire parvenir en un certain lieu des personnes ou des marchandises.*

Qu'est-ce que le contrat de transport?

Ce contrat peut être envisagé à deux points de vue :

Que peut-on transporter?

1° Au point de vue de son *objet*. A cet égard, il s'applique soit à des personnes (voyageurs), soit à des choses (marchandises).

2° Au point de vue de la *voie* par lequelle il s'accomplit. A cet égard, il faut distinguer :

Quelles sont les voies de transport?

a) *Les routes* (transport par terre). Il faut assimiler en principe, les chemins de fer aux routes : inutile de dire pourquoi le Code de 1807 ne parle pas des chemins de fer. Dans ce cas, le transporteur (qu'il s'agisse de routes ou de voies ferrées) se nomme *voiturier;*

b) *Les cours d'eau* (transport par eau); entendons par là les fleuves, rivières et canaux.

La mer (transport par mer).

Nous ne parlerons pas du transport par mer et par eau. Comme d'ailleurs le transport par eau suit les mêmes règles que le transport par terre, nous n'envisagerons que ce dernier cas. De plus, pour fixer les idées, nous supposerons en général un transport par route, sauf à indiquer, au fur et à mesure, les particularités relatives aux chemins de fer.

Qu'est-ce
que l'expé-
diteur ? Le
destina-
taire ?

On appelle *expéditeur* celui qui confie des marchandises à un voiturier pour être transportées, et *destinataire* celui auquel les marchandises sont adressées et devront être remises par le voiturier à l'arrivée (1).

304. — *Comment se fait-il que le destinataire,* qui n'a pas été effectivement partie au contrat de transport où n'ont figuré que l'expéditeur et le voiturier, *soit investi de la créance qui en dérive au profit de l'expéditeur contre le voiturier et soit tenu des obligations* qui en dérivent également au profit du voiturier contre l'expéditeur?

Comment le
destinataire
est-il investi
de droits et
obligations
dérivant du
co..trat. ?

Le premier résultat tient à ce que *l'expéditeur a stipulé du voiturier, non seulement à son propre profit, mais aussi au profit du destinataire.* Il y a là une application des principes généraux sur la *stipulation pour autrui,* qui est valable quand elle est la condition d'un contrat qu'on fait pour soi-même, et que le stipulateur ne peut révoquer, une fois qu'autrui a déclaré sa volonté d'en profiter (art. 1121, C. civ.). Or, l'expéditeur a fait le contrat de transport pour lui-même, parce qu'il avait un intérêt quelconque à faire remettre les marchandises au destinataire, par exemple pour se libérer de son obligation de vendeur de délivrer la chose vendue. Il a donc fait sa propre affaire, en stipulant du voiturier qu'il remettrait la chose au destinataire ; voilà pourquoi la stipulation est valable, et elle devient définitive lorsque le destinataire manifeste la volonté de recevoir les marchandises.

---

(1) Quelquefois les qualités d'expéditeur et de destinataire sont réunies dans la même personne. Il en est ainsi lorsque, partant en voyage, je confie à un voiturier des malles qui devront m'être remises à moi-même à l'arrivée.

*Mais comment se fait-il que le destinataire soit personnelle-
ment tenu de payer le prix de transport au voiturier ?*

N'y a-t-il pas là, de la part de l'expéditeur une promesse du
fait d'autrui qui devrait être considérée comme nulle ? *Cette
obligation est une condition de la stipulation.* Du moment que
le destinataire invoque la stipulation pour recevoir les marchandises, il doit en subir la condition, en payant le prix (1).

305. *--On appelle commissionnaire de transport
celui qui se charge de faire transporter des marchandises pour autrui,* en un mot qui traite avec
un voiturier pour le compte d'autrui.

Qu'est-ce que le commissionnaire de transport ?

Cela arrive surtout lorsque le transport doit
s'effectuer par plusieurs voituriers successifs ; il peut m'être
difficile de me mettre en rapport avec chacun d'eux pour
chaque partie du trajet, car je manque des renseignements nécessaires : je charge alors un commissionnaire de ce soin.

Le plus souvent, dans un tel transport, dit transport suc-
cessif (2), le premier voiturier fait l'office de commissionnaire

______

(1) Voici une autre explication des liens d'obligation qui se forment entre
le destinataire et le voiturier : le destinataire peut être considéré comme
cessionnaire des actions acquises par l'expéditeur contre le voiturier avec
obligation corrélative de payer au voiturier ce que l'expéditeur lui doit pour
le transport. Il en est ainsi lorsque l'expéditeur envoie au destinataire une
chose qu'il lui a vendue. Seulement, en pratique, pour éviter les compli-
cations et les frais, il n'y a pas lieu, pour la cession de la créance de l'expéditeur contre le voiturier, aux formalités ordinaires de la cession de créance
prescrite par l'art. 1690 C. civ.

(2) Ex. : J'envoie une marchandise par chemin de fer de Lille à une
petite localité des Bouches-du-Rhône desservie par un tramway à vapeur : la
Compagnie du Nord jouera le rôle de commissionnaire vis-à-vis de la Compagnie P.-L.-M. qui à son tour sera commissionnaire de transport envers la
Compagnie du tramway local.

de transport. Il transportera lui-même les marchandises dans son rayon, et, arrivé à l'extrémité, il traitera pour l'expéditeur avec un deuxième voiturier, qui à son tour remettra, au bout de son trajet, les marchandises à un troisième voiturier, ainsi de suite jusqu'à destination.

Pour simplifier, supposons qu'il n'y a qu'un seul voiturier, qu'un expéditeur chargé de transporter des marchandises, et de les remettre à un destinataire.

Les textes qui régissent ce contrat sont les articles 1782-1786 C. civ. et 96 à 108 C. comm.

1º Quelle est la nature du contrat de transport ?

Quelle est la nature du contrat de transport ? **306.** — Le Code civil le considère comme une sorte de louage d'ouvrage. C'est un contrat *synallagmatique*, parce qu'il oblige réciproquement l'expéditeur et le voiturier, et *réel* parce qu'il se forme par la remise d'un objet par l'expéditeur au voiturier. Le contrat de transport participe donc à la fois du louage d'ouvrage et du dépôt.

Le contrat de transport est-il par lui-même un acte de commerce ? Cela dépend :

Pour l'expéditeur, il n'est pas commercial en lui-même ; mais il peut l'être en vertu de la théorie de l'*accessoire*, lorsque ce transport se rattache à son commerce (par ex., quand un négociant envoie des marchandises à un client.)

Pour le voiturier, le contrat n'est commercial que s'il fait des transports assez nombreux pour qu'on puisse dire qu'il y a de sa part *entreprise de transports* (C. comm., art. 632).

2° Comment se prouve le contrat de transport?

D'après les art. 101 et 102 C. comm., le mode normal de preuve est la lettre de voiture.

a) Rôle de la lettre de voiture.

307. — L'art. 101 dit que la lettre de voiture *forme* le contrat de transport. Ce texte signifie simplement *qu'elle sert à le constater*. Ce contrat en effet n'est pas solennel, il suffit, pour sa formation, du consentement des parties, et de la remise de la chose (1).

La lettre de voiture à la forme d'une lettre missive ouverte adressée par l'expéditeur au destinataire et par laquelle il l'informe qu'il a remis tel colis au voiturier pour lui être délivré.

La lettre est remise par l'expéditeur au voiturier ; elle voyagera avec la marchandise, et le voiturier devra, à l'arrivée, la remettre au destinataire.

La lettre de voiture est-elle nécessaire pour la formation du contrat de transport ?

Qu'est-ce que la lettre de voiture ?

---

(1) De plus, l'art. 96 C. comm. ordonne au voiturier « d'inscrire sur son livre journal la déclaration de la nature et de la quantité des marchandises, et, s'il en est requis, de leur valeur ».

Si l'on a négligé de faire une lettre de voiture, les intéressés prouvent le contrat conformément au droit commun (aveu, serment, et, au-dessous de 150 fr., témoins et présomptions). Et même, si le transport constitue un acte de commerce, on pourra prouver de toutes les manières, conformément à l'art. 109 (livres de commerce, témoins et présomptions même au-dessus de 150 fr.).

b) Quelles mentions doit contenir la lettre de voiture ?

Quelles sont les mentions de la lettre de voiture ?

308. — 1° La date ;

2° L'indication des marchandises soumises au transport (nature, poids ou contenance); en marge doivent être marqués les numéros des objets pour éviter les confusions et simplifier les réclamations ;

3° Le délai dans lequel le transport doit être effectué, et l'indemnité due pour cause de retard (1) ;

4° Le nom et le domicile du voiturier (et aussi un commissionnaire de transport s'il y en a un) ;

5° Le nom du destinataire ;

6° Le prix du transport.

Enfin la lettre doit être signée par l'expéditeur.

La loi exige que le voiturier copie la lettre de voiture sur un registre spécial (2).

c) Utilités de la lettre de voiture :

Quelle est l'utilité de la lettre de voiture ?

309. — 1° Elle *prouve* le contrat de transport entre l'expéditeur ou le destinataire et le voiturier ;

2° Elle *permet* de *vendre* ou d'*engager* les

______

(1) Il s'agit là d'une clause pénale en vue d'éviter des contestations relatives à l'évaluation d'intérêts pour retard.

(2) La loi suppose que la lettre de voiture n'est faite qu'à un seul exemplaire. En pratique on fait souvent 2 exemplaires :

L'un, signé par l'expéditeur, est conservé par le voiturier pour être remis au destinataire avec les marchandises.

L'autre, signé par le voiturier, est conservé par l'expéditeur.

marchandises pendant qu'elles sont [encore en cours de route.

Il suffit de supposer que la lettre a été rédigée en deux exemplaires, et que l'un des exemplaires a été envoyé par la poste par l'expéditeur au destinaire. Celui-ci peut, au moyen de cet exemplaire, vendre les marchandises à un tiers qui, à l'arrivée, se les fera remettre par le voiturier.

d) Cession de la lettre de voiture.

310. — La forme dans laquelle le destinataire cèdera à un tiers sa créance en délivrance contre le voiturier dépend de la façon dont la lettre a été rédigée.

Si elle est à personne dénommée, c'est-à-dire si le destinataire est seul désigné comme destinataire des marchandises, le tiers devra signifier la cession au voiturier.

Si la lettre est au porteur, il suffira que le destinataire remette l'exemplaire au tiers, qui se fera délivrer les marchandises par le voiturier sur la seule production de cet exemplaire.

Si la lettre est à ordre, le destinataire n'aura qu'à endosser l'exemplaire au tiers.

Au lieu de vendre les marchandises, le destinataire pourrait aussi bien les lui donner en gage. Il est vrai qu'il faut que le créancier gagiste soit mis en possession ; mais il suffit qu'il ait la possession par l'entremise d'un tiers, et le voiturier peut parfaitement être ce tiers (1).

(1) Nous verrons en Droit maritime que le *connaissement* offre la même utilité, mais à un bien plus haut degré. Le transport par terre ayant généralement lieu par chemin de fer, est très rapide, de telle sorte que les marchandises, dans le temps qu'elles sont en route, ne peuvent guère faire l'objet d'une

e) Du récépissé.

311. — *Les compagnies de chemins de fer, qui font* aujourd'hui la plupart des transports par terre, *ont remplacé la lettre de voiture par le récépissé.*

C'est un écrit, signé du voiturier, par lequel celui-ci reconnaît avoir reçu les marchandises de l'expéditeur et s'engage à les remettre en tel lieu au destinataire. Cet écrit mentionne, comme la lettre de voiture, les conditions du transport (prix, indication des marchandises, délai, etc.) (1).

Le récépissé présente les deux mêmes utilités que la lettre de voiture.

Qu'est-ce que le récépissé ?

3° Obligation du Voiturier envers l'expéditeur (ou envers le destinataire). — Sa responsabilité.

312. — a) *Le Voiturier doit* :

1° Veiller à la conservation des marchandises en cours de route.

2° Opérer le transport dans le délai convenu.

Quelles sont les obligations du voiturier ?

vente et encore moins d'une constitution de gage. Il en est autrement pour les marchandises transportées par mer ; on les vend et on les engage souvent par le moyen du connaissement. D'ailleurs, le connaissement, étant un écrit signé par le capitaine, ressemble moins par sa forme à la lettre de voiture qu'au récépissé dont nous allons parler.

(1) Il n'est pas question du récépissé dans le Code ; ce document est réglé par des textes postérieurs, et notamment par une loi de 1863.

Le récépissé est détaché d'un registre à souche. Il est fait en 2 exemplaires : l'un est délivré à l'expéditeur, l'autre accompagne les marchandises et doit être remis avec elles au destinataire.

3° A l'arrivée, remettre les marchandises au destinataire.

313. — b) *Cas de responsabilité*.

Il y a manquement à ces obligations dans 3 cas :

1° Le cas d'*avarie*, c'est-à-dire de détériora-
tion.

2° Le cas de *perte totale ou partielle*.

3° Le cas de *retard*.

Quels sont les 3 cas de responsabilité du voiturier ?

*Dans ces trois cas, l'expéditeur ou le destina-
taire peuvent demander des dommages-intérêts au voiturier*,
sauf si *l'inexécution* par le voiturier de ses obligations tient à un
cas *fortuit* (inondation, etc.) ou de *force majeure* (guerre)
(C. civ. 1302) *ou au vice propre de la chose*. — Au cas d'avarie, si l'avarie est très importante, le destinataire peut *laisser
pour compte* les marchandises au voiturier et lui en demander
la valeur et en plus des dommages-intérêts.

314. — c) *Mise en jeu de cette responsabilité*.

A qui incombe la charge de la preuve ? Est-ce au voiturier à
prouver son absence de faute ? Ou est-ce au destinataire ou à
l'expéditeur à prouver l'existence d'une faute à la charge du
voiturier ?

Le voiturier a reçu des objets à transporter. Il est donc débiteur d'un corps certain. Or, des principes généraux du droit
(art. 1302 et 1315, C. civ.), il résulte que le débiteur d'un
corps certain doit prouver le fait en vertu duquel il se prétend
libéré (ici il n'y a pour le voiturier que 3 faits libératoires : le
cas fortuit, la force majeure et le vice propre de la chose,
auquel on assimile la faute de l'expéditeur). *C'est donc au voiturier de prouver que la chose s'est perdue ou avariée ou a subi
un retard sans sa faute.* Il s'agit ici d'une responsabilité con-
tractuelle. .

La remarque que nous venons de faire, quant à la charge

Montrez
l'impor-
tance de la
question de
la charge
de la
preuve?

de la preuve, a une importance pratique considérable. Il en résulte que le voiturier est responsable, non seulement quand il est en faute, mais encore quand il ne peut pas prouver que l'avarie, la perte ou le retard, tient à un cas fortuit ou de force majeure.

315. — d) *Etendue de cette responsabilité.*

Quels sont
les éléments
des dom-
mages-
intérêts ?

Les dommages-intérêts dus par le voiturier à l'expéditeur ou au destinataire comprennent, conformément au droit commun (art. 1149 et 1151, C. civ.), le *damnum emergens* (perte éprouvée) et le *lucrum cessans* (gain manqué).

En cas de *dol* du voiturier, ils comprennent, non seulement le dommage prévu, mais aussi le dommage imprévu, pourvu qu'il soit une suite directe de l'inexécution par le voiturier de ses obligations.

Pour éviter les contestations relatives à l'évaluation du préjudice pour retard, la lettre de voiture contient très souvent une clause pénale.

316. — e) *Clauses élisives ou limitatives de responsabilité.*

La responsabilité du voiturier étant très lourde, il cherche souvent soit à s'en exonérer complètement par une clause formelle du contrat de transport, soit à limiter cette responsabilité à un chiffre réduit de dommages-intérêts. Ces clauses de non responsabilité ou de limitation de responsabilité sont-elles valables? Cette question fût autrefois très controversée.

1° *Clause d'exonération complète de responsabilité.*

Nullité de
la clause de
non respon-
sabilité du
voiturier

La question a été tranchée dans le sens de la nullité de la clause par la loi du 17 mars 1905, qui a ajouté un 3e al. à l'art. 103 C. comm. qui maintenant est ainsi conçu : « Le voiturier est garant de la perte des objets à transporter, hors les cas de la force majeure. Il est garant des avaries autres que celles qui proviennent du vice propre de la chose ou de la force majeure. *Toute clause contraire, insérée dans la lettre de voiture, tarif ou autre pièce quelconque, est nulle.* »

La loi de 1905 ne vise pas : les transports maritimes, les transports de voyageurs, le transport international de marchandises, le transport des colis postaux, et le transport occasionnel fait par un non commerçant ; — elle ne vise pas non plus les clauses d'irresponsabilité pour retard, ni les clauses de limitation de responsabilité.

Les auteurs de la loi du 17 mars 1905 ont considéré la clause de non responsabilité comme *contraire à l'ordre public* parce qu'elle pousse le voiturier à mettre moins de soin dans le choix de ses agents et à apporter moins de diligence à l'exécution des transports. De plus, les compagnies de chemins de fer, qui sont les voituriers ordinaires, ont un monopole et l'expéditeur n'est pas libre de leur dire : « Si vous stipulez la non responsabilité, je ne traiterai pas avec vous, je prendrai un autre voiturier ». Il est obligé de subir les conditions de ces compagnies.

D'autre part, il a toujours été certain pour tout le monde que le voiturier ne peut s'exonérer de son dol ; la clause « que le voiturier ne répondra pas de la fraude de ses agents » est évidemment nulle comme contraire à l'ordre public. C'est une règle traditionnelle.

317. — 2° *Clause de limitation de la responsabilité.*

Cette clause est évidemment valable, si elle est sérieuse ; mais, si elle a pour objet en réalité d'exclure les dommages-intérêts en fixant une indemnité dérisoire eu égard à la valeur, elle est nulle, comme équivalant à une clause de non-responsabilité.

318. — f) *Prescription des actions en responsabilité.*

L'action en responsabilité étant très rigoureuse pour le voiturier, la loi l'a soumise à une prescription assez brève : cette prescription est *d'un an* (art. 108, C. comm.), modifié par la loi du 11 avril 1888) sans qu'il y ait à distinguer les expéditions faites dans l'intérieur de la France, et celles faites de la France à l'étranger (1).

Cette prescription ne s'applique pas en cas de fraude ou d'infidélité ; ici il faut appliquer la prescription ordinaire qui est de 30 ans.

D'autre part, on admet que la prescription n'atteindra pas la réclamation d'une indemnité, si cette réclamation a lieu, non par voie d'action, mais *par voie d'exception*, et cela conformément à la règle traditionnelle : *quæ temporalia sunt ad agendum, perpetua sunt ad excipiendum* (2).

319. — g) *Exception opposable à l'action en responsabilité.* — *Exception de réception-paiement.*

(1) L'ancien art. 108 ne parlait pas de la prescription pour l'action en dommages-intérêts fondée sur le retard, et la jurisprudence appliquait dans ce cas la prescription de 30 ans. D'autre part, en cas de perte ou d'avarie, la prescription variait selon que l'expédition était faite dans l'intérieur de la France ou à l'étranger. Au premier cas, elle était de 6 mois ; au deuxième cas elle était d'un an.

(2) Ainsi le voiturier a livré des marchandises, mais n'a pas réclamé le paiement du prix de transport et laisse passer une année après cette remise : puis il demande (nous verrons qu'il n'est lui-même soumis qu'à la prescription de 5 ans) le prix de transport. Le destinataire peut opposer, par voie d'exception, afin de diminuer ou d'éteindre sa dette du prix, sa créance en dommages-intérêts pour avaries. Autrement le voiturier s'abstiendrait par calcul de réclamer le prix, jusqu'à l'extinction de l'action en indemnité par la prescription d'un an, et il agirait ensuite sûrement en paiement du prix, échappant ainsi à toute responsabilité.

L'action en responsabilité de l'expéditeur ou du destinataire peut être repoussée par le voiturier avant même qu'elle ne soit éteinte par la prescription, au moyen d'une exception ou fin de non-recevoir établie par l'art. 105 au profit du voiturier. Cette exception, que l'on appelle *exception de réception-paiement*, consiste pour le voiturier à dire au destinataire : « Vous avez reçu (1) les marchandises et vous avez payé le prix du transport ; c'est donc que vous considériez les marchandises comme en bon état, et vous avez implicitement renoncé à votre action en responsabilité contre moi ».

Le voiturier
ne peut-il
pas opposer
une excep-
tion à l'ex-
péditeur ?

Ainsi l'*exception de réception-paiement est basée sur la présomption que le destinataire a considéré que les marchandises étaient complètes et en bon état et cette présomption résulte du double fait que le destinataire a* reçu livraison *des marchandises et* a payé le prix *de transport.*

L'exception est opposable à l'action basée sur la perte partielle ou l'avarie, mais non pas à l'action basée sur le retard. Cette décision est certaine, en présence du nouveau texte de l'art. 105, tel qu'il résulte de la loi du 11 avril 1888. Sous l'ancien texte, qui ne faisait pas de distinction, l'exception était opposable même en cas de retard. L'exception n'est pas davantage opposable à l'action en détaxe, si le destinataire prétend que le prix par lui payé dépasse le tarif.

On se demande si l'exception de réception-paiement est applicable dans le transport en port payé, aussi bien que dans le transport en port dû. Nous pensons que l'exception est applicable.

---

(1) Cette réception est prouvée facilement par le voiturier au moyen do la signature du destinataire sur le registre de livraison.

L'exception de réception-paiement instituée par l'art. 105, C. comm., n'avait pas grand inconvénient sous l'empire de ce Code, parce que les voituriers laissaient au destinataire tout le temps nécessaire pour reconnaître les marchandises et en vérifier l'état, avant de payer. Si le destinataire avait des doutes sur l'état des marchandises, il prenait livraison, en attendant, pour effectuer le paiement, d'avoir vérifié l'état des marchandises.

L'exception ne donna-t-elle pas lieu à un abus avec la pratique des chemins de fer ?

Mais, à partir de l'établissement des chemins de fer, l'exception de réception-paiement devint en fait très rigoureuse et même inique pour le destinataire, les compagnies de chemins de fer ne livrant les marchandises que contre paiement immédiat.

Les commerçants étaient obligés de recevoir les marchandises en payant le prix sans examen, et ainsi leur action en responsabilité se trouvait immédiatement perdue (1). En fait, ils prenaient livraison tout en faisant des *réserves* relatives à l'existence des avaries ou du retard dont ils s'apercevaient au déchargement et on considérait que ces réserves empêchaient le voiturier de leur opposer l'exception de réception, pour avarie partielle ou retard.

320. — h) *Réplique faisant échec à l'exception de réception-paiement. Protestations dans les 3 jours.*

Qu'est-ce que la réplique de protestation ?

La loi du 11 avril 1888, modifiant l'art. 105, C. comm., a tempéré la rigueur de cette exception, en *permettant au destinataire de l'écarter par une réplique, à condition d'adresser au voiturier dans*

(1) Cette solution était particulièrement rigoureuse pour les avaries non apparentes qui exigent un déballage et un examen sérieux pour être découvertes.

les 3 jours de la réception et du paiement, une protestation motivée (1) *par acte d'huissier ou même par une simple lettre recommandée.* — La loi du 17 mars 1905 a laissé subsister ces dispositions.

Cette protestation constitue ce que l'on appelle communément les réserves. Nous venons de voir que c'était déjà un usage avant la loi de 1888. De plus la jurisprudence continue à exiger, depuis 1888, que le voiturier ait accepté, au moins tacitement, les réserves.

Le législateur de 1888 a craint que le voiturier ne stipule des clauses destinées à éluder la protection qu'il voulait accorder au destinataire. C'est pourquoi il prend soin de déclarer toutes stipulations contraires nulles et de nul effet. Ainsi le voiturier ne peut stipuler que le destinataire n'aura pas le droit de protester, ou que le délai de protestation sera inférieur à 3 jours.

Le voiturier peut-il stipuler que le destinataire n'aura pas le droit de protester ?

A l'inverse, le législateur déclare que l'art. 105 C. comm., ne saurait entraver les dispositions relatives aux transports internationaux. Si donc il intervient une convention entre les compagnies de chemins de fer françaises et les compagnies étrangères en vue d'établir des tarifs uniformes, et qu'il soit dit que le destinataire n'aura pas droit de protester après avoir reçu et payé, cette règle s'appliquera en France, et le destinataire ne pourra pas invoquer l'art. 105, C. comm. (2).

Le droit de protester s'applique-t-il quand il est contraire à une convention internationale ?

(1) Il ne suffirait pas d'une protestation vague ; il faut indiquer d'une façon précise l'avarie ou la perte partielle dont on se plaint.

(2) La convention relative aux transports internationaux est du 14 octobre 1890 ; elle est entrée en vigueur le 1er janvier 1893.

L'effet de la réplique de protestation est de briser l'exception de réception-paiement, et de rendre possible l'action en indemnité pour perte partielle ou pour avarie (1).

4° Obligations du destinataire ou de l'expéditeur.

321. — a) *Paiement du prix.*

Quelles sont les obligations du destinataire envers le voiturier ?

Sa principale obligation est de payer le prix de transport. Il doit aussi rembourser au voiturier les avances qu'il a pu faire (droits de douane, d'octroi, camionnage, etc.). Le prix de

(1) Le destinataire qui a reçu et payé le 15, vérifie les marchandises le 18 ; il constate une avarie (ou un manquant), et proteste de suite par une lettre recommandée adressée au voiturier, puis il agit en dommages-intérêts contre le voiturier dans le délai utile, c'est-à-dire dans l'année de la réception, en disant que l'avarie s'est produite en cours de route. Le voiturier répond : « L'avarie s'est produite chez vous entre le 15 et le 18 ». A qui la charge de la preuve ? Controverse.

D'après une première opinion, c'est le voiturier qui doit prouver que l'avarie s'est produite chez le destinataire. Autrement la protection que la loi a voulu accorder au destinataire par le délai de protestation, serait illusoire, car la preuve pour le destinataire que l'avarie n'a pu se produire chez lui et qu'elle a eu lieu en cours de route, est à peu près impossible à faire. La réception des marchandises ne doit pas nuire au destinataire du moment qu'il proteste dans les 3 jours ; il est mis dans la même situation que s'il n'avait pas pris livraison, car c'est une livraison en quelque sorte forcée.

Nous croyons, au contraire, avec M. Lyon-Caen que c'est le destinataire qui doit prouver que l'avarie est survenue en cours de route, ou, ce qui revient au même, que l'avarie n'a pas pu se produire chez lui après la réception. En effet, il est demandeur en responsabilité : sa prétention est que la marchandise a été avariée en cours de route, donc il doit la prouver. Certes cette preuve est difficile à faire : aussi le destinataire sera-t-il prudent en ne comptant pas trop sur la réplique de protestation, en vérifiant autant que possible l'état de la marchandise au moment même de la livraison par le voiturier et en la refusant si cet état lui paraît suspect.

transport n'est pas libre, lorsque le voiturier est une compagnie de chemins de fer. Il doit être fixé d'après les *tarifs homologués par l'adminis-tration compétente* (1), après une *enquête* où les intéressés sont admis à présenter leurs réclamations. *Ces tarifs sont publiés* ; *ils sont fixes*, en ce sens qu'ils ne peuvent être relevés que moyennant certaines formalités et certains délais.

322. — b) *Quelles sont les sûretés qui garan-tissent au voiturier le paiement du prix* de trans-port ? Il y en a 2 :

1° *Le droit de rétention.* Le voiturier peut garder les marchandises jusqu'à ce qu'il ait été payé.

2° *Le privilège* (2102-6°, C. civ.), en vertu duquel le voi-turier se paiera, sur le prix des marchandises, par préférence à tous les créanciers du destinataire.

De plus le voiturier peut recourir à des mesures tendant, soit à la conservation de ses droits, soit à l'exécution plus rapide du contrat.

Au 1er point de vue, si le destinataire refuse la livraison, il peut *faire ordonner le dépôt* des marchandises par le prési-dent du tribunal de commerce ; et *faire nommer un expert pour constater l'état des marchandises*, afin de dégager sa res-ponsabilité à raison des avaries qui pourraient survenir.

Au 2e point de vue, il peut *faire ordonner la vente d'une partie des marchandises* afin de se payer du prix de trans-port.

323. — c) *Prescription de l'action en paiement du prix.*

---

(1) C'est le ministre des Travaux publics pour les chemins de fer d'intérêt général, et le préfet pour les chemins de fer d'intérêt local.

Quelle est la prescription de l'action en paiement du prix de transport ?

L'action en paiement du prix de transport dure *5 ans* (art. 108, C. comm.). Il en est de même de l'action en *surtaxe* du voiturier contre le destinataire, si le voiturier s'aperçoit que le prix par lui touché est inférieur au tarif (1). Le point de départ de cette prescription est le jour où la marchandise a été remise ou offerte par le voiturier au destinataire.

§ 2. — Du commissionnaire de transport.

1° Qu'est-ce qu'un commissionnaire de transport ?

324. — Nous avons déjà défini ce commissionnaire, et nous avons dit que, souvent, il n'était autre que le 1ᵉʳ voiturier. C'est le 1ᵉʳ voiturier qui, après avoir transporté les marchandises jusqu'à l'extrémité de son rayon (ou de son réseau), traite ensuite avec un 2ᵉ voiturier pour la continuation du parcours, en chargeant le 2ᵉ voiturier de traiter ensuite avec un 3ᵉ voiturier, et ainsi de suite, si besoin est.

Comment le commissionnaire de transport est-il rémunéré ?

En pratique, l'expéditeur ne paie pas au commissionnaire de transport un droit de commission.

La rémunération du commissionnaire consiste parfois en une diminution de prix qu'il obtient du voiturier ; si le tarif du voiturier est de 10 fr. pour les particu-

---

(1) Nous avons vu qu'il en est de même de l'action en détaxe du destinataire contre le voiturier, si le destinataire s'aperçoit que le prix par lui payé est supérieur au tarif.

liers, il ne prendra par exemple que 7 fr. à un commissionnaire.

Un autre élément important de bénéfice pour
le commissionnaire consiste dans le *groupage*.
Comme il centralise les expéditions, il peut
grouper les marchandises destinées aux mêmes
lieux, de façon à en remplir un wagon. Or, les Compagnies
font une grande diminution pour un wagon complet. Le
commissionnaire paie donc au voiturier le tarif réduit et se
fait payer par les expéditeurs le tarif ordinaire.

Quest-ce que le groupage ?

2° Obligations du commissionnaire.

325. — Il est tenu envers l'expéditeur (ou envers le destinataire) *de faire effectuer le transport
dans les conditions fixées par le contrat* qu'il fait
pour le compte de son commettant. Ainsi il répond
personnellement de l'exécution du contrat de
transport ; il est commissionnaire *ducroire*. Si
l'expéditeur a à se plaindre d'avaries, de perte
ou de retard, il peut agir directement contre le commissionnaire sans avoir à s'adresser aux divers voituriers qui ont
concouru au transport. Le commissionnaire exercera un recours contre le voiturier qui a commis la faute. L'expéditeur
ne connaît que le commissionnaire.

Le commissionnaire peut invoquer, tout comme le voiturier
l'exception de réception-paiement (art. 105, C. comm.), sauf à
voir repousser cette exception par la réplique de protestation.

*L'action en responsabilité de l'expéditeur contre le commis-
sionnaire se prescrit par un an*, comme l'action contre le voi-

*Le commis-
sionnaire
de transport
n'est-il pas
responsable
de l'exécu-
tion du
transport ?*

turier (1), sauf le cas de fraude. L'action en détaxe se prescrit par 5 ans.

Lorsque le commissionnaire a été actionné en avarie par l'expéditeur ou le destinataire, il a un recours contre le voiturier qu'il croit être l'auteur du dommage : le délai de ce recours est d'un mois à compter du jour où le commissionnaire a été lui-même actionné par l'expéditeur.

Si, à son tour, le voiturier estime que la faute vient d'un second voiturier, il a également un mois, à partir du jour où il est poursuivi par le commissionnaire pour agir contre le second voiturier et ainsi de suite.

3° Droits du commissionnaire.

326. — *Il a les mêmes droits que le voiturier*, auquel il est subrogé, pour exiger le prix du transport, et son action en paiement est soumise à la même prescription (5 ans).

(1) Il y a un léger doute tenant à ce que l'art. 108, al. 1 ne parle pas du commissionnaire à propos de cette prescription d'un an. Mais l'esprit général de la loi est de traiter le commissionnaire comme voiturier au point de vue de la responsabilité. D'ailleurs, il est question du commissionnaire dans le 2ᵉ alinéa de l'article ; rien n'indique que ce soit à dessein que le 1ᵉʳ alinéa ne le mentionne pas.

TITRE VI

De la vente et du nantissement des fonds de commerce

CHAPITRE I

NATURE JURIDIQUE DU FONDS DE COMMERCE

327. — Le fonds de commerce est un ensemble d'éléments tels que la clientèle et l'achalandage, le droit au bail, l'enseigne, les marchandises, etc. *Il a une valeur totale différente de la somme des valeurs qui le composent.*

D'après un premier système, qui a un peu de succès, *le fonds de commerce serait une personne morale*, se suffisant à elle-même, sujet de droits, dominant le commerçant qui n'en serait que le premier employé, qui en serait distinct en lui-même, en son patrimoine, en son domicile, en son nom, etc.

Un fonds de commerce est-il une personne morale ?

Si cette analyse est vraie pour quelques grandes maisons

de commerce, elle ne correspond pas à la réalité des choses pour la masse des commerçants.

Un fonds de commerce est-il une universalité de droits ?

D'après un second système, *un fonds de commerce est une universalité de droits*, un objet de droits, *au même titre qu'une hérédité*. Cependant, il ne faut pas perdre de vue que cette universalité est composée d'éléments *très dissociables* et sur lesquels on peut contracter séparément

CHAPITRE II

328. — Les formalités constitutives du gage différant suivant la qualité de l'objet engagé il faudrait, pour donner en gage un fonds de commerce, accomplir autant de formalités qu'il contient d'éléments divers. Biens incorporels : Remise du titre et signification au débiteur : Marchandises : Mise en possession effective, etc.

D'où vient la difficulté de donner en gage un fonds de commerce ?

§ 1. — Nantissement des fonds de commerce avant la loi du 1ᵉʳ mars 1909.

329. — *La jurisprudence était fixée, avant la loi du 1ᵉʳ mars 1898, dans le sens suivant : Elle considérait, dans chaque espèce, les éléments constitutifs du fonds, et, suivant que les éléments corporels ou incorporels dominaient, elle déclarait que tout le fonds était un bien corporel ou incorporel : Majors pars trahit ad se minorem. Et comme les* tribunaux considé-

Quelle était la solution admise par la jurisprudence avant la loi du 1ᵉʳ mars 1898 ?

raient la plupart du temps les éléments incorporels comme dominants, ils n'exigeaient presque toujours que les formalités du gage des choses incorporelles.

En vain les tribunaux de commerce essayèrent de résister et de soutenir qu'il n'y avait pas de gage s'il n'y avait pas un dessaisissement effectif, matériel.

Que fit la loi du 1ᵉʳ mars 1898 ?

330.— La loi du 1ᵉʳ mars 1898, modifiant l'art. 2075, C. civ., trancha la question : *D'après cette loi, le fonds de commerce est un meuble incorporel, et les formalités de mise en gage de ce fonds sont celles des meubles incorporels. Mais pour être opposable aux tiers, ce nantissement doit être inscrit sur un registre public tenu au greffe du tribunal de commerce* dans le ressort duquel le fonds est exploité.

Désaccord sur l'interprétation de la loi de 1898.

331. — A peine cette loi votée, les difficultés naquirent : *cette formalité de l'inscription est-elle une formalité suffisante ? ou bien est-ce une formalité supplémentaire*, qu'il faut remplir après avoir rempli les autres formalités constitutives du gage ?

Malgré la Cour de cassation et les Cours d'appel, les tribunaux de commerce soutinrent la nécessité des autres formalités. La loi du 17 mars 1909 vint mettre fin à la controverse.

§ 2. — Nantissement des fonds de commerce depuis la loi du 17 mars 1909.

1° Assiette du nantissement.

332.— L'art. 8 de cette loi pose en principe l'admission du nantissement des fonds de commerce. L'art 9 en règle aussitôt la portée en donnant une énumération des éléments sur lesquels pourra porter le nantissement.

Cette énumération comprend tous les éléments incorporels du fonds et en exclut formellement les marchandises : Et cette exclusion est d'ordre public.

Les immeubles sont également exclus du nantissement, qui, par contre, pourra porter sur le matériel l'outillage et le mobilier commercial.

Si le nantissement porte sur un fonds de commerce et ses succursales, celles-ci doivent être désignées par l'indication précise de leur siège.

2° Nature du privilège résultant du nantissement.

333. — Le créancier nanti a un *droit réel, avec droit de préférence et droit de suite* (art. 22, § 1er, L. de 1909). *Ce droit se conserve par une inscription*, comme une véritable hypothèque.

La priorité de rang entre créanciers nantis sur un même rang est déterminée par la priorité d'inscription : *Prior tempore, potior jure.*

On a souvent dit que c'était là une véritable hypothèque mobilière.

3° Formes du nantissement.

334. — *Le contrat de nantissement est constaté par acte authentique ou par acte sous seing privé rédigé en double et dûment enregistré. (Art. 10, L. du 17 mars 1909.)*

L'acte de nantissement peut être revêtu de la clause à ordre.

Pour rendre ce nantissement opposable aux tiers et donner au créancier le privilège du gage, *il faut inscrire l'acte de nantissement sur un registre public tenu au greffe du tribunal de commerce* dans le ressort duquel ce tribunal est exploité ; et, contrairement à la jurisprudence des tribunaux de commerce sous le régime de la loi de 1898, *cette formalité est suffisante.* Donc, *pas de publicité par journaux et affiches.*

Cette inscription doit, à peine de nullité, être prise dans la quinzaine de l'acte constitutif.

335. — *Les brevets d'invention* qui sont compris dans le nantissement restent l'objet de formalités spéciales de publicité déterminées par les art. 20 de la loi de 1844 : Il faudra enregistrer l'acte au secrétariat de la préfecture du département où l'acte a été passé ; et, par les soins du préfet, cet acte sera inscrit sur le registre des brevets, au ministère du Commerce.

L'inscription doit être renouvelée tous les 5 ans, sinon elle est périmée (1).

____

(1) La prescription de l'hypothèque est au contraire de 10 ans.

L'art. 26 de la loi de 1909 indique les mentions à inscrire en marge des inscriptions ; les art. 29, 30 et 31 règlent la radiation des inscriptions : Il suffit de lire ces textes qui ne présentent aucune difficulté.

Quelles mentions devront être insérées sur le registre du greffe ?

336. — Tous les tiers peuvent se faire délivrer par les greffiers des tribunaux de commerce l'état des inscriptions, ou un certificat constatant qu'il n'en existe pas.

Le nantissement des fonds de commerce est un des actes qui, suivant les cas, sont nuls de plein droit ou annulables. S'ils sont faits pendant la période suspecte : La disposition des art. 446 et s., C. de comm., sont applicables au nantissement. C'est aussi un acte qui ne peut plus être inscrit après le jugement déclaratif de faillite (Art. 448, C. comm.).

4° Droits du créancier nanti et réalisation du gage (1).

337. — a) *Il s'agit d'abord de protéger le créancier nanti contre tous actes autres que la vente du fonds*. Le plus grave des actes de cette première catégorie, est *le transfert du fonds dans un autre local* que celui où il était lors du nantissement. D'où les règles suivantes, posées par les art. 13 et suivants de la loi de 1909 :

Quels sont les droits du créancier nanti au cas de transfert du fonds dans un autre local ?

1ʳᵉ Règle. — *Quinze jours au moins d'avance, le propriétaire du fonds doit faire connaître aux créanciers nantis son intention de transférer ailleurs son fonds ;* il doit leur indiquer le nouveau siège qu'il entend lui donner.

---

(1) Nous attirons particulièrement l'attention du lecteur sur cette question difficile, mais très importante.

La sanction de cette règle est l'exigibilité immédiate de la créance du gagiste (1). Il appartient alors aux créanciers nantis de faire mentionner le nouveau siège du fonds de commerce en marge de l'inscription du nantissement.

2e Règle. — Le propriétaire du fonds ne doit pas se [contenter de ce simple avis. *S'il opère le transfert de son fonds sans le consentement des créanciers inscrits et s'il en résulte une dépréciation du fonds, cela pourra rendre les créances des gagistes exigibles de suite* (2).

3e Règle. — *Si le propriétaire du local où est situé le fonds poursuit la résiliation du bail* à l'encontre du locataire propriétaire du fonds, *il doit notifier sa demande aux créanciers antérieurement inscrits* ; le jugement ne peut intervenir qu'un mois après cette notification.

4e Règle. — *La résiliation amiable du bail ne devient définitive qu'un mois après la notification qui en a été faite aux créanciers inscrits.*

338. — b) *Il faut ensuite protéger les créanciers nantis contre toute réalisation du gage (vente du fonds) dont l'initiative ne vient pas d'eux.*

Quels sont les droits des créanciers nantis en cas de vente du fonds sur poursuites d'autres créanciers ?

1er Cas : Supposons qu'un créancier chirographaire du titulaire du fonds veuille exécuter son débiteur : Il saisit par exemple le matériel du fonds. *Le saisi et le créancier poursuivant peuvent demander au tribunal la vente du fonds de commerce tout entier* avec le matériel et les marchandises qui en dépen-

(1-2) Que l'on remarque la différence entre les deux sanctions : la première est de droit, qu'il y ait ou non préjudice. La deuxième est conditionnelle (s'il y a préjudice) et facultative. Le mot « peut » dont se sert la loi semble laisser aux juges tout pouvoir à ce sujet.

dent, et cela, pour éviter que la vente d'un élément isolé du fonds ne déprécie trop ce fonds tout entier.

2e Cas : Le tribunal de commerce, saisi d'une demande en paiement d'une créance se rattachant à l'exploitation du fonds, *peut, en condamnant le débiteur, et si le créancier le requiert, ordonner la vente du fonds.*

N. B.—*Dans ces deux hypothèses* que nous venons d'examiner, bien que la vente du fonds n'ait pas lieu à la requête des créanciers nantis, cependant, *la vente* (qui se fera en justice et par adjudication) *purgera les fonds de tous les droits réels qui le grèvent* : En effet les créanciers gagistes ont dû être convoqués à l'adjudication : La vente purgera donc le fonds de leur privilège. ·

339. — c) *Il faut encore assurer le respect des droits du créancier gagiste au cas de vente amiable du fonds par son titulaire :*

Quels sont les droits de créanciers gagistes en cas de vente amiable de fonds par son titulaire ?

L'acquéreur doit notifier à tous les créanciers inscrits son acquisition, et la déclaration qu'il est prêt à acquitter sur-le-champ les dettes inscrites, exigibles ou non, jusqu'à concurrence de son prix (v. pour les détails, le texte de l'art. 22 L. de 1909).

Alors dans ce cas, contrairement à ce qui se passe **dans tous** les autres cas de vente du fonds, (*a, b,* et *d, supra,* n°s 336, 337 et *infra*, n. 339) *les créanciers inscrits peuvent faire surenchère du 1/10* et faire mettre le fonds aux enchères publiques (v. art. **23**, L. de 1909).

340. — d) *Il faut enfin assurer la réalisation des droits du créancier, en lui permettant de faire vendre le fonds.*

Droits des créanciers gagistes de faire réaliser le fonds.

Les règles relatives à la réalisation du gage ne sont pas celles de l'art. 93 C. comm. (droit de *faire vendre le gage, 8 jours après le non paiement). Le créancier doit demander au tribunal de commerce l'autorisation de faire vendre le fonds de commerce (art. 16, L. de 1909). Le pacte commissoire est formellement interdit (art. 8, § 2, L. de 1909).*

341.—Le tribunal, quand il ordonne la vente d'un fonds (1), nomme, s'il y a lieu, un administrateur provisoire de ce fonds, fixe les mises à prix, détermine les conditions principales de la vente, commet pour y procéder l'officier public (notaire ou commissaire-priseur), qui dresse le cahier des charges.

Bien que le nantissement d'un fonds ne porte pas sur les marchandises, la vente judiciaire du fonds peut-elle les englober ? Quand un fonds est vendu en justice, bien que les marchandises soient exclues du nantissement, *la vente pourra comprendre ces marchandises :* L'art. 15, L. de 1909, donne au débiteur et au créancier saisissant le droit de demander la vente globale. L'art. 20 donne le même droit au créancier nanti, qui peut également s'opposer à la vente des marchandises sans le fonds.

(1) Cette règle est générale : elle s'applique quelle que soit la personne qui demande la vente : débiteur, créancier chirographaire, créancier nanti, tribunal ordonnant d'office.

CHAPITRE III

342. — Avant la réglementation touffue et compliquée à l'excès de la loi du 17 mars 1909, la vente des fonds de commerce n'était nullement réglementée.

L'art. 550 du C. comm., excluant de la faillite le privilège et le droit de revendication établis par l'art. 2102, § 4, C. civ., au profit du vendeur d'effets mobiliers, les vendeurs de fonds de commerce avaient pris l'habitude, avant la loi de 1909, de se faire constituer le fonds en nantissement du paiement du prix.

D'autre part, pour protéger les créanciers chirographaires du vendeur, l'usage s'était répandu, surtout à Paris, de publier la vente de fonds et de les inviter à y faire opposition. Mais cet usage fragile ne pouvait avoir de force obligatoire.

La loi de 1909 n'a fait que donner à cet usage une sanction législative.

§ 1. — Situation du vendeur du fonds.

Le vendeur du fonds a-t-il un privilège opposable à la faillite ?

343. — *La loi de 1909 a donné au vendeur en sa qualité de vendeur un privilège opposable à la faillite, par dérogation à l'art. 550, in fine, C. Comm.* Mais ce privilège devra être publié comme celui d'un créancier nanti. La vente doit avoir été constatée par acte authentique ou sous seing privé dûment enregistré.

Quelles sont les règles spéciales relatives à l'imputation des paiements ?

Mais *les paiements partiels devront s'imputer d'abord sur le prix des marchandises,* ensuite sur le matériel, et, en troisième lieu seulement, sur le prix des éléments incorporels du fonds, malgré toute convention contraire. Cette mesure a pour résultat de faire que le privilège va cesser d'abord de porter sur les marchandises et le matériel.

Dès lors, le vendeur a tout intérêt à ne pas exagérer le prix des éléments incorporels du fonds, car une fois le prix des marchandises et du matériel payé, son gage ne va plus porter que sur les éléments incorporels.

Quand le vendeur doit-il inscrire son privilège ?

344. — *L'inscription du privilège du vendeur doit être prise, à peine de nullité, dans la quinzaine de la date de l'acte de vente.* Les formalités de cette inscription sont minutieusement décrites dans les art. 24 et s., L. de 1909. Il suffit de s'y reporter.

Quels sont les droits du vendeur ayant valablement inscrit son privilège ?

345. — *Quels sont les droits du vendeur ayant valablement inscrit son privilège ?*

Ses droits sont exactement les mêmes que ceux du créancier gagiste (v. supra, n. 336 et s.).

Les dispositions de la loi à cet égard sont

communes au vendeur et au gagiste. Deux observations cependant :

1° Contrairement au privilège du créancier gagiste, *le privilège du vendeur pourra encore être inscrit après le jugement déclaratif de faillite.* L'art. 448, C. comm. ne lui est pas applicable ;

2° *L'action résolutoire du vendeur reste possible ;* mais pour produire effet, *elle devra être mentionnée et réservée expressément dans l'inscription* (L. de 1909, art. 2, alin. 2).

§ 2. — Protection des créanciers chirographaires du vendeur.

346. — Le principe est que *l'acquéreur devra publier* dans un journal d'annonces légales *le contrat dont il tient ses droits* (vente, partage, apport en société, etc.), *dans la quinzaine du contrat, et ce, sous peine de n'être pas libéré à l'égard des tiers* (art. 3, L. de 1909).

Par cette interpellation collective des créanciers chirographaires, ceux-ci sont mis à même de surveiller la sincérité de la vente et le paiement du prix. Ils auront même le droit de mettre *une surenchère du 1/6*, si le prix offert ne suffit pas à les désintéresser (art. 5, L. de 1909). Cette surenchère de 1/6 est refusée aux créanciers gagistes inscrits qui ont la surenchère du 1/10.

Depuis une loi du 31 juill. 1913, le vendeur peut toucher son prix de vente malgré les oppositions des créanciers, à certaines conditions.

TITRE VII

Des achats et ventes.

347.— Nous nous bornerons à indiquer quelques espèces de ventes particulières au commerce :

1° La vente *par filière*, A vend à B, moyennant 10, une certaine chose qui se trouve à l'entrepôt ou en cours de voyage ; B la revend à C moyennant 12 ; C la revend à D moyennant 15 (on pourrait poursuivre ainsi indéfiniment). D prendra livraison de la marchandise et paiera 10 à A, 2 à B, 3 à C, etc.

2° La vente *à livrer*, qui a pour objet des choses qui ne sont pas encore en la possession du vendeur, mais que celui-ci se réserve de se procurer pour les livrer à l'acheteur. Parfois ces marchés sont *fictifs*, c'est-à-dire cachent de simples *paris* à la hausse ou à la baisse ; alors il n'y a pas lieu à des livraisons effectives, mais simplement à des paiements de différences. Même dans ce cas, le contrat est valable depuis la loi de 1885 sur les marchés à terme (V. *supra*, ce qui a été dit pour les opérations de bourse) ;

3° Vente *à l'acquitté*. Il s'agit des marchandises qui se trouvent à l'entrepôt, et le vendeur s'engage à acquitter lui-même les frais de douane avant de livrer ;

4° Vente *à l'entrepôt*. Il s'agit également de marchandises qui sont à l'entrepôt ; seulement ici c'est l'acheteur qui devra supporter les frais de douane.

De la lettre de change, du billet à ordre et du chèque.

CHAPITRE I

DE LA LETTRE DE CHANGE

Définition

348. — *La lettre de change (ou traite) est un écrit conçu en forme de lettre missive, par lequel une personne, appelée tireur, charge une deuxième personne, appelée tiré, de payer une certaine somme à l'ordre (c'est-à-dire conformément aux indications) d'une troisième personne appelée preneur ou porteur, qui présentera au tiré la lettre de change, au jour de l'échéance, aux fins de paiement.*

§ 1. — De la forme de la lettre, de son utilité et de son effet.

a) Forme.

349. — Je suppose que Paul doit 1 000 fr. à Jacques et que Jacques de son côté doit 1 000 fr. à Louis.

Jacques, n'ayant pas d'argent pour payer Louis, rédige une lettre de change ainsi conçue :

B. P. F. : 1 000

Paris, le 1er octobre 1916.

Au premier janvier prochain, veuillez payer à l'ordre de Louis la somme de mille francs, valeur reçue en marchandises.

JACQUES

Rue... n°   , à...

A M. Paul, demeurant à T... rue... n° ...

Les lettres « B. P. F. », qui sont en tête de la lettre, signifient « Bon pour francs ». Ils permettent de se rendre compte immédiatement du montant de la somme à toucher.

Les mots « à l'ordre de... « (le porteur) signifient que le tiré devra payer, soit au porteur lui-même; soit à une autre personne indiquée par le porteur. Cette indication a lieu par une mention appelée endossement, parce qu'elle se fait au dos de la lettre, c'est-à-dire au verso. Le porteur écrit : « Payez à l'ordre de... Signé ...» L'endossataire devient ainsi porteur de la lettre. Il peut à son tour l'endosser à un autre qui peut l'endosser à un troisième et ainsi de suite. La lettre peut ainsi passer entre les mains d'un grand nombre de porteurs successifs. Quand il n'y a plus de place au dos, on ajoute un morceau de papier pour continuer les endossements.

Quelles mentions doit contenir la lettre de change ? **350.**— *Une lettre de change doit obligatoirement contenir toutes les mentions suivantes : La signature du tireur ; — le nom du tiré ; — le lieu du paiement ; — la date d'émission ; — la somme à payer ;*

— la date de l'échéance ; — la clause à ordre ; — la mention de la valeur fournie.

Les règles du Code civil relatives à la formalité du double et du bon pour, et à la date certaine ne sont pas applicables ici. Mais l'altération de la date d'une lettre de change est punie de travaux forcés à temps (Art. 139, C. comm. et 147, C. pén.).

b) Utilités.

351.— *La lettre de change a 3 principales utilités :*
A) *Elle constitue un moyen de circulation fiduciaire.* Elle tient lieu de monnaie, et économise ainsi l'emploi du métal ; *elle joue à peu près à cet égard le rôle du billet de banque.*

Ainsi Jacques ayant 1.000 francs à payer à Louis, lui remet en paiement une lettre de change sur Paul à peu près comme il lui remettrait un billet de banque. La créance de Louis sur Jacques et celle de Jacques sur Paul sont ainsi réglées, par un seul paiement de Paul à Louis.

Il y a toutefois d'*importantes différences* entre une lettre de change, même à vue et acceptée par le tiré, et un billet de banque :

1º Au point de vue de la *façon de les transmettre :*

La lettre de change étant à *ordre*, le porteur n'en transmet la propriété que par l'*endossement*.	Le billet de banque étant *au porteur*, celui qui l'a entre les mains en transmet la propriété par la simple *tradition*.

Principales fonctions de la lettre de change

Qu'entend-on en disant qu'elle est un moyen de circulation fiduciaire ?

Quelles sont les principales différences entre une lettre de change à vue acceptée et le billet de banque ?

Le tiré paie à celui qui est saisi de l'effet en vertu d'un endossement.

La banque qui a émis le billet, doit le payer à celui qui l'a entre les mains, sur simple présentation.

2° Au point de vue du *cours légal* :

La lettre de change n'a pas cours légal. Un créancier n'est pas forcé de l'accepter de son débiteur en paiement et il peut exiger un paiement en argent.

Il a cours légal tout comme un louis d'or. Si je vous dois mille francs et que je vous offre un billet de banque de 1.000 fr., en paiement, vous ne pouvez pas le refuser.

3° Au point de vue du *risque de non paiement* :

Il peut arriver que le tiré ne paie pas, quoiqu'ayant accepté.

Le porteur est alors réduit à un recours en garantie contre le tireur et les précédents porteurs, recours qui sera illusoire s'ils sont insolvables.

Il est peu probable que la Banque de France ne paie pas ses billets, à raison du contrôle qui y est organisé, et de la sécurité qu'offrent toutes ses opérations. Et l'Etat garantit d'ailleurs ce paiement.

4° Au point de vue de la *durée de la circulation* :

La lettre de change à vue ne peut rester indéfiniment en circulation : il faut qu'elle soit présentée au paiement par le porteur dans les 3 mois de sa date.

Le billet de banque peut rester indéfiniment en circulation, et le porteur conserve toujours ses droits. Le billet de banque est imprescriptible.

Si le porteur attend plus longtemps il encourt les déchéances
du porteur négligent.

5° Au point de vue du *paiement :*

La lettre de change n'est
payable qu'à terme déterminé.

Sauf le cas de cours forcé, le
billet est payable à vue à la
Banque.

6° Au point de vue de l'*escompte :*

La lettre de change, étant à
terme, donnera lieu à escompte
et intérêt. Sa valeur est variable.

Le billet de banque n'est susceptible ni d'escompte ni d'intérêt, puisqu'il est toujours exigible. Sa valeur est invariable.

352. — B) *En simplifiant les paiements, la lettre de
change dispense de transporter du numéraire* d'un
lieu dans un autre, et évite ainsi des risques de
perte par suite de vol, accident de chemin de fer,
naufrage, etc.

Comment la
lettre de
change
évite-t-elle
le transport
du numé-
raire ?

En pratique, deux parties qui ont l'une une
lettre à vendre sur une ville, et l'autre une lettre à acheter sur
cette ville, sont dispensées de la nécessité de se chercher. Les
banquiers leur évitent cette peine en faisant le commerce des
lettres de change.

Ce procédé offre un grand avantage. Il est possible que les
deux parties n'aient pas des sommes correspondantes à payer
et à recevoir. Le banquier, en réunissant les lettres de change
leur permettra de faire ou obtenir à distance par ce moyen le
paiement de toutes les sommes qu'ils voudront.

Cette deuxième utilité de la lettre de change (éviter les

transports de numéraire) a frappé les auteurs du Code de 1807 au point qu'ils en ont fait un caractère essentiel de cet effet. Le mandat de payer à l'ordre d'un tiers, qui était tiré d'un lieu sur le même lieu, n'était pas une lettre de change, et n'avait pas par conséquent l'effet commercialisant qui, ainsi que nous le verrons, est attaché à cet effet de commerce. Cette condition était critiquée par tous les auteurs ; une loi du 7 juin 1894 l'a supprimée en modifiant l'art. 110, C. comm. Donc aujourd'hui un mandat tiré, à Paris, du Boulevard Saint-Michel sur la rue Soufflot est une lettre de change aussi bien que celui qui serait tiré de Paris sur Bordeaux, ou sur Londres ou sur Melbourne.

Fonction de la lettre de change comme moyen de crédit

353. — C) *La troisième et principale utilité de la lettre de change est qu'elle constitue un moyen de crédit.*

Le tireur d'une lettre de change qui a fourni au tiré les marchandises payables dans 3 mois, a besoin d'argent tout de suite. S'il allait en demander chez un banquier, celui-ci refuserait peut-être de lui en prêter par crainte d'insolvabilité, ou lui imposerait un intérêt assez élevé, alors que ce tireur a une créance qui ne lui rapporte rien. Alors il remet au banquier la lettre de change acceptée par le débiteur et le

Qu'est-ce que l'escompte ?

banquier la lui *escompte, c'est-à-dire lui avance de suite le montant de cette lettre diminué d'une certaine somme qui représente l'intérêt du montant de la lettre jusqu'à l'échéance.* Cette somme retenue à titre d'intérêt se nomme l'escompte. L'escompte sert aussi à désigner l'opération tout entière.

c) Vertu commercialisante de la lettre de change.

354. — La lettre de change produit un effet important qu'on exprime en disant qu'elle a une *vertu commercialisante*. Cela signifie que l'*émission d'une lettre de change est par elle-même un acte de commerce et que par conséquent quiconque met sa signature sur une lettre de change est tenu commercialement*, donc poursuivable devant le tribunal de commerce, s'il ne paie pas de bon gré ; — et que, d'autre part, toute dette qui fait l'objet d'une lettre de change devient commerciale.

Qu'entend-on en disant que la lettre de change a une vertu commercialisante ?

355. — *En est-il de même si c'est une femme qui a donné sa signature ?*

Certainement oui, s'il s'agit d'une femme commerçante.

A-t-elle ce même effet si le signataire est une femme ?

Mais s'il s'agit d'une femme non commerçante ?

D'après une première opinion, cette femme n'est pas tenue commercialement, et par conséquent elle ne peut être poursuivie devant le tribunal de commerce.

On invoque l'art. 113, C. comm., aux termes duquel cette signature « ne vaut que comme simple promesse ». Cela signifie évidemment « promesse civile » par opposition à « dette commerciale ».

D'après la jurisprudence, la femme peut être poursuivie devant le tribunal de commerce. Tout ce que veut dire l'art. 113, C. comm., c'est qu'elle ne peut pas être contrainte par corps, disposition qui n'a plus d'intérêt aujourd'hui depuis la loi de 1867, abolitive de la contrainte par corps, mais qui avait un très grand intérêt avant cette loi.

§ II. — Du personnel de la lettre de change.

356. — *Le tireur* est celui qui émet la lettre : c'est le créancier. Le *tiré* est le débiteur que l'on prie de payer la dette. Le *porteur* ou *preneur* est celui à qui la lettre de change est remise et à qui le paiement sera fait. L'*endossataire* d'une lettre est le cessionnaire. L'*endosseur* est le cédant.

La lettre de change ne peut-elle pas être tirée par ordre d'un tiers ?

Ordinairement la lettre est tirée à l'ordre d'un tiers par le tireur lui-même. Mais *la lettre de change peut être tirée par ordre d'un tiers* : Jacques étant en voyage, a besoin d'argent. N'étant pas connu des banquiers de la ville où il se trouve, il ne pourrait faire escompter une lettre de change sur son débiteur Paul. Mais il connaît un négociant de cette ville qui alors, sur son ordre, tirera et signera une lettre de change sur le débiteur Paul. Ce négociant fera escompter la lettre et remettra les fonds à Jacques.

Jacques s'appelle *ordonnateur* ou *donneur d'ordre* et le négociant tireur se nomme *tireur pour compte* (1).

(1) Autre exemple. Paris a beaucoup d'argent à payer à Londres, et peu à en recevoir, ce qui fait que le papier sur Londres est rare, très demandé et par conséquent très cher à Paris.

Au contraire, New-York a peu à payer à Londres et a beaucoup à en recevoir, ce qui fait qu'à New-York le papier sur Londres est abondant et à bon marché.

Dès lors les banquiers de New-York disent à ceux de Paris : « Tirez sur Londres pour notre compte ; vous vendrez ce papier à bon prix à Paris, et nous partagerons le bénéfice. »

La lettre de change peut être tirée à l'ordre du tireur lui-même.

Ainsi Paul doit 1.000 francs à Jacques, Jacques tire sur Paul une lettre ainsi conçue : « Veuillez payer à *mon ordre*, etc. »

La lettre de change peut-elle être tirée à l'ordre du tireur lui-même ?

Puis Jacques envoie cette lettre à Paul qui accepte la lettre et la renvoie avec la mention « accepté. Signé Paul ». De cette façon, Jacques mettra la lettre plus facilement en circulation. Ainsi un tiers la recevra plus facilement de Jacques en paiement, car il est sûr d'être payé à l'échéance par Paul, qui est personnellement obligé par son acceptation.

§ 3. — Nature juridique de la lettre de change.

357. — Nous verrons (*infra*, n° 374) que l'endossement purge la lettre de change de toutes les exceptions personnelles que le tiré pouvait faire valoir contre le tireur. Ces exceptions ne sont plus opposables à aucun des signataires de la lettre. Le droit est vraiment incorporé dans la lettre de change elle-même.

Comment expliquer les droits des porteurs successifs d'une lettre de change ?

Comment expliquer le droit de ces porteurs successifs de la lettre de change ?

a) On pourrait penser à l'expliquer par l'idée de cession de créances : *La lettre de change ne serait qu'un mode spécial de cession de créances.* Mais comment expliquer par cette idée que : 1° Les exceptions opposables au cédant ne le soient pas au cessionnaire. 2° Que le fait seul pour un individu d'endosser une lettre de change, le rend garant de son paiement et ajoute sa garantie à celle de tous les autres signataires ?

b) Les Allemands ont essayé d'expliquer la lettre de change en disant que dès l'instant où le tiré consent à entrer dans le mécanisme de la lettre de change par son acceptation, *la dette se dégage du contrat dont elle a pu naître*, s'évade des circonstances qui l'entourent, s'épure des exceptions qui la vicient : C'est une *dette abstraite*.

Le droit français ne connaît pas cette dette au titre, cette dette dont la seule cause juridique serait sa forme même. De plus, c'est l'endossement qui opère les deux effets importants signalés plus haut, et non l'acceptation du tiré.

c) *M. Thaller* propose d'expliquer la lettre de change par l'idée de *délégation imparfaite ou de délégation cautionnement*. Au fond de la lettre de change gît une délégation, qui permet à un individu de couvrir son passif envers un tiers par son actif envers un autre. Le tiré accepte cette première délégation expressément et, implicitement, toutes celles qui peuvent suivre· Et ce tiré s'engage lui-même vis-à-vis du bénéficiaire, à payer en tout état de cause, et il renonce à opposer au porteur toutes les exceptions qu'il avait contre le tireur. Il est à la fois *débiteur délégué et caution du payement*.

Cette dernière théorie explique, à notre avis, d'une façon très satisfaisante, toutes les conséquences de la lettre de change.

§ 4. — De la provision.

1º Qu'est-ce que la provision ?

Qu'est-ce que la provision ?

358. — *La provision est toute créance du tireur contre le tiré.* Souvent cette créance vient de ce que le tireur a vendu des marchandises au tiré qui lui en doit le prix. Il ne faut pas confondre la provision, créance du tireur contre le tiré, et la valeur fournie, qui est la *cause* de cette créance, dont la lettre de change n'est que la constatation mise sous une forme d'une circulation facile et assurée.

Qui doit faire la provision ? C'est le tireur.

Faire provision, c'est s'arranger de manière que le tiré soit débiteur du tireur à l'échéance de la lettre de change.

Qu'est-ce que faire provision ?

Il y a une exception pour le cas du *tirage pour compte*. (V. *supra* n. 355.) Dans ce cas, c'est l'ordonnateur qui doit faire la provision.

Quelquefois le tireur n'a fait, au moment où il émet la lettre de change, aucune affaire avec le tiré; seulement il compte en faire avant l'échéance.

A quel moment le tireur doit-il faire provision ?

Ou bien encore il s'adresse à un ami, qui, n'ayant pas de fonds à lui prêter, lui dit : tirez une lettre de change sur moi à l'échéance de 3 mois ; je l'accepterai et vous la ferez escompter (1). C'est ce que l'on appelle *un effet de complaisance.*

---

(1) Bien entendu le tireur doit s'arranger pour mettre le tiré en mesure de payer à l'échéance la lettre de change qu'il a bien voulu accepter. A cet effet, il lui envoie avant le 1er juillet une somme de mille francs qui lui permettra d'opérer ce payement. Si le tireur n'a pas d'argent à envoyer au tiré, il tire une nouvelle lettre sur ce tiré, lettre payable le 1er octobre ; il la fait escompter et lui envoie l'argent de cette opération pour payer le 1er juillet la 1re lettre de change et ainsi de suite. — Ainsi, deux individus qui s'entendent peuvent tirer des lettres de change l'un sur l'autre et se les faire escompter pour se procurer de l'argent. Pour payer ces lettres, ils en font d'autres et, avec l'escompte des nouvelles, ils paient les anciennes. C'est ce qu'on appelle des *traites en cavalerie.* Cela n'a rien d'illicite ; les banquiers n'ont qu'à vérifier la solvabilité des signataires avant d'escompter.

2° **Propriété de la provision.**

A qui appartient la provision ?

359. — *A qui appartient la provision ? Est-ce au porteur ou au tireur ?* (1).

Comprenons bien la question. Nous savons que la provision consiste en une créance du tireur contre le tiré. Cette créance est-elle transmise avec la lettre de change elle-même par le tireur au premier endosseur, puis par celui-ci au 2° endosseur, etc. Ou continue-t-elle d'appartenir au tireur ?

La théorie du transport de la provision, de la cession de cette créance est parfaitement conciliable avec l'explication que nous avons admise de la nature juridique de la lettre de change. Il faut admettre que à côté de la délégation, il y a une cession de créance de la provision. Le porteur peut invoquer : 1° La créance directe née de la délégation, et purifiée de toutes les exceptions opposables au tireur ; 2° la créance de la provision, cédée tacitement à tous les endossataires successifs délégataires. Mais si la lettre n'a pas été acceptée ?

360. — *D'après une 1ʳᵉ opinion, la créance, qui constitue la provision de la lettre de change, demeure sur la tête du tireur.*

En remettant la lettre à un endosseur, le tireur ne cède pas sa créance contre le tiré ; il s'engage simplement à faire en sorte que le tiré paiera le montant de la lettre à l'endosseur (ou au porteur quel qu'il soit).

Si le tiré n'opère pas ce paiement, le porteur n'a qu'un droit, c'est de recourir en dommages-intérêts contre le tiré qui n'a pas exécuté sa promesse de porte-fort (1120, C. civ.).

---

(1) Cette question est très souvent demandée à l'examen.

En effet, les renonciations ne se présument pas, rien ne permet de supposer que le tireur ait voulu se dépouiller de sa créance au profit du porteur.

D'après notre théorie sur la nature de la lettre de change, le tireur a donné un ordre de délégation à son débiteur qui ne l'a pas accepté. Mais il ne peut révoquer l'ordre de recevoir, donné au porteur. Il conserve donc la propriété de la provision sans avoir celle de la lettre de change.

361. — *D'après la jurisprudence, au contraire, le tireur en transmettant la lettre au porteur lui transmet en même temps sa créance. Le porteur de la traite est propriétaire de la provision.*

On tire argument de l'art. 149, C. comm., aux termes duquel « il n'est reçu d'opposition au paiement de la lettre de change que dans 2 cas : 1° au cas de perte de la lettre ; 2° en cas de faillite du porteur. » On fait dès lors le raisonnement par l'absurde qui suit :

Quel est l'argument pour soutenir que la provision appartient au porteur ?

Supposons que le tireur tombe en faillite. Si la provision lui appartenait, le syndic de sa faillite pourrait faire défense au tiré de payer cette provision à un tiers et lui ordonner de la payer à lui-même ; en un mot, il pourrait faire opposition au paiement de la lettre. Or cela est impossible, puisque l'art. 149 n'admet que deux cas d'opposition, parmi lesquels ne figure pas la faillite du tireur. Donc la provision n'appartient pas au tireur. Or elle ne peut appartenir qu'au tireur ou au porteur. Donc elle appartient au porteur.

Dès l'instant que le tireur est tombé en faillite, la provision forme un gage exclusif pour le porteur. Le jugement déclaratif rend exigible la lettre de change (Art. 444, C. comm.). *C'est la créance appartenant à cette date au tireur contre le tiré qui doit couvrir la lettre de change,* car elle ne pourrait plus être remplacée si on la retirait. La provision, d'intangible et flottante qu'elle était, se spécialise et s'identifie.

Cette cession de la provision (qui, nous le répétons, ne doit pas être confondue avec la cession de la lettre de change) *n'obéit pas, il est vrai, aux formalités de l'art. 1690 C. civ.,* Mais on répond à cette objection : *a)* Que ce texte n'est pas d'ordre public. *b)* Que nous sommes en présence d'un usage commercial incontestable, aussi fort qu'une loi.

A ce système, qui est le sien, la jurisprudence apporte une importante restriction. Lorsque la provision est contemporaine de la négociation de l'effet ou lorsqu'elle lui est antérieure, elle reste acquise au porteur, alors même que la cessation des paiements existerait déjà. Au contraire, toute constitution de provision après la cessation de paiement, même pour une lettre de change antérieure, peut être reprise par les créanciers.

Quel intérêt y a-t-il à dire que la provision appartient au porteur ?

362. — *Quel intérêt y a-t-il à dire* (en supposant une lettre de change non acceptée) *que la provision appartient au porteur et non au tireur ?* Cet intérêt existe notamment aux trois points de vue suivants :

1° Dans le cas de faillite du tireur.

Si la provision appartenait au tireur, le syndic ferait opposition au paiement de la lettre de change, et le porteur ne serait pas payé à l'échéance, de telle sorte que le porteur serait réduit à un recours contre le tireur et ne toucherait, comme

Si au contraire la provision appartient au porteur, le syndic ne pourra faire opposition, et le porteur touchera intégralement le montant de la lettre, puisque ce n'est plus le tireur, mais lui, le porteur, qui est propriétaire de cette provision, définitive-

les autres créanciers du tireur, qu'un simple dividende.

Il est possible qu'en fait le syndic du tireur, ignorant l'émission de la lettre de change, ne fasse opposition au paiement, de telle sorte que le porteur toucherait du tiré le montant intégral de cette lettre. Dans ce cas, le syndic pourrait se faire restituer cette somme par le porteur, car elle constitue un élément de l'actif de la faillite.

ment sortie du patrimoine du tireur.

Il est possible qu'en fait le syndic, ignorant que la créance du tireur sur le tiré a été cédée par voie de lettre de change, se fasse payer par le tiré le montant de cette lettre. Dans ce cas le porteur viendrait revendiquer cette somme et la ferait distraire à son profit de la masse de la faillite : en effet, le porteur agirait alors comme propriétaire et non comme créancier ; il revendiquerait à l'encontre de la faillite une valeur qui lui appartient.

2° Dans le cas où le tireur, actuellement en faillite, a tiré plusieurs lettres de change sur un débiteur, au profit de porteurs différents, et où la provision est insuffisante pour les payer toutes :

Si la provision appartient au tireur, les différents porteurs viendront en concours au marc le franc sur l'actif du tireur dans lequel se trouve comprise la provision.

Si la propriété de la provision passe au porteur, on applique la règle des droits réels : « *Prior tempore, potior jure* ». Par conséquent, celui qui a reçu la première lettre, sera préféré aux autres ; celui qui a reçu la deuxième se paiera ensuite, et, s'il reste quelque chose, ce sera pour le porteur de la troisième lettre.

17

3° Lorsque le tiré est devenu créancier du tireur dans l'intervalle entre l'émission de la lettre et l'échéance :

Si la provision appartient au tireur, le tiré se trouve alors libéré par la compensation.

Si la provision appartient au porteur, le tiré ne peut pas opposer au porteur sa créance, en compensation, car la compensation n'a lieu que *inter easdem personas.*

363. — *Comment se prouve la provision ?* L'art. 117, C. comm., contient à cet égard la disposition suivante :

« *L'acceptation suppose la provision.* »

L'acceptation ne fait-elle pas présumer la provision ?

Ainsi lorsque le tiré a *accepté* la lettre de change, la loi présume qu'il a reçu provision, parce qu'en général un homme prudent n'accepte pas une lettre de change, quand il n'en doit pas le montant : il s'est par là reconnu débiteur envers le tireur d'une somme au moins égale au montant de la lettre de change.

Cette présomption s'applique pleinement dans les rapports entre tireur et tiré.

Cette présomption est-elle absolue ?

Mais, *cette présomption n'est pas absolue, c'est-à-dire juris et de jure ; elle est juris tantum,* c'est-à-dire susceptible d'être combattue par la preuve contraire. En un mot, le tiré a le droit de prouver, s'il le peut, que, quoiqu'il ait accepté la lettre, il n'avait pas provision. Il fera cette preuve comme il pourra, par exemple, par sa correspondance avec le tireur.

D'autre part, cette présomption n'existe pas dans les rapports entre le tireur et les tiers, tels que les endosseurs et le porteur.

Nous verrons que, lorsque le porteur est *négligent* (c'est-à-dire lorsqu'il n'a pas fait protester la lettre de change le lendemain de l'échéance), il ne peut pas recourir contre le tireur quand celui-ci a fait provision.

Supposons donc un porteur négligent ; il recourt contre le tireur ; celui-ci lui répond : « Je ne vous dois rien, car vous êtes négligent et j'ai fait provision ; la preuve que j'ai fait provision, c'est que le tiré a accepté la lettre. Adressez-vous au tiré ». Le porteur lui répliquera : « Si vous avez fait provision, prouvez-le *d'une façon directe*. La présomption de l'art. 117, C. comm., ne me regarde pas ; elle ne s'applique que dans vos rapports avec le tiré ».

364.— Supposons que le tiré paie la lettre sans avoir provision, c'est-à-dire *à découvert* : il a un recours contre le tireur. En effet, en payant, il accepte et exécute le mandat que celui-ci lui donne par la lettre : *il a donc recours contre le tireur par l'action mandati contraria.*

Toutefois il y a un cas où il n'a pas de recours contre le tireur : c'est quand la lettre est tirée par le tireur pour le compte d'un tiers. (V. *supra*, n. 353). Dans ce cas le tiré n'a de recours que contre l'ordonnateur. En effet, en payant, le tiré n'a pas fait crédit au tireur, qu'il ne connaissait pas, mais au donneur d'ordre ou ordonnateur.

Il y eut doute sur ce point sous l'empire du Code de 1807. Quelques-uns disaient que le tiré avait un recours contre le tireur, même en cas de tirage pour compte, parce que ce Code ne faisait aucune distinction. Mais une loi de 1817 est venue

Quelle est la modification apportée par la loi de 1817 à l'art. 115?

modifier l'art. 115, C. comm., de façon à refuser nettement (quoique par *a contrario*) au tiré pour compte un recours contre le tireur. L'art. 115 actuel dit en effet que le tireur pour compte d'autrui n'est responsable du paiement qu'envers les endosseurs et le porteur *seulement*, ce qui exclut sa responsabilité envers le tiré.

§ 5. — De l'acceptation.

365. — *L'acceptation est l'acte par lequel le tiré déclare qu'il paiera la lettre.*

De quelle façon a lieu l'acceptation de la lettre?

En général l'acceptation a lieu *sur la lettre même*, par le mot « accepté » suivi de la signature du tiré.

De cette façon, le tiré s'engage à payer le montant de la lettre, à l'échéance, à celui qui en sera porteur en vertu d'un endossement.

L'acceptation peut avoir lieu par *écrit séparé*. Par exemple, le tiré écrit à celui qui est actuellement porteur de la lettre : « Je paierai la lettre », ou « je ferai honneur (ou bon accueil) à la lettre », ou autres phrases équivalentes.

Quelles sont les différences entre l'acceptation sur la lettre même et l'acceptation par écrit séparé?

Dans ce cas, à la différence du précédent (acceptation sur la lettre même), *le tiré ne s'engage pas envers le porteur quel qu'il soit, il ne s'oblige personnellement qu'envers celui à qui il a écrit qu'il paierait.*

Il y a une autre différence : l'obligation qui dérive de l'acceptation contenue sur la lettre même est commerciale (et par conséquent justiciable du tribunal de commerce) à raison de la vertu commercialisante de la lettre, parce que le tiré a mis sa signature sur ce titre.

Au contraire, l'obligation qui dérive de l'acceptation par écrit séparé n'est pas nécessairement commerciale.

366. — *L'acceptation a un autre effet important ; elle fait présumer l'existence de la provision* dans les rapports entre le tireur et le tiré (V. *supra*, n. 362).

L'acceptation ne fait-elle pas présumer la provision ?

Rappelons que, quand la lettre est acceptée, la question de savoir, en cas de faillite du tireur, si la provision appartient au tireur ou au porteur, cesse de présenter de l'intérêt. La créance née de la provision se fond dans la créance née de l'acceptation et celle-là appartient au porteur et non au tireur.

367. — *L'acceptation doit être pure et simple,* c'est-à-dire qu'elle ne peut être conditionnelle. Le tiré ne peut pas écrire : « Accepté si je reçois provision avant l'échéance ». Une telle acceptation serait nulle. Mais *l'acceptation peut très bien n'être que partielle.* La lettre étant de 1.000 frs., le tiré peut mettre : « Accepté pour 500 francs ».

L'acceptation peut-elle être conditionnelle ? Partielle ? Datée ?

L'acceptation en principe n'a pas besoin d'être datée.

Il en est autrement *quand la lettre est payable à un certain délai de vue,* par exemple à 3 mois de vue. *La date de l'acceptation est nécessaire pour faire courir le délai qui détermine l'échéance.*

Quid si la lettre est à un délai de vue ?

Il est possible que le tiré ne veuille pas accepter pour ne pas engager sa responsabilité, mais qu'il ne demande pas mieux néanmoins que de faire courir le délai de vue. Dans ce cas, il mettra, non pas « accepté », mais simplement « vu » ou « bon pour visa » avec la date et sa signature.

§ 6. — De l'acceptation par intervention.

368. — Un commerçant a tiré le 1ᵉʳ avril une lettre de 1.000 francs sur un autre commerçant, à l'ordre d'un tiers porteur et cette lettre est payable le 1ᵉʳ juillet.

Le porteur voudrait être assuré que le tiré ne lui dira pas à l'échéance : « Je ne paie pas, car je n'ai pas provision ». Pour cela il fait présenter la lettre au tiré pour qu'il l'examine et la lui rende munie de son acceptation (1).

Distinguons deux cas :

1ᵉʳ cas : Le tiré accepte la lettre. **Alors** pas de difficultés. *Ce tiré se trouve personnellement débiteur du porteur du montant de la lettre.*

2ᵉ cas : Le tiré n'accepte pas. Le porteur a deux partis à prendre :

Que peut faire le porteur d'une lettre quand le tiré n'accepte pas ?

1ᵉʳ parti : Ne rien faire du tout et attendre tranquillement l'échéance. En effet, le *protêt faute d'acceptation*, à la différence du protêt faute de paiement, *n'a rien d'obligatoire*, et son omission ne rend pas le porteur négligent.

2ᵉ parti : Faire protester la lettre faute d'acceptation. Ce protêt est un acte d'huissier constatant que le tiré, sommé d'accepter, a refusé (2).

Lorsqu'il aura fait faire ce protêt, il pourra (mais cela n'a

(1) Le tiré doit restituer la lettre, acceptée ou non par lui, dans les 24 heures, à partir de la remise.

(2) Le motif du refus n'a pas besoin d'être indiqué, à la différence de ce qui a lieu pour le protêt faute de paiement.

rien d'obligatoire) recourir contre les endosseurs et le tireur, ou contre l'un quelconque d'entre eux, et *demander une caution* garantissant le paiement de la lettre à l'échéance, car en présence du refus d'acceptation du tiré, il lui est permis d'avoir des doutes (1).

Si l'endosseur auquel il s'adresse ne lui fournit pas cette caution, le porteur peut lui demander le paiement immédiat (2).

Lorsqu'un tiré a refusé d'accepter, d'autres personnes peuvent intervenir et offrir d'accepter, à sa place, par intervention. Cette acceptation par intervention doit être mentionnée dans le protêt (3).

L'accepteur par intervention doit indiquer pour qui il intervient. Il dira par exemple, qu'il intervient pour le tireur lui-même, ou pour le premier endosseur, ou pour le second endosseur, etc.

Quel est *le motif* qui peut pousser un individu à accepter par intervention, par exemple pour le tireur? C'est que :

1º La non acceptation de la lettre est une mauvaise note au point de vue de la réputation commerciale, en un mot du crédit du tireur.

(1) Il faut, bien entendu, que la caution présentée par l'endosseur soit solvable.

(2) Mais ce que doit l'endosseur, remarquons-le bien, ce n'est pas le paiement, puisque l'échéance n'est pas arrivée, c'est une caution, c'est-à-dire une personne solvable garantissant que la lettre sera payée à l'échéance.

(3) Pratiquement voilà comment les choses pourront se passer. Le porteur se voyant refuser l'acceptation, télégraphie au tireur : « Votre traite sur X... est refusée à l'acceptation ; je vais la faire protester faute d'acceptation et je recourrai contre vous. » Pour empêcher ce recours, le tireur va chez son banquier qui télégraphie à son correspondant du lieu du tiré d'accepter par intervention.

2º La non acceptation de la lettre pourra déterminer le porteur à exercer un recours immédiat contre le tireur à l'effet d'avoir caution ou paiement immédiat. Ce recours peut être gênant pour le tireur et entraîner des frais qui retomberont sur lui.

Quid si l'intervenant est insolvable ?

Il est évident que l'accepteur par intervention doit être un homme solvable. Le porteur n'est pas obligé de se contenter d'une intervention quelconque qui ne lui offrirait aucune garantie.

Quid s'il intervient plusieurs personnes ?

369. — *Il se peut que plusieurs personnes se présentent à la fois pour accepter par intervention. On les recevra toutes :* abondance de garanties ne saurait nuire.

Nous verrons qu'on suit une règle différente quand plusieurs personnes se présentent pour *payer* par intervention : là il faut faire un choix. Cela se comprend. On ne peut pour une seule dette recevoir qu'un seul paiement, mais on peut très bien recevoir plusieurs garanties.

Quel avantage y a-t-il pour le tiré à accepter par intervention après avoir refusé d'accepter comme tiré ?

370. — Il peut arriver que *le tiré*, après avoir refusé d'accepter, s'avise ensuite, au moment du protêt faute d'acceptation, d'*accepter par intervention*. Quel intérêt a-t-il à agir ainsi, en un mot quel avantage y a-t-il pour lui à n'accepter que par intervention au lieu d'accepter purement et simplement ? Il y trouve plusieurs avantages :

1º *En acceptant par intervention, il aura,* lorsqu'il aura payé à découvert (c'est-à-dire sans avoir reçu provision), *le droit de recourir :* 1º *contre celui pour lequel il est intervenu ;* 2º *contre tous les garants* (1) *de ce dernier.* — Si au con-

____

(1) Ainsi, s'il accepte par intervention pour l'endosseur nº 3, il pourra,

traire il avait accepté purement, il n'aurait de recours que contre le tireur.

2° *L'acceptation par intervention*, à la différence de l'acceptation pure et simple, *ne fait pas présumer la provision*. Ainsi, en acceptant par intervention, le tiré pourra, après avoir payé, recourir contre le tireur sans avoir besoin de prouver qu'il n'a pas reçu provision. Au contraire, s'il avait accepté purement, cela ferait présumer qu'il a reçu provision, et par conséquent il ne pourrait pas recourir contre le tireur à moins de prouver qu'il n'a pas reçu provision.

3° En cas de *tirage pour compte, le tiré qui accepte par intervention, peut recourir contre le tireur.* Au contraire, s'il accepte purement, il ne peut recourir *que contre l'ordonnateur.*

§ 7. — De l'échéance.

371. — *L'échéance de la lettre est le jour où le porteur doit en réclamer le paiement.*

Elle peut être déterminée de plusieurs manières :

1ᵉʳ cas. La lettre est *à vue* (1).

L'échéance est alors indéterminée. Le porteur présentera la lettre au paiement dès qu'il le voudra, le jour même de l'émission s'il le veut. Toutefois il ne peut plus la présenter après trois mois de la date de la lettre (2).

Qu'est-ce que l'échéance de la lettre de change ?

Comment peut-elle être déterminée ?

après avoir payé, recourir contre l'endosseur n° 3, l'endosseur n° 2, l'endosseur n° 1 et le tireur.

(1) « A vue veuillez payer, etc. »

(2) Ce délai de 3 mois est augmenté quand la lettre est tirée sur un lieu très éloigné.

2e cas. La lettre est à *jour fixe*. Le porteur doit réclamer le paiement au tiré au jour indiqué sur la lettre (1).

3e cas. La lettre est à un *certain délai de date* (2).

Le délai court à partir du jour de la date de la lettre.

4e cas. La lettre est payable à un certain *délai de vue* (3). Le délai court à partir du jour où la lettre a été présentée au tiré : cette présentation est constatée sur la lettre par l'*acceptation* ou le *visa* du tiré.

Cette présentation au tiré doit être faite dans les trois mois de la date de la lettre (4).

§ 8. — De l'endossement.

Qu'est-ce que l'endossement ?

372. — *L'endossement est l'ordre donné au tiré par le porteur actuel de la lettre, de la payer à une certaine personne, ou à celle à laquelle cette tierce personne transmettra la lettre.*

On appelle *endossataire* celui auquel est transmise la lettre de change, en un mot, le cessionnaire. *L'endosseur* est celui qui la transmet ; c'est le cédant.

Ainsi soit une lettre de 1.000 francs tirée à l'ordre de Paul.

____

(1) « Le 1er janvier prochain, veuillez payer, etc. »

(2) Exemples : « Dans 15 jours, veuillez payer », ou : « Dans 3 mois, veuillez payer. »

Si la lettre, datée du 1er février, est payable dans un mois, l'échéance sera le 1er mars.

(3) A 30 jours de vue (ou à 3 mois de vue) veuillez payer, etc.

(4) Ce délai de 3 mois est augmenté quand la lettre est tirée sur un lieu très éloigné.

Paul veut transmettre cette lettre à Jacques. Il n'a qu'à retourner l'effet et écrire au verso :

Le 1ᵉʳ mars 1911.

Payez à l'ordre de Jacques, valeur en marchandises.

PAUL.

On voit que l'endossement est un mode très simple de transmettre les titres à ordre (1).

373. — Il y a trois sortes d'endossements :
L'endossement *translatif* ;
L'endossement *pignoratif* ;
L'endossement de *procuration*.

N'y a-t-il pas plusieurs espèces d'endossement ?

a) Endossement translatif.

L'endossement translatif est celui qui transmet à l'endossataire la propriété du titre.

Il faut, pour qu'il ait cet effet, qu'il contienne plusieurs mentions :

(1) Citons les principaux titres à ordre :
1° La *lettre de change* ;
2° Le *billet à ordre* ;
3° Le *chèque* ;
4° Le *warrant* ;
5° Le *récépissé* des marchandises déposées dans un magasin général, ou de titres quelconques déposés dans une banque (dans ce dernier cas le récépissé est le plus souvent nominatif).
6° La *lettre de voiture* ;
7° Les *actions* et *obligations* dans les sociétés (Toutefois il est rare qu'elles soient à ordre : elles sont le plus souvent nominatives ou au porteur.)
8° Le *connaissement* ;
9° La *police d'assurance maritime.*

La date ;

Le nom de l'endossataire ;

La clause à ordre qui permet à l'endossataire de transmettre lui-même la lettre par endossement ;

L'indication de la valeur fournie par l'endossataire à l'endosseur.

La signature de l'endosseur.

L'endossement translatif, dans l'opinion que nous avons adoptée sur la question de savoir à qui appartient la provision, emporte cession, de l'endosseur à l'endossataire, de la créance qui forme la provision.

Quelles sont les différences entre l'endossement et la cession de créance ?

374. — *Comparons cette cession de créance, faite par voie d'endossement, avec la cession ordinaire qui a lieu par signification faite par le cessionnaire au débiteur cédé.*

Il y a plusieurs différences :

1° Au point de vue de la *forme* :

Dans la cession par endossement, il suffit d'une *mention* faite au dos de la lettre par l'endosseur avec sa signature. L'endossataire n'a pas besoin d'informer le tiré de cette cession.

Dans la cession ordinaire, il faut que le cessionnaire *signifie* la cession au débiteur, ou que celui-ci accepte dans un acte authentique (Art. 1690, C. civ.).

2° Au point de vue de la *garantie de la solvabilité* du débiteur due par le cédant au cessionnaire :

a) L'endosseur garantit à l'endossataire la solvabilité du tiré. Si le tiré ne paie pas à l'échéance,

Le cédant ne garantit pas au cessionnaire la solvabilité du débiteur cédé, à moins d'une

l'endossataire peut recourir contre l'endosseur.

b) Si le tiré ne paie pas, l'endossataire peut réclamer à l'endosseur, non pas seulement la restitution de ce qu'il lui a payé comme prix de l'endossement (1) mais le montant nominal de la lettre.

clause formelle de l'acte de cession.

En supposant que le cédant ait formellement garanti la solvabilité du cédé, le cessionnaire non payé par le cédé ne peut demander au cédant que le prix de cession, il ne peut pas lui demander la valeur nominale de la créance (Art. 1694, C. civ.)

3º Au point de vue de la *saisie-arrêt* qu'un créancier du cédant peut faire entre les mains du cédé après la cession :

Si un créancier de l'endosseur fait saisie-arrêt entre les mains du tiré même avant l'endossement, cette saisie-arrêt ne fait aucun obstacle au paiement de la lettre par le tiré au porteur.

Une fois que la lettre a été émise, la créance qui forme la provision ne peut être entravée dans sa translation par un créancier du titulaire actuel de cette créance.

Si un créancier du cédant fait saisie-arrêt entre les mains du débiteur cédé après la cession, mais avant la signification du cessionnaire, la saisie-arrêt est valable, et le cessionnaire ne pourra que concourir avec le saisissant pour le prix de la cession.

4º Au point de vue de la *compensation* que le cédé pourrait opposer au cessionnaire du chef du cédant, et, d'une façon

---

(1) Peut-être, en effet, un commerçant, qui a endossé à un autre une lettre de mille francs, ne lui devait que 500 francs. Seulement, comme il n'avait pas d'argent et que son créancier le menaçait de poursuites, il a dû, pour s'en débarrasser, lui céder cette lettre.

plus générale au point de vue des *exceptions* que le cédé pourrait opposer au cédant :

Le tiré ne peut pas opposer au porteur en compensation une créance qu'il aurait acquise contre le tireur, même avant l'endossement du tireur au porteur (1).	Le débiteur peut opposer au cessionnaire, en compensation, une créance qu'il a acquise contre le cédant après la cession, mais avant la signification.
Le tiré ne peut pas opposer à l'endossataire les exceptions qu'il pourrait opposer à l'endosseur ou au tireur (2). C'est là la règle très importante de l'inopposabilité des exceptions en matière de lettre de change.	Le débiteur peut opposer au cessionnaire les exceptions qu'il pourrait opposer au cédant, pourvu seulement que ces exceptions soient nées avant la signification du cessionnaire au débiteur.

En quoi consiste la règle de l'inopposabilité des exceptions ?

375. — *Cette règle de l'inopposabilité des exceptions* c'est un des effets les plus curieux de la lettre de change. En droit civil, nul ne peut transmettre plus de droits qu'il n'en a : Si donc le cédant a une créance à laquelle le débiteur

_____

(1) Cette décision est une application de l'art. 149 C. comm., aux termes duquel il n'est pas admis d'opposition au paiement de la lettre, sauf dans les 2 cas exprimés dans cet article. Or la compensation serait une sorte d'opposition faite par le tiré sur lui-même.

(2) Il en serait autrement si l'exception dérivait de la lettre même, de sorte que l'endossataire pût s'attendre à se la voir opposer, et fût en faute d'avoir accepté une telle lettre en paiement. Par ex., le tireur, ayant perdu vis-à-vis du bénéficiaire une partie de cartes ou de dés dont l'enjeu est de mille francs, tire sur son débiteur une lettre portant : « Veuillez payer la somme de mille francs à l'ordre de A, valeur pour jeu. » Le tiré peut opposer l'exception de jeu au bénéficiaire ou à son endossataire. V. *infra*, n. 375.

peut opposer certaines exceptions, le cessionnaire pourra se voir également opposer ces exceptions. Pour la lettre de change, au contraire, *le tiré et tout signataire ne pourront nullement se prévaloir contre le porteur de la lettre de change, qui réclame son paiement à l'échéance, des exceptions que le tiré avait contre les endosseurs et signataires précédents. L'endossement purge la lettre de toutes les exceptions personnelles qui la grevaient.*

La lettre de change réalise donc l'identification du droit au titre, son incarnation dans ce titre. Nous avons dit, à propos de la nature de la lettre de change, comment nous expliquons cet effet important.

376. — *Quelles sont les exceptions qui seront ainsi inopposables ?*

Ce sont les *exceptions personnelles* au tireur et au tiré. Exception de dol, de compensation, *non adimpleti contractus*, d'incompétence et de cause illicite de la lettre. D'autres exceptions sont attachées à la lettre en elle-même, *in rem* : Vice de forme, faux, violence (l'exception de dol sera au contraire couverte) et incapacité du tiré acceptant la lettre pendant sa minorité.

b) Endossement pignoratif.

377. — *L'endossement pignoratif est celui qui donne la lettre en gage à l'endossataire.*

Qu'est-ce que l'endossement pignoratif ?

Par exemple, le porteur actuel de la lettre emprunte 600 francs et veut donner en gage à son prêteur une lettre ou un billet à ordre. Il y a lieu aux mêmes mentions que dans l'endossement translatif, sauf qu'on indique la valeur en ces termes : « Valeur en garantie ».

Si l'échéance de la lettre arrive avant que le créancier n'ait été remboursé, celui-ci touchera lui-même la lettre, et restituera au débiteur l'excédent de la lettre sur sa propre créance.

c) **Endossement de procuration.**

378. — *L'endossement de procuration donne à l'endossataire le droit de toucher la lettre, à charge d'en restituer le montant à l'endosseur.*

Remarquons qu'au regard des tiers, et sauf sa responsabilité envers son mandant, l'endossataire de procuration peut transférer la propriété du titre, en faisant lui-même un endossement translatif.

Comment saura-t-on que l'endossement est un simple endossement de procuration ? Pas de doute si cela est dit formellement dans le texte même de l'endossement.

Au cas contraire, la loi (art. 138. C. comm.), a édicté la présomption suivante : Lorsque l'endossement ne porte pas toutes les mentions nécessaires pour qu'il soit translatif, il est censé n'être qu'un endossement de procuration ; c'est ce qu'on exprime en disant : *L'endossement irrégulier vaut comme endossement de procuration.*

379. — On appelle *endossement en blanc celui qui ne porte aucune autre mention que la signature de l'endosseur.* Par exemple Primus, qui endosse la lettre en blanc à Secundus, mettra simplement, au dos de la lettre, sa signature Primus.

a) Cette forme est très commode, car le porteur à qui la lettre a été ainsi endossée, pourra la transmettre de la main à la main, sans avoir besoin même d'y mettre son nom, et la lettre circulera comme si elle était au porteur. Elle passera ainsi de mains en mains, sans que son texte porte trace de ces transmissions.

Le dernier détenteur de la lettre n'aura qu'à inscrire lui-même, au-dessus de la signature de Primus, un endossement à son profit, en ces termes : « Payez à l'ordre de Tertius », et tout se passera comme si la lettre avait été remise directement par Primus à Tertius, sans passer par les porteurs intermédiaires.

b) Il est évident que *l'endossement en blanc est irrégulier, et ne vaut par suite que comme endossement de procuration.*

Quel est l'effet de l'endossement en blanc ?

380. — Examinons cette proposition : « L'endossement irrégulier est réputé être un endossement de procuration ». Je suppose que la lettre tirée au profit de Primus a été endossée irrégulièrement par Primus à Secundus.

A) *Dans les rapports du bénéficiaire Primus, avec Secundus endossataire, la présomption n'est pas absolue, elle est simplement juris tantum.* En d'autres termes, lorsque Primus dit à Secundus : « Rendez-moi les mille francs que vous avez reçus du tiré, car vous n'êtes que mon mandataire », Secundus peut lui répondre, à charge de fournir la preuve : « Bien que l'endossement que vous m'avez fait soit irrégulier, néanmoins il était entendu entre nous qu'il serait translatif ».

Quelle est la force de la présomption que l'endossement irrégulier n'est qu'une procuration ?

B) *Au contraire, dans les rapports de l'endossataire et des tiers, la présomption est absolue.* Ainsi, supposons que Secundus vienne réclamer le paiement au tiré, celui-ci oppose la compensation à raison d'une créance qu'il a contre Primus en lui disant : « Vous n'êtes que le mandataire de Primus ; or, si Primus demandait le paiement, je pourrais lui opposer la compensation ; donc je vous l'oppose à vous-même. La preuve

18

que vous n'êtes que le mandataire de Primus, c'est que l'endossement qu'il vous a fait est irrégulier ». Secundus endossataire ne pourrait pas répondre : « L'endossement était translatif, quoiqu'irrégulier », même s'il était en mesure d'en administrer la preuve.

§ 9. — De la solidarité.

381. — *Tous ceux qui ont mis leur signature sur la lettre de change, sont solidairement responsables de son paiement.* Ainsi le porteur peut s'adresser, s'il n'est pas payé par le tiré, soit au tireur, soit à l'un quelconque des endosseurs, et demander le paiement du montant total de la lettre.

Qu'entend-on par la solidarité des signataires de la lettre de change ?

Cette solidarité est évidemment *imparfaite*, car il n'y a pas de rapport de mandat entre les divers signataires. Par conséquent, le porteur qui, non payé par le tireur, agit contre l'un des signataires, n'interrompt la prescription et ne fait courir les intérêts que contre celui-là ; cette poursuite est sans effet à l'égard des autres signataires.

Les recours vont se succéder ainsi pour retomber sur le tireur, s'il n'y avait pas provision. S'il y avait provision, ce tireur lui-même aura une action contre le tiré ; cette action sera, ou *l'action dite de change*, si le tiré avait accepté ; ou *l'action de provision* s'il n'avait pas accepté.

§ 10. — De l'aval et des sûretés garantissant la lettre de change.

Qu'est-ce que l'aval ?

382. — *L'aval est le cautionnement de la lettre de change.* Un donneur d'aval n'est donc autre chose qu'une caution. On peut donner aval pour le tireur ou pour l'un des endosseurs. Le donneur d'aval est tenu comme celui pour lequel il intervient. Ainsi, si j'ai avalisé le tireur, le tiré, s'il paie à découvert, pourra recourir contre moi. S'il ne paie pas, je suis exposé au recours du porteur ou de celui qui serait subrogé dans les droits du porteur (1). Si j'ai avalisé un endosseur, je suis tenu envers les endosseurs subséquents et le porteur. Après avoir payé, j'aurai recours contre mon avalisé et contre ses garants, c'est-à-dire les endosseurs qui le précèdent et le tireur.

383. — L'aval peut être donné :

Comment l'aval peut-il être donné ?

Soit *sur la lettre même* par les mots « Bon pour aval » suivis de la signature de l'avaliseur.

Soit *par écrit séparé* : par exemple j'écris au tiré, pour le décider à accepter ou à payer la lettre, que je garantis l'engagement du tireur : ou encore, j'écris dans le même sens à un individu quelconque auquel le tireur ou un endosseur veut remettre la lettre en paiement, et qui hésite à la recevoir.

La différence entre l'aval donné sur la lettre même; et l'aval donné par écrit séparé, est analogue à celle que nous avons signalée entre l'acceptation du tiré sur la lettre et son acceptation par écrit séparé (V. *supra*, n. 364.)

Au 1er cas, l'avaliseur **est** tenu, comme l'avalisé lui-même, envers tous les endosseurs subséquents et le porteur. Il est même tenu envers le tiré qui paierait à découvert, s'il avait avalisé le tireur lui-même.

Au 2e cas, l'avaliseur n'est tenu qu'envers celui auquel il a déclaré, par un écrit distinct de la lettre, qu'il garantissait le paiement.

____

(1) Par ex. si un endosseur paie le porteur, il pourra ensuite recourir contre l'avaliseur du tireur.

Ajoutons que l'aval donné sur la lettre même commercialise l'obligation de l'avaliseur ; il n'en est pas de même de l'aval donné par écrit séparé.

384. — *Il ne faut pas confondre avec le donneur d'aval, le domiciliataire et le recommandataire.*

Qu'est-ce que le domiciliataire ?

Le domiciliataire est celui chez lequel la lettre est payable, au lieu de l'être au domicile du tiré.

Par exemple : le tiré, qui habite à Paris, telle rue, dit au tireur : « Je vous prie d'indiquer sur la lettre que le porteur devra réclamer son paiement à telle banque, telle rue, etc. ». Dans ce cas, le banquier indiqué est domiciliataire. Le tiré agit ainsi parce qu'il a l'habitude de ne pas garder chez lui de sommes importantes, et de déposer ses fonds à cette banque, par laquelle il fait payer ses dettes. Ou bien encore, le tiré dit au tireur : « Mettez la lettre payable à Vienne, hôtel de France », parce que le tiré prévoit qu'au moment de l'échéance il sera en ce lieu, et non pas à son domicile réel (1).

385. — *Le recommandataire (ou besoin) est une personne que le tireur (ou l'un des endosseurs) charge de payer la lettre au cas où le tiré ne la paierait pas, et cela afin d'éviter le protêt et les recours qui en sont la suite.*

Qu'est-ce que le recommandataire ?

Ainsi le tireur, après avoir écrit la lettre qu'il tire sur le tiré Primus, demeurant à Paris, ajoute : « Payable au besoin chez Secundus, telle rue, etc. ». Il faut supposer évidemment pour cela que le tireur est en relations avec Secundus.

---

(1) Souvent le tiré ne dit rien au tireur, et indique lui-même le domiciliataire au moment où la lettre lui est présentée pour l'acceptation. Ainsi il écrit : « accepté, payable à telle banque, telle rue ».

386. — *La lettre de change peut être garantie par une sûreté réelle.*

L'hypothèque est rarement employée. Il faut supposer qu'un banquier a ouvert un crédit, et que, comme sûreté de ses avances, il s'est fait donner une hypothèque sur les biens du bénéficiaire du crédit. De cette façon, si les lettres de change que ce bénéficiaire fait escompter par lui ne sont pas payées, il aura la garantie de l'hypothèque pour assurer son remboursement.

Le gage est beaucoup plus pratique. On procède généralement de la façon suivante :

Un négociant de Bordeaux tire sur un autre négociant de New-York, une lettre de change pour le paiement de marchandises qu'il lui expédie par mer. Le capitaine remet au tireur un connaissement, c'est-à-dire un reçu des marchandises chargées sur son navire. Le connaissement est généralement à ordre, c'est-à-dire que le capitaine, à l'arrivée, délivre les marchandises à celui qui est porteur du connaissement en vertu d'un endossement régulier. Le tireur endosse la lettre au banquier qui la lui escompte et en même temps il lui endosse le connaissement. Ce connaissement est épinglé avec la lettre et se négocie avec elle. La lettre de change, ainsi munie d'un connaissement qui la garantit, se nomme *traite documentaire*. Le banquier envoie la lettre à un autre banquier, son correspondant à New-York, qui la présente au tiré, à l'échéance. Si ce porteur est payé, il restituera au tiré à la fois la lettre de change et le connaissement, qui lui permettra de se faire délivrer les marchandises par le capitaine. Si le porteur n'est pas payé, il se fera remettre par le capitaine, au moyen du connaissement dont il est porteur, les marchandises expédiées par le tireur, et les fera vendre pour se payer du montant de la lettre de change (1). Si les marchandises sont assurées, le tireur endosse également au banquier la police d'assurance qui est jointe à la traite et au connaissement.

On peut aussi considérer la provision comme le gage du porteur, du moins dans notre opinion, qui considère que la provision appartient au porteur.

En résumé, et pour répondre à cette question :

Quelles sont les sûretés qui peuvent garantir le paiement de la lettre de change ?

Quelles sont les sûretés qui peuvent garantir le paiement de la lettre de change ? Il y a des sûretés *personnelles* et des sûretés *réelles*.

Les sûretés personnelles sont :

1° La *solidarité* des endosseurs et du tireur.

2° L'*acceptation* du tiré.

3° L'*aval*.

Les sûretés réelles sont :

1° L'*hypothèque*, peu employée.

2° Le *gage* qui se manifeste surtout par la traite documentaire, et aussi par la provision, du moins si l'on admet notre opinion que la provision appartient au porteur.

§ 11. — Du paiement de la lettre de change.

Quelles particularités présente le paiement de la lettre de change ?

387. — Le paiement de la lettre de change présente plusieurs particularités :

1° En général le créancier n'est pas obligé de demander son paiement à l'échéance. Certes, il ne peut pas le demander avant, mais, une fois

(1) On voit que la traite documentaire ressemble au warrant, le navire faisant fonction de magasin général.

l'échéance arrivée, il n'est pas tenu de réclamer le paiement de suite ; il le réclamera quand il voudra. Au contraire, *le porteur de la lettre de change doit réclamer son paiement le jour même de l'échéance ; sinon, il est dit négligent.*

1° Au point de vue de la nécessité de réclamer le paiement à l'échéance ?

2° En général, le débiteur à terme peut payer avant l'échéance, car le terme est réputé établi en sa faveur.

Au contraire, *celui qui doit en vertu d'une lettre de change ne peut pas imposer le paiement avant l'échéance.* Le terme est ici, non seulement dans l'intérêt du tiré, mais aussi dans celui du porteur.

2° Au point de vue de la défense de payer avant l'échéance ?

3° En général, quand un créancier non payé s'adresse à la justice pour obtenir condamnation contre son débiteur, le tribunal peut accorder à ce dernier un *délai de grâce*, de telle sorte que le créancier ne pourra pratiquer la saisie qu'à l'expiration de ce délai.

3° Au point de vue du délai de grâce ?

Au contraire, *en matière de lettre de change, le juge ne peut pas accorder de délai de grâce au débiteur* (1).

4° En général, un créancier du créancier peut faire *opposition* au paiement de la dette.

Au contraire, *le créancier du porteur ne peut pas faire opposition au paiement de la lettre.* L'art. 149, C. comm., n'admet, en effet, d'opposition au paiement qu'en cas de perte de la lettre ou de faillite du porteur.

4° Au point de vue de l'opposition ?

---

(1) Toutefois, à Paris il est d'usage, au tribunal de commerce, d'accorder un délai de grâce de 25 jours à celui qui est poursuivi en vertu d'une lettre de change.

5° Au point de vue du paiement partiel ? 5° En général, un créancier n'est pas tenu de recevoir un *paiement partiel* ; certes, il a le droit de recevoir un acompte, mais il n'y est pas obligé. Au contraire, *le porteur d'une lettre de change est obligé de recevoir l'acompte qui lui est offert, et il fera protester la lettre pour le surplus.*

6° Au point de vue de la responsabilité du paiement ? 6° En général, le débiteur est *responsable de la validité du paiement.* S'il paie quelqu'un qui n'a pas le droit de recevoir le paiement, il demeure tenu envers le véritable créancier. C'est ce qu'on exprime par l'adage « qui paie mal paie deux fois ».

Au contraire, *le tiré qui, à l'échéance, paie le porteur de la lettre, est présumé valablement libéré.* Il suffit qu'il vérifie que la chaîne des endossements se suit bien et sans interruption. Par exemple, le porteur de la lettre de change la perd. Un tiers la trouve et l'endosse à un autre tiers qui à l'échéance présente la lettre au tiré, lequel la paie. Le tiré est dans ce cas responsable du paiement, car la chaîne des endossements ne se suit pas sans interruption. En effet, le porteur qui a perdu la lettre ne l'a pas endossée au tiers qui l'a trouvée : Cette transmission n'apparaît pas sur la lettre, et dès lors le tiré a commis une faute en payant.

Mais si le tiers qui a trouvé la lettre se l'était appropriée par un faux endossement, en apposant lui-même la signature du porteur qui l'a perdue, le tiré serait valablement libéré, du moment qu'il n'a pas reçu de ce porteur une opposition au paiement (1).

---

(1) Cette présomption que le tiré, qui paie le porteur, est valablement libéré quand la chaîne des endossements n'est pas interrompue, suppose que le

§ **12**. — **Du paiement par intervention**.

388. — *Lorsque le tiré ne paie pas la lettre* et que le porteur la fait protester, *il se peut qu'une tierce personne offre de la payer par intervention pour l'un des endosseurs ou pour le tireur*. Ce paiement sera mentionné dans le protêt.

Les motifs qui poussent ce tiers à payer par intervention, sont les mêmes qui poussent un tiers à accepter par intervention.

1º Eviter les recours qu'exercerait le porteur non payé ;

2º Ménager la réputation commerciale du tireur et des endosseurs, qui serait atteinte pour avoir mis en circulation une lettre de change inutile.

389. — *Le payeur par intervention a recours contre celui pour lequel il est intervenu, et contre tous les garants de celui-là* (1).

Si plusieurs personnes se présentent à la fois pour payer par intervention, *on préfère celui qui opère le plus de libérations*, c'est-à-dire celui qui a le moins de recours à exercer.

Qu'est-ce que le paiement par intervention ?

Pourquoi paye-t-on par intervention ?

Quel est le recours du payeur par intervention ?

Quid s'il y a plusieurs payeurs par intervention ?

paiement a eu lieu à *l'échéance*. S'il avait lieu avant l'échéance, la présomption ne s'appliquerait pas, car le tiré aurait commis une faute en faisant ce paiement anticipé. Il aurait dû attendre l'échéance pour laisser au véritable propriétaire, dépouillé de la lettre par suite d'un vol ou d'une perte, le temps de faire opposition au paiement.

(1) Ainsi celui qui paie par intervention pour l'endosseur D a recours contre les endosseurs D, C, B, A et contre le tireur, mais il n'a pas recours contre E, F, G, etc., endosseurs postérieurs à celui pour lequel il est intervenu.

Ainsi un tiers intervenant offre de payer pour F, et un autre tiers offre de payer pour B ; on préfère ce dernier parce que ce paiement libère C, D, E, F qui seraient au contraire exposés au recours du premier (art. 159, C. comm.).

D'après cela, si l'un des intervenants offre de payer pour le tireur lui-même, c'est celui-là qui doit être préféré, parce que tous les endosseurs se trouvent libérés, le tireur seul restant tenu (1).

390. — *Quel intérêt y a-t-il pour le tiré, après avoir refusé, à payer par intervention ?*

Il y a intérêt :

1° Au point de vue de son *recours contre les endosseurs :*

Si le tiré paie comme tiré, il n'aura de recours que contre le tireur.

Si le tiré paie par intervention, il pourra recourir contre celui pour lequel il est intervenu et contre tous les garants de ce dernier.

2° Au point de vue de son *recours contre le tireur* en cas de tirage pour compte :

Il n'a pas de recours contre le tireur pour compte, mais seulement contre le donneur d'ordre.

Il pourra recourir contre le tireur pour compte.

---

(1) La loi dit dans l'art. 159 C. comm., qu'il faut préférer le tiré, s'il est au nombre des intervenants. Cela est vrai, s'il offre de payer pour le tireur lui-même ; c'est ce que suppose la loi, car, en général, c'est le tireur que connaît le tiré. Cette solution n'est que l'application de la règle générale posée au texte. Mais si le tiré intervient seulement pour un endosseur, tandis qu'un tiers intervient pour le tireur, c'est ce tiers qu'il faudrait préférer au tiré, parce que le paiement de ce tiers opère plus de libérations.

§ 13. — Des droits et devoirs du porteur.

391.— Nous avons déjà dit qu'avant l'échéance le porteur avait le droit de demander l'acceptation du tiré, mais qu'il n'y était pas obligé. *A l'échéance, il a, non seulement le droit, mais l'obligation de réclamer le paiement.* S'il est payé, tout est fini.

S'il n'est pas payé, il doit faire protester la lettre le lendemain de l'échéance, et recourir dans les 15 jours du protêt contre les endosseurs et contre le tireur. Ce recours consiste à leur signifier le protêt et à les assigner en paiement (1).

En agissant ainsi, le porteur est *diligent.* Au cas contraire, il est *négligent.*

392.— Voyons les conséquences de cette négligence, en un mot les *déchéances du porteur négligent :*

1° *Il ne peut pas recourir contre les endosseurs ;*

2° *Il ne peut pas recourir contre le tireur, si celui-ci justifie qu'il a fait provision* (2).

Quel droit restera donc au porteur négligent ? Distinguons :

(1) En pratique, il ne poursuit que son propre endosseur, c'est-à-dire celui qui lui a remis la lettre. Celui-ci a, à son tour, 15 jours pour recourir contre l'endosseur précédent, et ainsi de suite jusqu'au tireur.

(2) Nous savons que le tireur, pour échapper au recours du porteur négligent, doit faire cette preuve directement : il ne lui suffit pas d'invoquer la présomption dérivant de ce que le tiré a accepté, La présomption de provision qui dérive de l'acceptation, ne s'applique, en effet, que dans les rapports entre le tiré et le tireur (V. *supra,* n. 362).

Bien entendu, c'est vainement que le tireur prouverait avoir fourni provision au tiré, s'il avait retiré cette provision après l'échéance.

Si le tireur n'a pas prouvé qu'il a fait provision, le porteur pourra recourir contre lui.

Si le tireur a fait cette preuve, le seul droit du porteur sera d'exercer contre le tiré la créance qui constitue la provision ; cette solution concorde parfaitement avec la décision, donnée plus haut, que le porteur est propriétaire de la provision.

392 *bis*. — Il y a des cas où le porteur n'est pas considéré comme négligent, bien qu'il n'ait pas fait protester la lettre le lendemain de l'échéance. C'est lorsque la lettre porte la clause *retour sans frais* ou simplement *sans frais*.

Qu'est-ce que la clause retour sans frais ? Cette clause a pour but d'éviter un protêt qui fait toujours mauvais effet au point de vue de la réputation commerciale des divers signataires de la lettre, et particulièrement pour le tiré accepteur et pour le tireur.

Dans ce cas, le porteur conserve la plénitude de ses droits contre les endosseurs et le tireur, quoique n'ayant pas fait opérer le protêt.

Est-ce pour le porteur une obligation, ou seulement une faculté, de ne pas faire opérer le protêt, dans notre cas de clause « retour sans frais » ? En un mot, le porteur peut-il, s'il le veut, faire opérer ce protêt ? Controverse.

D'après la jurisprudence, la clause constitue simplement une dispense pour le porteur de faire le protêt, dispense à laquelle il peut renoncer, s'il le veut, pour se conformer au droit commun.

§ 14. — Des protèts.

393. — *On distingue le protêt faute d'acceptation*, et le protêt *faute de paiement.* C'est une constatation, faite par huissier, que le tiré sommé d'accepter au premier cas, de payer au deuxième cas, ne l'a pas fait.

Qu'est-ce que le protêt ?

Nous avons déjà parlé du protêt faute d'acceptation, et nous avons dit qu'il n'était pas obligatoire.

Le protêt faute de paiement au contraire est obligatoire. Si le porteur n'a pas soin de le faire opérer le lendemain de l'échéance, il est négligent, et encourt les déchéances que nous avons vues, à moins que la lettre ne porte la clause « retour sans frais ».

Le protêt porte, en tête, la copie de la lettre de change.

Lorsque le porteur a été dépouillé de la lettre par suite d'un *vol*, d'une *perte*, il ne peut pas la faire protester faute de paiement. Il faut dresser, à la place du protêt, un acte appelé *acte de protestation*, qui produit le même effet, c'est-à-dire que cet acte sauve son recours contre les endosseurs et le tireur.

Qu'est-ce que l'acte de protestation ?

§ 15. — Du rechange.

394. — Le porteur non payé a un moyen de se procurer le montant de la lettre le jour même de l'échéance, et dans le lieu même où la lettre est payable, c'est la *retraite.*

On appelle ainsi une lettre à vue, tirée par le porteur sur l'un

Qu'est-ce que la retraite ?

quelconque des endosseurs (généralement, il la tire sur son propre endosseur). *Le montant de la retraite comprend le montant de la lettre, augmenté du compte de retour.*

Le compte de retour comprend les frais de protêt, les intérêts de la lettre qui ont couru depuis l'échéance jusqu'au jour où la retraite est émise, le rechange et la commission du banquier.

Qu'est-ce que le compte de retour ? Et le rechange?

— *Le rechange* consiste dans les frais du change entre le lieu où la retraite est tirée et reliée ou elle est payable.

Le *porteur se fait immédiatement escompter la retraite*, et se procure par là intégralement le montant de la lettre et les frais du protêt.

Le tiré de cette seconde lettre, qui est obligé de payer la retraite, fait à son tour une retraite sur son propre endosseur. Mais il ne pourra augmenter le montant de la première retraite, à raison des frais de change et de la commission de banque qu'il aura à payer. C'est ce qu'on exprime en disant qu'il n'y a lieu qu'à *un seul compte de retour*. La loi ne veut pas que le tireur ait à supporter de trop grands frais par suite de retraites successives lorsque la lettre a beaucoup circulé.

§ 16. — De la prescription.

Par quel délai se prescrivent les obligations dérivant la lettre de change ?

395. — Aux termes de l'art. 189, C. comm., les *obligations qui dérivent de la lettre de change* (ou des billets à ordre contenant une signature du commerçant) *se prescrivent par 5 ans à compter du jour du protêt.*

Il importe, en effet, pour simplifier les comptes, et empêcher les procès qui sont d'autant plus embrouillés que la cause en est plus ancienne, de liquider promptement les rapports tenant à une lettre de change.

Cette prescription est fondée sur une présomption de paiement; le porteur est censé, lorsqu'il a laissé passer 5 ans sans exercer de poursuites, avoir été payé (1).

Quel est le motif rationnel de cette courte prescription ?

Quel en est le fondement juridique ?

1° Domaine d'application de cette prescription.

396. — Elle s'applique aux obligations nées de la lettre de change.

Premier cas. — Le porteur est *diligent.* Il n'y a évidemment pas lieu à la prescription, puisque le porteur a exercé les poursuites nécessaires pour conserver ses droits.

Deuxième cas. — Le porteur est *négligent,* c'est-à-dire qu'il n'a pas fait opérer le protêt le lendemain de l'échéance, ou bien, l'ayant fait, il n'a pas exercé le recours en garantie dans les 15 jours. Ceux qui peuvent invoquer purement et simplement la négligence du porteur, comme les endosseurs et le tireur qui a fait provision, n'ont pas besoin d'opposer la prescription. *La prescription servira à ceux qui ne peuvent pas invoquer cette négligence, par exemple : le tiré accepteur (ou son avali-*

(1) La preuve que cette prescription est bien fondée sur une présomption de paiement, c'est que le porteur, qui se la voit opposer, peut y échapper en *déférant le serment* à son adversaire, c'est-à-dire en lui disant : « Jurez que la lettre de change m'a été payée. » C'est le propre des courtes prescriptions, art. 2275 (C. civ.,), d'être fondée sur une présomption de paiement, et de pouvoir être combattue par conséquent par la délation du serment.

seur), ou encore le tireur qui n'a pas fait provision (ou son avalis-seur).

397. — *La prescription de 5 ans ne s'applique pas aux obligations qui ne sont pas nées de la lettre de change.*

Ainsi, supposons que le porteur ait chargé un banquier de recouvrer la lettre de change. *L'action* mandati directa *du porteur contre le banquier à l'effet de se faire rembourser la somme touchée pour son compte, dérive du mandat et non de la lettre ;* donc elle sera soumise à la prescription ordinaire de 30 ans.

De même, si le tireur, après avoir payé le porteur, poursuit le tiré qui n'a pas payé, quoiqu'ayant provision, il *agit en vertu de la créance qui forme la provision,* et non en vertu de la lettre de change ; il n'y a donc pas lieu à notre prescription (1).

2° **Interruption de la prescription.**

398. — *La prescription peut être interrompue,* aux termes mêmes de notre art. 189, C. comm., qui ne fait ici d'ailleurs qu'appliquer le droit commun, *par une citation en justice ou par la recon-naissance du prescrivant.*

3° **Suspension de la prescription.**

399. — Conformément à la règle générale posée par l'art. 2279, C. civ., en ce qui touche les courtes prescriptions, *notre prescription court à l'égard des mineurs et des interdits.*

---

(1) Il en est de même si le porteur négligent, repoussé par le tireur qui justifie avoir fait provision, exerce contre le tiré la créance qui constitue provision.

Marginal notes:

Indiquez des cas où il n'y a pas lieu à la prescription de 5 ans ?

La prescription peut-elle être interrompue ?

CHAPITRE II

DU BILLET A ORDRE

400. — *C'est un titre par lequel un souscripteur s'engage lui-même à payer à un bénéficiaire (ou preneur), ou à son ordre, telle somme à telle époque déterminée.*   **Définition.**

Il est généralement ainsi conçu.

B. P. F. : 1.000.

Paris, le 1ᵉʳ juillet 19...

Le 1ᵉʳ octobre prochain, je paierai à l'ordre de Secundus, la somme de mille francs, valeur en marchandises.

Signé : Primus,

Nᵒ   , Rue... à Paris.

Primus est le souscripteur du billet et Secundus en est le bénéficiaire.

On voit que le *billet à ordre est une sorte de lettre de change que le souscripteur Primus tire sur lui-même à l'ordre du bénéficiaire.*

Le souscripteur est donc à la fois tireur et tiré accepteur.

Y a-t-il provision dans le billet à ordre ?

401. — On *dit le plus généralement qu'il n'y a pas provision dans le billet à ordre.* Nous croyons le contraire : *La provision consiste ici dans la créance que le bénéficiaire a contre le souscripteur,* créance pour l'extinction de laquelle ce billet est créé. Mais l'importance de la question est minime : Cependant la provision conserve son rang de garantie réelle accessoire dont l'utilité apparaîtra si elle est entourée de garanties hypothécaires ou autres.

Le billet à ordre a-t-il la vertu commercialisante ?

402. — Le *billet à ordre n'a pas,* comme la lettre de change, *la vertu commercialisante.* Dès lors toute personne capable de s'engager civilement peut le faire par un billet à ordre. Les signataires ne sont pas nécessairement passibles, au cas où le porteur, non payé, recourrait contre eux, du tribunal de commerce.

N'y a-t-il pas un cas où il a cette vertu ?

Cependant il en est autrement, lorsque ces signataires sont commerçants, à cause de la présomption de commercialité qui s'attache à toutes les obligations contractées par des commerçants.

Il suffit même qu'il se trouve, parmi les signataires, un commerçant, pour que tous soient passibles du tribunal de commerce. En effet, il ne serait pas pratique de poursuivre un endosseur commerçant devant le tribunal de commerce, et les endosseurs non commerçants devant le tribunal civil. Il est plus simple que tous soient passibles, pour la même affaire, de la même juridiction.

Qu'est-ce que le billet à domicile ?

On appelle *billet à domicile* celui qui est payable dans un lieu autre que celui où il est émis. Par exemple, Primus souscrit à Paris un billet à ordre payable à Bordeaux.

CHAPITRE III

DU CHÈQUE

403. — *Le chèque (1) est l'écrit, qui, sous la forme d'un mandat de paiement, sert au tireur à effectuer le retrait, à son profit, ou au profit d'un tiers, de tout ou partie des fonds portés au crédit de son compte, et disponibles.*

Le chèque permet à un commerçant de faire opérer par un banquier son service de caisse. A cet effet, il ne lui remet qu'une certaine somme en dépôt, et quand il a un fournisseur à payer, il remet à ce fournisseur un chèque sur ce banquier, ce qui lui évite de faire lui-même un paiement en numéraire (2-3).

---

(1) Le chèque vient d'Angleterre ; il a été importé en France par une loi de 1865. Cette loi a été modifiée, sur les points de détail, par une loi de 1874.

(2) Nous nous plaçons ici dans le cas ordinaire en supposant que le chèque est tiré sur le banquier ; il pourrait être aussi bien tiré sur une maison de commerce. Par exemple, un fabricant de vins de Champagne à Epernay, a un comptoir à Paris, où sont vendus ses produits. Il peut tirer des chèques sur le commis préposé à ce comptoir.

(3) Le banquier chez lequel ce négociant se fait ouvrir un compte de chèques, lui remet un *carnet de chèques* et un *carnet de comptes*.

Quand il veut payer un fournisseur, il prend son carnet de chèques, détache une feuille, écrit dessus la somme qu'il a à payer, et le remet à son fournisseur ; celui-ci va le toucher chez son banquier, ou le remet à son propre banquier qui le touchera pour son compte chez son confrère.

Sur le carnet de comptes, le commerçant inscrit, du côté de l'*Avoir*, les

Quelle est la forme du chèque ?

Le chèque peut être nominatif, à ordre ou au porteur (1).

sommes qu'il met en dépôt chez le banquier, et du côté du *Doit*, les sommes qu'il retire par des chèques. Il doit bien faire attention, quand il émet un chèque, à ne pas dépasser la somme qui reste à sa disposition chez le banquier : autrement, non seulement celui-ci ne la paierait pas, mais le commerçant s'exposerait à des poursuites correctionnelles.

D'un autre côté, celui qui reçoit un chèque en paiement, au lieu d'aller le toucher lui-même chez le banquier tiré, le remet à son propre banquier, qui le passe à son crédit. C'est ce qui se fait surtout en Angleterre où le chèque est beaucoup plus usité que chez nous.

Ainsi tous les paiements que les Anglais ont à se faire, se ramènent à des paiements entre banquiers, et même entre les banquiers de Londres (car les divers banquiers anglais sont en compte avec les banquiers de Londres, et se règlent entre eux par des chèques sur ces derniers). Cela permet de vastes compensations entre les banquiers de Londres. A cet effet, ils se réunissent chaque jour dans un local appelé *clearing house* (maison d'apurement des comptes) afin de régler leurs comptes. Comme ils ont tous un compte à la Banque d'Angleterre, ceux qui demeurent débiteurs d'un reliquat, en sont débités sur les livres de cette banque, ceux au contraire qui sont créanciers d'un solde en sont crédités. Ainsi des sommes énormes se trouvent payées sans emploi de métal, et par un simple jeu d'écritures sur les registres de la Banque d'Angleterre.

(1) En Angleterre le chèque est ordinairement au porteur. Pour éviter les risques de perte ou de vol, ce chèque est *barré*, c'est-à-dire qu'il porte 2 barres parallèles, entre lesquelles on inscrit le nom d'un banquier. Cela signifie qu'il ne pourra être touché que par ce banquier. Dès lors, si Primus me vole un chèque sur le banquier X, il ne pourra le toucher que par l'intermédiaire du banquier désigné, Z., et ainsi il se dénoncera lui-même. En effet, lorsque, m'apercevant du vol, j'avertirai le banquier, il me dira qu'il a payé le chèque au banquier Z, et ce banquier me dira à son tour que ce chèque lui a été remis par son client Primus, que je m'empresserai de dénoncer à la justice. C'est pourquoi les risques de vol sont bien diminués, grâce au chèque barré, qui permet de suivre la trace du chèque ; on ne vole guère en effet quand on est sûr d'être reconnu et condamné.

404. — Des *différences entre la lettre de change et le chèque* existent à plusieurs points de vue :

1° Au point de vue de leur *but :*

La lettre est un moyen de *crédit*, de *circulation* fiduciaire et de *transport* d'argent.

Le chèque est avant tout un *moyen de paiement* ; très accessoirement un moyen de crédit.

2° Au point de vue *de leur nature :*

La *lettre de change est un paiement*. Le tireur ne peut la révoquer une fois qu'elle est émise ; *elle emporte novation* de la dette qu'elle consacre et transmission aux endossataires successifs de la propriété de la provision.

Le chèque n'est pas un paiement, mais seulement *une indication de paiement qui n'emporte pas novation* (art. 1277 C. civ.) et que le débiteur, émetteur du chèque, peut révoquer à son gré, jusqu'au moment du paiement. *Il reste toujours propriétaire de la provision.*

3° Au point de vue de la *provision :*

a) Dans la lettre de change il suffit que la provision existe à *l'échéance.*

Dans le chèque, la provision doit exister *avant l'émission.*

b) La provision consiste en une *créance quelconque* du tireur contre le tiré.

Elle consiste en un *dépôt d'argent*, et le chèque est un moyen de retirer tout ou partie des fonds déposés. Le chèque payable à vue doit répondre à

c) Le défaut de provision ne constitue pas un délit.

une créance exigible et à des fonds disponibles.

Le défaut de provision est un *délit* passible d'emprisonnement.

4° Au point de vue de l'*échéance* :

La lettre de change peut être à vue, à jour fixe, à un certain délai de date, ou à un certain délai de vue.

Le chèque est nécessairement payable *à vue*.

5° Au point de vue de la *durée de la circulation* du titre quand il est à vue :

Le porteur d'une lettre de change à vue a 3 mois pour en réclamer le paiement.

Le porteur d'un chèque doit le présenter au paiement dans les 5 jours de sa date s'il est tiré d'un lieu sur le même lieu, et dans les 8 jours s'il est tiré d'un lieu sur un autre.

6° Au point de vue de la nécessité de dater le titre en *chiffres ou en lettres* :

La lettre peut être datée en chiffres.

Le chèque doit être daté *en lettres* (pour mieux empêcher un changement postérieur de la date).

7° Au point de vue de la nécessité de *dater l'acquit* :

L'acquit de la lettre de change n'a pas besoin d'être daté.

L'acquit du chèque doit être daté, afin qu'on puisse s'assurer facilement, par la comparaison de la date de l'émission et de celle de l'acquit, que le chèque n'a pas circulé plus de 5 ou 8 jours.

8° Au point de vue du *mode de transmission :*

La lettre de change est nécessairement à ordre.

Le chèque peut être à ordre, nominatif ou au porteur.

9° Au point de vue de *l'effet de l'endossement irrégulier :*

Dans la lettre de change, cet endossement est réputé ne valoir que comme *procuration.*

Cette présomption n'existe pas dans le chèque. L'endossement en blanc peut donc être translatif de propriété : tout dépend de l'intention commune de l'endosseur et de l'endossataire.

10° Au point de vue du *droit de timbre :*

La lettre de change est assujettie à un timbre *proportionnel* qui est de 5 centimes pour 100 francs. Ainsi une lettre d'un million serait assujettie à un timbre de 500 francs.

Le chèque n'est assujetti qu'à un timbre *fixe* qui est de 10 ou de 20 cent., selon qu'il est tiré d'un lieu sur le même lieu, ou d'un lieu sur un autre. Peu importe la somme.

11° Au point de vue de *la vertu commercialisante :*

La lettre de change a cette vertu.

Le chèque ne l'a pas. Il est commercial ou non, suivant la qualité des parties et la nature des opérations qu'il consacre.

FAILLITES ET BANQUEROUTES

Sur ce point le Code de 1807 a été complètement remanié par une loi du 28 mai 1838, qui a été elle-même complétée et modifiée par une loi du 4 mars 1889 sur la liquidation judiciaire.

TITRE PREMIER

De la faillite.

Considérations générales.

405. — *La faillite est l'état d'un commerçant qui cesse ses paiements.*

Un commerçant est en état de cessation de paiements lorsque, l'une de ses dettes étant échue, il n'a pas assez d'argent en caisse pour la payer, de telle sorte qu'il renvoie son créancier impayé.

Un commerçant est insolvable lorsque l'ensemble de ses dettes dépasse l'ensemble de ses biens.

Il faut reconnaître qu'en général les deux choses vont ensemble. Le plus souvent quand on ne paie pas, c'est que l'on est insolvable.

Néanmoins il peut arriver qu'un individu soit solvable et qu'il ne puisse pas payer : par exemple il ignore une partie de ses biens, ou ne peut pas en prouver l'existence.

Inversement, il peut arriver qu'un individu soit insolvable

et qu'il paye quand même, soit parce que ses dettes ne sont pas échues, soit parce que par des moyens plus ou moins frauduleux (effets de complaisance, etc., v. *supra* n. 357) il parvient à se procurer les sommes dont il a actuellement besoin.

La déconfiture est l'état d'insolvabilité d'un non-commerçant.

CHAPITRE I

DÉCLARATION DE FAILLITE ET SES EFFETS

a) Conditions d'ouverture de la faillite.

406 — 1° *Il faut la qualité de commerçant* (v. *supra*, n. 31 et s.). Un mineur ou une femme mariée qui font le commerce sans en avoir la capacité ou l'autorisation, ne sauraient être mis en faillite.

2° *Il faut la cessation des paiements*, se produisant quant à l'exécution de dettes *échues*, *liquides* et *commerciales*. C'est d'ailleurs une pure question de fait : Les juges du fait décident souverainement si le commerçant est ou non en état de cessation de paiements. Mais du moment qu'un tribunal constate cet état, il est dans l'obligation de prononcer la faillite.

b) Qui peut demander au tribunal de prononcer la faillite d'un commerçant ?

407. — 1° *Ce commerçant lui-même.*

Le failli, dans les *15 jours* de la cessation de ses paiements, doit en faire la déclaration au greffe du tribunal de commerce de son domicile.

En faisant cette déclaration, le failli doit *déposer son bilan* (état de l'actif et du passif).

Si c'est une société de commerce qui cesse ses paiements, la déclaration doit être faite par l'*un de ses administrateurs* au greffe du tribunal de commerce du siège social.

Si une société en nom collectif, composée de 3 personnes, fait faillite, cela fait en réalité 4 faillites, savoir celle de la société, et celle de *chacun de ses membres*. En effet, comme ceux-ci sont personnellement et solidairement tenus des dettes sociales, si la société ne paie pas ses dettes, on peut dire que les associés sont eux-mêmes en état de cessation de paiements.

2° *Un créancier du commerçant* : Ce créancier peut procéder soit par assignation (le débat est contradictoire), soit par requête (le commerçant n'est alors pas mis en cause).

3° *D'office*, lorsque le tribunal vient à apprendre d'une façon quelconque que le commerçant a cessé ses paiements (ce dernier cas est peu pratique).

Pourquoi la loi a-t-elle facilité la déclaration de faillite ? On voit que la loi tend à faciliter la déclaration de faillite. Du moment qu'un commerçant a cessé ses paiements, il importe de le dessaisir promptement. En effet, comme il se trouve au-dessous de ses affaires, il est à craindre qu'il n'ait recours à des expédients ruineux pour se procurer l'argent nécessaire aux paiements les plus urgents et reculer le moment de la faillite. Il faut donc se hâter d'arrêter les opérations, afin de sauver au moins pour les créanciers l'actif qui reste encore.

Pour cette raison, le jugement déclaratif de faillite est exécutoire par provision. Il ne faut pas que le commerçant puisse, au moyen d'un appel ou d'une opposition, rester quelque temps encore à la tête de ses affaires; cela lui permettrait de consommer complètement sa ruine.

c) Quel est le tribunal compétent pour prononcer la faillite?

408. — *Ce sont les tribunaux de commerce,* nous dit l'art. 635 C. comm., qui semble ainsi exclure la compétence des tribunaux civils ou répressifs. Cependant la jurisprudence admet que, lorsque ces *tribunaux civils ou répressifs* constatent qu'en fait le commerçant est en état de cessation de paiements, ce commerçant est en état de *faillite virtuelle,* c'est-à-dire que *certains actes passés par lui seront nuls comme si la faillite était prononcée,* bien qu'elle ne le soit pas, qu'il n'y ait ni syndic, ni juge commissaire, ni concordat, etc. Ainsi les règles relatives à la nullité des traités particuliers avec les créanciers (art. 527 et 528 C. comm.), celles qui sont relatives à la restriction de l'hypothèque légale de la femme (art. 563 C. comm.), à la résolution de la vente et à la revendication de certains meubles (art. 576 C. comm.), etc., sont appliquées par la jurisprudence au cas de faillite virtuelle.

Le tribunal compétent *ratione loci* est celui du domicile du commerçant (*actor sequitur forum rei*).

d) Quand la faillite peut-elle être prononcée?

409. — C'est la question de la *faillite après décès.* La faillite peut en effet être déclarée après le décès d'un commerçant, pourvu que la demande soit formée dans l'année de ce décès (1).

____

(1) Avant la loi de 1838, qui a remanié le liv. 3 du Code sur la faillite, la question de savoir si la faillite pouvait être déclarée après le décès d'un

Il y a *intérêt* à plusieurs points de vue, à prononcer la faillite d'un commerçant après son décès :

1° *Au point de vue de l'application des nullités*, soit de plein droit, soit facultatives, établies par la loi pour les actes faits par le commerçant pendant la période suspecte ;

2° *Au point de vue de l'administration des biens de la succession*. La faillite étant déclarée, les biens du défunt seront administrés par un syndic et les créanciers seront payés conformément aux règles de la faillite, c'est-à-dire par contribution au marc le franc. S'il n'y avait pas faillite, les héritiers renonceraient à la succession ou l'accepteraient sous bénéfice d'inventaire, et les créanciers seraient payés au fur et à mesure de leur présentation : les premiers arrivants seraient payés intégralement et les autres n'auraient rien ;

3° *Au point du vue des modifications apportées par la faillite à divers droits* (droits de la femme, droits de revendication, etc.).

e) Mesures conservatoires ordonnées par le jugement déclaratif.

410. — Par le jugement qui déclare la faillite, le tribunal ordonne *l'apposition des scellés* et *l'arrestation du failli.*

L'arrestation du failli est ordonnée dans un double but :

1° *Dans l'intérêt même des créanciers*, afin que le failli ne puisse se soustraire par la fuite à l'obligation de fournir au syndic les renseignements qui lui sont nécessaires pour établir la situation,

Quelles sont les deux mesures conservatoires ordonnées par le jugement déclaratif ?

Pourquoi arrête-t-on le failli ?

commerçant était discutée. L'affirmative était d'ailleurs admise par la jurisprudence ; la loi de 1838 n'a fait que consacrer cette solution.

2° *Dans l'intérêt de la répression*, afin qu'on puisse le livrer aux tribunaux répressifs s'il y a banqueroute.

A cet effet, le greffier du tribunal de commerce doit adresser au parquet du Procureur de la République, dans les 24 heures du jugement déclaratif, un extrait de ce jugement, afin que le Procureur puisse faire une enquête, et requérir des poursuites pour banqueroute s'il y a lieu.

Le tribunal de commerce peut dispenser le failli de l'arrestation. Et, en pratique, on n'incarcère jamais les faillis simples.

Cette arrestation a-t-elle toujours lieu ?

S'il n'y a pas assez d'argent pour les premières opérations de la faillite, le Trésor pourra en avancer sur ordonnance du juge-commissaire (art. 491 C.comm.).

Il se peut qu'au début de la procédure de la faillite, il n'y ait pas en caisse les sommes nécessaires pour les premiers frais. Le syndic n'a pas eu encore le temps de faire rentrer les sommes dues au failli, ou de faire vendre une partie de son actif. Dans ce cas, le Trésor fait l'avance des frais nécessaires, il en sera remboursé, par préférence, sur l'actif, une fois qu'il aura été réalisé ; il jouit en effet dans ce cas du privilège des frais de justice.

CHAPITRE II

EFFETS DU JUGEMENT DÉCLARATIF DE LA FAILLITE

411. — Ces effets sont :

Quels sont les principaux effets du jugement déclaratif ?

1° *Dessaisissement* du failli (art. 443 C. comm.) ;

2° *Nullité de plein droit* de certains actes faits pendant la période suspecte (art. 446 C. comm.) ;

3° *Annulabilité* des autres actes lorsque le cocontractant du failli a eu connaissance de la cessation des paiements (art. 447 C. comm.) ;

4° *Incapacités* diverses qui frappent le failli ;

5° *Hypothèque* légale de la masse des créanciers ;

6° *Déchéance du terme*, c'est-à-dire exigibilité immédiate des dettes à terme du failli (art. 444 C. comm.) ;

7° *Suspension du cours des intérêts* des créances existant contre le failli et productives d'intérêts ;

8° *Suspension du cours des inscriptions* (art. 448 C. comm.) ;

9° *Suspension des poursuites individuelles* des créanciers du failli.

Reprenons ces divers points :

§ 1. — Dessaisissement du failli.

412. — *L'administration de tous les biens que possède actuellement le failli, et même de tous ceux qui peuvent lui échoir au cours des opérations de la faillite, cesse d'appartenir au failli pour être confié au syndic nommé par le tribunal de commerce.*

Qu'entend-on par le dessaisissement ?

Le dessaisissement ne place pas le failli dans une situation analogue à l'interdit en tutelle, ou à la femme mariée en puissance maritale. *Le failli reste pleinement capable* (1).

Il peut donc entreprendre un nouveau commerce, faire d'autres affaires. *Seulement ces actes ne nuiront pas à la masse,* en ce sens que les nouveaux créanciers ne viendront pas se faire payer sur l'actif de la faillite. Le failli ne peut, en effet, disposer de cet actif ni directement, ni indirectement.

Un effet intéressant du dessaisissement est que *si un créancier du failli devient, après le jugement déclaratif, débiteur du failli, il ne pourra pas opposer la compensation au failli* qui exercera cette créance. En effet, la compensation ne peut avoir

Le dessaisissement ne fait-il pas obstacle à la compensation ?

lieu que *inter easdem personas* ; or, celui qui est débiteur du failli, ne peut pas lui opposer une créance qu'il a, non contre lui, mais contre la faillite. Le commerçant devra donc payer intégralement au failli ce qu'il lui doit.

Réciproquement, si ce commerçant vient réclamer son paiement au syndic, celui-ci ne pourra pas lui opposer la com-

______

(1) Au point de vue civil, bien entendu, car nous verrons qu'il encourt de graves déchéances au point de vue des droits politiques et de certains droits publics.

pensation, car le commerçant est débiteur, non de la faillite, mais du failli. Il pourra donc toucher un dividende tout comme les autres créanciers.

413. — Le dessaisissement a des limites : *Il ne s'applique pas aux salaires du failli*, qui s'est mis au service de quelqu'un, ni aux droits personnels du failli, que les créanciers ne pourraient exercer en vertu de l'art. 1166 C. civ.

A quelles valeurs le dessaisissement s'applique-t-il ?

On se demande si le *dessaisissement s'applique aux rentes sur l'Etat français*, c'est-à-dire si ces rentes passent, comme les autres biens, sous l'administration du syndic, qui pourra les vendre pour payer les créanciers. Controverse :

Dans un premier système, ces rentes sont insaisissables, en vertu de certaines lois spéciales (L. nivôse an VI, L. floréal an VII) ; donc elles échappent au dessaisissement qui est une saisie légale.

D'après la jurisprudence, au contraire, ces rentes peuvent être vendues par le syndic pour payer les créanciers. Sans doute elles sont insaisissables, mais elles ne sont pas *inaliénables* ; il est certain que leur propriétaire pourrait les vendre. Or, ce qu'on peut faire par soi-même, on peut le faire également par mandataire. Or, le failli doit être considéré comme *ayant donné mandat* au syndic de faire le nécessaire pour payer ses créanciers.

La solution contraire serait inique. Le failli vivrait dans l'opulence, au nez et à la barbe de ses créanciers, du produit des rentes qu'il aurait acquises à leurs dépens (1).

____

(1) Dans un autre système, le principe de l'insaisissabilité a une portée très restreinte et signifie simplement qu'un créancier du rentier ne peut pas faire saisie-arrêt, sur l'Etat, au paiement des arrérages. Cela n'empêche nullement les créanciers du rentier de saisir et faire vendre son titre de rente.

§ 2. — Nullité de plein droit de certains actes faits pendant la période suspecte (art. 446 C. comm.) (1).

414. — *On appelle période suspecte la période qui comprend*, en remontant dans le passé :

1° L'intervalle entre l'époque du jugement décla-ratif et l'époque de la cessation des paiements.

2° Les dix jours qui précèdent cette cessation des paiements.

> Qu'est-ce que la période suspecte ?

Ainsi un commerçant est déclaré en faillite le 29 juin. Le tribunal de commerce déclare qu'il a cessé ses paiements au 12 juin. Le 10e jour qui précède le 12 juin est le 2 juin. La période suspecte va du 2 au 22 juin.

Le moment de la cessation des paiements est fixé par le tribunal de commerce si cela est possible, dans le jugement même qui déclare la faillite. Si le tribunal n'a pas, en ce moment, les rensei-gnements nécessaires, il fixe cette cessation par un jugement postérieur qu'on appelle *jugement de report d'ou-verture* de la faillite.

> Comment est fixée l'époque de la cessation des paiements ?

Si le tribunal ne fixe pas le moment de cette cessation de paiements, ce moment est réputé coïncider avec celui de la déclaration de faillite et la période suspecte se réduit au délai de 10 jours qui précèdent le jugement de la déclaration de faillite.

Cette période est dite *suspecte*, parce qu'on peut soupçonner que, dans cet intervalle, le com-merçant, sentant sa situation commerciale per-

> Pourquoi cette période est-elle dite suspecte ?

(1) Lire attentivement les art. 446, 447, 448 et 449 C. comm.

due, a cherché à sauver ce qui lui restait d'actif, à son profit, au profit de sa famille ou au profit de certains créanciers, au détriment des autres.

415. — *Certains actes faits pendant cette période sont frappés par la loi de nullité absolue.*

Ces actes sont au nombre de quatre.

Quels sont les actes qui, lorsqu'ils ont été faits pendant la période suspecte, sont nuls de plein droit ?

A) *Les donations.* Un négociant, sentant sa faillite imminente, se hâte auparavant de faire cadeau à ses amis ou à ses parents de tout ce qu'il a de plus précieux, pour que ses créanciers ne trouvent plus rien à prendre pour se payer.

Les donations faites à cette époque sentent la fraude (1).

B) *Les dations en paiement.* Ce sont des paiements faits autrement qu'en espèces ou effets de commerce. Par ex., un négociant, n'ayant pas d'argent pour payer un de ses créanciers, lui a donné en paiement des marchandises ou des objets précieux qui lui appartiennent.

Cette opération sent la fraude ; le failli a évidemment voulu favoriser ce créancier, car ce n'est pas ainsi qu'on paie ses dettes d'ordinaire.

C) *Les paiements anticipés.* Un commerçant paie une de ses dettes avant l'échéance et pendant le période suspecte. Il est suspect de complaisance envers son créancier.

---

(1) **Et la constitution de dot ?** D'après la jurisprudence c'est un acte à titre onéreux, non à titre gratuit ; donc elle échappe à l'art. 446 C. comm., et entre dans l'art. 447, c'est-à-dire qu'elle est, non pas nulle de plein droit, mais simplement annulable à la condition que nous verrons plus loin.

D) *La constitution d'une sûreté pour une dette antérieurement contractée.* Par ex., un négociant est tombé dans de mauvaises affaires, et, sur le point d'être déclaré en faillite, il donne à un créancier une sûreté spéciale, par ex. un gage, une hypothèque ou un droit d'antichrèse (nantissement d'un immeuble). Le négociant est alors suspect d'avoir voulu favoriser ce créancier aux dépens de ses autres créanciers.

A quelles conditions la constitution d'une sûreté pendant la période suspecte est-elle nulle de plein droit?

Il n'en est pas de même si la sûreté est donnée, même pendant la période suspecte, en même temps que le négociant s'oblige envers ce créancier, et comme condition de cette obligation. Dans ce cas la sûreté n'est pas nulle de plein droit; elle pourra seulement être annulée, conformément à l'art. 447 C. comm., si ce créancier avait connaissance de la cessation des paiements au moment où il a reçu la sûreté.

Ainsi, en résumé, supposons une hypothèque donnée pendant la période suspecte. Pour régler le sort de cette hypothèque, il faut distinguer :

L'hypothèque est-elle *sœur cadette* de la créance, c'est-à-dire née *après* l'obligation qu'elle a pour but de garantir? Elle est nulle de plein droit (art. 446 C. comm.). Est-elle *sœur jumelle* de la créance, c'est-à-dire née *en même temps* que l'obligation et comme condition du prêt effectué. Elle n'est pas nulle de plein droit; elle pourra seulement être annulée, s'il y a lieu, aux conditions prévues dans l'art. 447 C. comm.

L'hypothèque *judiciaire* résultant d'un jugement rendu pendant la période suspecte contre le failli est-elle nulle de plein droit? Oui, certainement, car une telle hypothèque est forcément postérieure à la créance qu'elle garantit ; en effet, la créance existait avant la citation en justice, et cette citation est elle-même évidemment antérieure au jugement (1).

§ 3. — Annulabilité des autres actes, lorsque le cocontractant du failli a eu connaissance de la cessation des paiements au moment où il a passé ces actes (art. 447 C. comm.)

416. — *Quand un commerçant, pendant la période suspecte, fait un acte, tel qu'une vente, le syndic peut demander la nullité en prouvant que le cocontractant avait, au moment de la vente, connaissance de la cessation des paiements.*

Le syndic peut par cette voie demander l'annulation de tous actes ainsi passés frauduleusement, même les paiements.

On aperçoit aisément l'analogie entre cetet action en nullité et l'action paulienne (art. 1167 C. civ.). Il y a pourtant des différences :

Différences entre cette action en nullité et l'action paulienne.

1° Au point de vue de la nature des actes qui peuvent être annulés.

1° L'action en nullité de l'art. 447 C. comm. peut atteindre des actes quelconques, même des paiements.

L'action paulienne ne peut faire révoquer un paiement d'une dette échue. Le créancier a reçu son dû, et ne saurait être tenu de le restituer.

2° Au point de vue du but de la nullité.

2° L'action en nullité de l'art. 447 C. comm., a pour but d'assu-

L'action paulienne a pour but de réprimer la complicité de dol. C'est une action qui a pour but de punir les tiers

(1) Il y a doute toutefois en tant que cette hypothèque garantit l'obligation

rer l'égalité des créanciers du failli, et d'empêcher que l'un d'eux ne soit mieux traité que les autres.

3° Le syndic n'a qu'à prouver que le tiers connaissait l'état de cessation des paiements.

4° Le syndic fait annuler l'acte au profit de tous les créanciers. Le bien aliéné par le failli est remis dans la masse commune.

qui aident le débiteur à frauder ses créanciers.

3° Au point de vue de la preuve — Le demandeur à l'action paulienne doit prouver que le tiers savait que, par l'acte attaqué, le débiteur créait ou augmentait son insolvabilité.

4° Au point de vue de l'effet de l'annulation ? — L'action paulienne ne profite qu'au créancier qui l'intente. Le tiers, défendeur à cette action, peut empêcher la révocation de l'acte en payant au demandeur des dommages-intérêts pour le préjudice que l'acte attaqué lui cause.

de payer les frais de l'instance, les dépens : certains disent que, dans cette mesure, l'hypothèque n'est pas nulle de plein droit, parce qu'elle est sœur jumelle de l'obligation qu'elle garantit. En effet, l'obligation pour le perdant de payer les dépens naît du jugement de condamnation, et il en est de même de l'hypothèque judiciaire.

Nous pensons que l'hypothèque est nulle de plein droit. L'obligation de payer les dépens naît dès le jour de l'assignation à la charge de chaque plaideur, sous la condition suspensive qu'il perdra le procès. Or la condition rétroagit, de sorte que l'obligation est réputée exister dès le jour de l'assignation. L'hypothèque judiciaire est donc bien postérieure, même ¦pour les dépens, à l'obligation qu'elle garantit, et dès lors elle est nulle de plein droit.

417. — La règle que les paiements faits en espèces ou effets de commerce peuvent être annulés et soumis au rapport à la masse, souffre une exception remarquable dans le cas prévu par l'art. 449 C. comm.

Il faut supposer que, *pendant la période suspecte, le commerçant failli a payé un effet de commerce* (lettre de change ou billet à ordre) *qui était échu*. On ne *peut pas faire rapporter le paiement au porteur*, même s'il avait connaissance de la cessation des paiements par ce commerçant au moment où lui-même a été payé **(1)**.

Est-ce à dire que le syndic, privé d'un recours contre le porteur, n'aura aucun recours à exercer ? S'il s'agit d'une lettre de change, le syndic aura recours contre le tireur, si celui-ci avait connaissance de la cessation des paiements du tiré au moment où il a émis la lettre.

S'il s'agit d'un billet à ordre, le syndic aura recours contre le 1er endosseur, c'est-à-dire le bénéficiaire du billet, si celui-

---

(1) S'il en était autrement, le porteur serait lésé d'une façon inique. En effet, comme il a été payé à l'échéance, il n'a pas pu faire dresser un protêt faute de paiement. Dès lors, s'il était obligé de rapporter le paiement à la masse, il n'aurait aucun recours contre les endosseurs qui lui objecteraient sa négligence. Il n'aurait même pas de recours contre le tireur de la lettre de change au cas, qui est le plus fréquent, où celui-ci justifierait qu'il a fait provision.

Son seul droit serait donc, après avoir rapporté le paiement, de se prétendre créancier du failli pour pareille somme, et de venir réclamer un simple dividende. Il se trouverait donc déchu comme porteur négligent, alors qu'en fait il n'y aurait aucune faute à lui reprocher.

J'ajoute qu'une telle solution serait une entrave à la circulation des effets de commerce, qui rend pourtant de si grands services. Le meilleur moyen de favoriser cette circulation est de donner toute sécurité au porteur, et de lui laisser dans notre cas le paiement qu'il a reçu.

ci avait connaissance de la cessation des paiements au moment où il a mis l'effet en circulation en l'endossant.

§ 4. — Incapacités diverses qui frappent le failli.

418. — Ces incapacités sont les suivantes :

1° Le commerçant failli *perd les droits d'électorat et d'éligibilité.*

2° Il ne peut remplir certaines *fonctions publiques* (1).

3° Il ne peut être *témoin instrumentaire* dans les actes publics, par exemple dans les actes notariés ;

4° *Il ne peut pas entrer à la Bourse ;*

5° *Sa signature ne compte pas pour l'admission à l'escompte de la Banque de France* (2).

Quelles sont les incapacités qui frappent le failli ?

418 bis. — Ces incapacités cessent par la liquidation judiciaire, à l'exception de l'inéligibilité qui subsiste. Un liquidé judiciaire conserve le droit de voter, mais non celui d'être élu.

Comment cessent ces incapacités ?

Au contraire, le simple *concordat* ne suffirait pas à relever le failli des incapacités susdites.

Quant à la *réhabilitation, elle rend au failli*, qu'il ait ou non obtenu le concordat ou la liquidation judiciaire, la *plénitude de ses droits.*

Qu'est-ce que la réhabilitation ?

---

(1) Ainsi il ne peut être notaire, commissaire-priseur, agent de change, courtier inscrit, etc.

(2) L'on sait que 3 signatures sont nécessaires, d'après les règlements de la Banque de France, pour l'escompte des effets de commerce par cette banque. Si, parmi les signatures apposées sur un effet présenté à l'escompte de la Banque de France, il se trouve celle d'un failli, cette signature ne compte pas.

Le Code de commerce n'admettait qu'une réhabilitation prononcée par la Cour d'appel, et à la condition que le débiteur ait payé tout son passif, tous les intérêts même les frais, *La loi du 30 décembre 1903*, modifiant l'art. 604 C. comm., admet que le *failli est réhabilité de droit lorsqu'il a payé intégralement son passif* (1), y compris les intérêts, mais dont 5 années seulement peuvent être réclamés et les frais. Un 2ᵉ *cas* de réhabilitation est prévu par l'art. 605, §§ 1ᵉʳ et 2ᵉ, C. comm., lorsque *le failli, de probité reconnue, a payé tous les dividendes promis, ou a obtenu la remise entière de ses dettes* par ses créanciers (c'est une réhabilitation facultative). Un 3ᵉ cas de réhabilitation est celui du § 3 du même article : *Un failli est réhabilité de droit lorsque plus de 10 ans se sont écoulés* depuis la déclaration de faillite. Soit 2 cas de réhabilitation de plein droit et un cas de réhabilitation facultative.

Un 4ᵉ cas de réhabilitation a été établi par une loi de 1916 : Lorsque le failli a été cité pendant la guerre pour une action d'éclat, il est réhabilité de plein droit.

---

(1) Cela est d'ailleurs moins difficile qu'il ne le semble au premier abord. Le commerçant qui veut se faire réhabiliter se garde de rien dire, et il fait acheter sous main par des compères ou des agents d'affaires, les titres de tous ses créanciers. Ceux-ci vendent généralement à vil prix des créances qu'ils considèrent depuis longtemps comme perdues. Ensuite le failli demande sa réhabilitation en disant qu'il a payé toutes ses dettes ; personne ne peut évidemment le contredire, puisque l'ex-failli a maintenant entre les mains tous les titres des créanciers qui existaient contre lui.

§ 5. — Suspension du cours des inscriptions (art. 448 C. comm.).

419. — *Le jugement déclaratif arrête le cours des inscriptions de privilèges et d'hypothèques.*

Nous supposons une hypothèque (ou privilège) née *valable* (1), car il est évident que si elle est nulle, son inscription ne pourrait avoir aucune valeur.

> Peut-on, après le jugement déclaratif, prendre valablement inscription?

Mais cette hypothèque (ou ce privilège) valable, le créancier a négligé de l'inscrire avant le jugement déclaratif; peut-il l'inscrire après?

L'art. 448 C. comm., dit que non (2).

420. — *Quel est le motif de cette règle ?* C'est, en réalité, l'inscription qui vivifie l'hypothèque, qui lui donne toute sa force, toute son utilité. Or l'hypothèque ne saurait être vivifiée dans des circonstances où elle ne saurait être constituée.

Il est clair que le failli, frappé de dessaisissement par le jugement déclaratif, n'a pas le droit, après ce jugement, de constituer des hypothèques sur ses immeubles. Donc les hypothèques déjà nées ne sauraient être vivifiées par l'inscrip-

---

(1) Par ex., elle est née avant la période suspecte. Ou encore elle a été constituée pendant cette période, en même temps que la créance, et par conséquent elle ne tombe pas sous le coup de l'art. 446. Elle ne tombe pas non plus sous le coup de l'art. 447, en supposant que le créancier ignorait, au moment de la constitution de l'hypothèque, l'état de cessation de paiements de son débiteur.

(2) Le texte donne cette décision *a contrario*. Dire en effet que les créanciers peuvent s'inscrire *jusqu'au* jugement déclaratif, c'est dire qu'ils ne pourront pas le faire *après*.

tion, car au fond cette inscription équivaut à la constitution même du droit.

En d'autres termes, *le jugement déclaratif fixe la situation respective des créanciers* : ceux qui ont des causes de préférence à ce moment les gardent, mais ceux qui n'en ont pas ne peuvent pas en acquérir. Or, si un créancier hypothécaire (ou privilégié) non encore inscrit était encore admis à prendre inscription après le jugement déclaratif, il se procurerait une cause de préférence après le jugement.

421. — *Quelles sont les exceptions à cette règle ?*

Indiquez les exceptions à cette prohibition de prendre inscription après le jugement déclaratif.

1° Il est généralement admis *qu'on peut s'inscrire*, même après le jugement déclaratif, *pour éviter la péremption d'inscription ;* en un mot, on peut prendre une inscription *en renouvellement*. En cela, en effet, on n'acquiert pas un droit de préférence après le jugement, puisque ce droit était déjà acquis par l'inscription existant au moment du jugement. Le motif de la prohibition ne s'applique donc pas.

2° On admet généralement que *la femme du failli peut inscrire son hypothèque légale lorsqu'elle est dans l'année qui suit la dissolution du mariage* (1).

Ainsi un commerçant est divorcé le 1ᵉʳ janvier 1910 ; il est mis en faillite le 1ᵉʳ février 1910 ; sa femme peut inscrire son hypothèque, dans l'opinion générale, jusqu'au 31 décembre 1910.

Cette solution peut paraître contraire à l'art. 448 C. comm.,

---

(1) Pendant le mariage, il est évident qu'elle peut inscrire l'hypothèque légale malgré la faillite de son mari : tant que dure le mariage, en effet, la femme n'est jamais en retard dans sa prise d'inscription, puisqu'elle pourrait même ne pas la prendre et la faire valoir malgré tout.

qui ne fait aucune distinction. En effet, bien que l'on dise
que l'inscription de la femme, prise dans l'année de la dissolution du mariage, rétroagit jusqu'au jour du mariage et par
conséquent à une époque où ce commerçant n'était pas
en faillite, pour que cette hypothèque puisse rétroagir, il faudrait qu'elle pût être prise, et c'est ce que n'admet pas
l'art. 448 C. comm. D'ailleurs le motif de l'art. 448 s'applique pleinement, car la femme voudrait acquérir un droit de
préférence qu'elle n'a pas encore lorsqu'arrive le jugement
déclaratif (1).

422. — 3° *Le vendeur d'immeuble peut-il prendre inscription de
son privilège après le jugement déclaratif ?*

Si ce vendeur a déjà inscrit son privilège de vendeur, ce
privilège est sauvé et sera opposable à la masse.

S'il a fait transcrire la vente, son privilège est encore sauvé,
car la transcription de l'acte de vente vaut inscription pour la
conservation du privilège du vendeur (art. 2108 C. civ.).

Mais supposons que ce vendeur n'ait ni inscrit ni transcrit.
Plusieurs questions se posent :

Peut-il, après le jugement déclaratif, inscrire son privilège?
Nous ne le croyons pas, car l'art. 448 C. comm., prohibe les
inscriptions d'une façon générale et ne fait pas d'exception
pour le vendeur.

---

(1) Nous avons admis la solution contraire, dans la note précédente, si la
faillite de Bernard est survenue durant son mariage. En effet, la femme avait
alors, au jour du jugement déclaratif, son droit de préférence conservé malgré
le défaut d'inscription (on sait que la femme, pendant le mariage, conserve
son droit de préférence sans avoir besoin de prendre inscription). Dès lors,
l'inscription qu'elle prendrait après le jugement déclaratif, et qui est d'ailleurs
inutile, ne lui fait pas acquérir un droit de préférence, elle ne fait que con-
firmer le droit de préférence qu'elle avait déjà.

On objecte que l'inscription du privilège a un effet rétroactif et qu'elle ne donne pas rang au privilège.

Mais pour que l'inscription produise cet effet rétroactif et soit réputée prise au jour de la vente, il faudrait qu'elle puisse être effectuée : or cela est défendu par l'art. 448 C. comm.

D'ailleurs, le motif de la prohibition s'applique. Il est certain, en effet, que le vendeur n'a pas acquis encore son droit de préférence au jour du jugement déclaratif, faute d'inscription : donc il ne peut pas se le procurer ensuite.

Le vendeur peut-il du moins inscrire son privilège lorsqu'il est dans les 45 jours de la vente ? Controverse : Nous ne le croyons pas, car l'art. 448 C. comm., ne fait pas de distinction (1).

423. — *Le vendeur peut-il, après le jugement déclaratif, faire transcrire son acte de vente, et, par ce moyen, conserver son privilège ?* Controverse (2) :

Nous admettons la négative. En effet, si la transcription conserve le privilège, c'est parce qu'elle vaut inscription, ainsi que le dit formellement l'art. 2108 C. civ. Or, l'inscription postérieure au jugement déclaratif est nulle, d'après notre art. 448 C. comm., donc la transcription, qui « vaut inscription », est nulle également.

D'autres admettent la faculté pour le vendeur de conserver son privilège par la transcription. L'art. 448 C. comm. défend l'inscription, mais non la transcription.

---

(1) Le jugement déclaratif a donc plus de force, dans cette opinion, en tant qu'il arrête les inscriptions, que la transcription de la revente, car cette transcription laisse au vendeur primitif la faculté d'inscrire son privilège dans les 45 jours de sa propre vente (L. 1855, art. 6, al. 2).

(2) On sait en effet que la transcription de l'acte de vente conserve aussi bien le privilège que l'inscription (art. 2108 C. civ.)

Je suppose que la transcription soit opérée après le jugement déclaratif, non à la requête du vendeur, mais à la requête du syndic, afin de rendre le failli propriétaire de l'immeuble au regard des tiers, et d'empêcher le vendeur de disposer de l'immeuble au profit d'un tiers.

La transcription, opérée ainsi ·à la requête du syndic au profit de la masse, conserve-t-elle le privilège du vendeur contre elle ? Controverse :

D'après une première opinion : Du moment que le syndic invoque la transcription postérieure, il doit la prendre avec tous ses effets, c'est-à-dire non seulement en tant qu'elle fait entrer la propriété chez le failli acheteur, mais aussi en tant qu'elle conserve le privilège du vendeur. Ces 2 effets sont indivisibles. Si la masse invoque la transcription en tant qu'elle lui est favorable, elle doit l'accepter en tant qu'elle lui est défavorable.

Au contraire, d'après la jurisprudence, les deux effets de la transcription sont parfaitement distincts. Le syndic peut parfaitement faire transcrire la vente afin d'assurer l'immeuble à la masse, et empêcher le vendeur d'en disposer au profit d'un tiers. Mais la transcription est nulle en tant que conservant le privilège, par application de l'art. 448 (1).

424. — Le vendeur, ainsi que nous l'avons dit, est dépouillé de son privilège lorsqu'il n'y a eu ni inscription ni transcription avant le jugement déclaratif. *Peut-il intenter l'action résolutoire en se fondant sur le non paiement du prix* (art. 1184, 1654 C. civ.) *et se faire restituer l'immeuble, en rendant de son côté les*

____

(1) S'il en était autrement, en effet, il serait bien inutile de dire que la transcription du vendeur ne peut pas conserver le privilège, puisque le syndic est bien forcé d'opérer la transcription pour pouvoir vendre l'immeuble.

acomptes qu'il a pu recevoir ? Avant la loi du 23 mars 1855, sur la transcription, la question ne souffrait pas de difficulté ; le vendeur conservait son action résolutoire, car aucun texte ne la lui refusait, mais, depuis la loi de 1855, la question est controversée :

D'après la jurisprudence actuelle, inaugurée par la Cour de cassation en 1891, ce vendeur perd l'action résolutoire. D'après l'art. 7 de la loi du 23 mars 1855, l'action résolutoire du vendeur ne peut être exercée à l'encontre « des tiers qui ont acquis des droits sur l'immeuble et qui les ont légalement conservés ». Or, la masse des créanciers du failli peut être considérée comme un tiers qui a un droit sur l'immeuble, à savoir l'hypothèque légale de la masse. De plus, cette hypothèque a été conservée légalement, car le syndic a pris inscription à cet effet. Donc la masse est à l'abri de l'action résolutoire du vendeur.

Il suit de là que, si le vendeur se hâte de lancer son assignation en résolution avant que le syndic n'est pris l'inscription de l'hypothèque légale de la masse, l'action résolutoire arrive à temps. En effet, les deux conditions mises par l'art. 7 à l'exclusion de l'action résolutoire ne sont pas remplies. La masse a bien acquis un droit sur l'immeuble, mais elle ne l'a pas conservé légalement, puisqu'elle ne l'a pas fait inscrire.

Cependant, certains admettent que, même si le syndic n'a pas encore inscrit l'hypothèque légale de la masse, le vendeur ne peut pas plus invoquer son action résolutoire que son privilège. L'art. 7 subordonne, en effet, l'action résolutoire au privilège : lorsqu'un tiers est à l'abri du privilège, il est du même coup à l'abri de l'action résolutoire. Le législateur de 1855 n'a pas voulu que le vendeur pût inquiéter un tiers par son action résolutoire alors qu'il ne pouvait plus invoquer son privilège contre lui.

Certains auteurs repoussent cette jurisprudence et admettent l'action résolutoire alors même que le syndic aurait pris inscription de l'hypothèque légale de la masse.

L'art. 7 de la loi de 1855 ne vise pas les rapports du vendeur avec les créanciers de l'acheteur, encore moins avec la masse des créanciers de son acheteur failli. Il est absolument étranger à cette question.

Ce qu'il vise, c'est le droit de suite, c'est-à-dire les rapports du vendeur avec un sous-acquéreur auquel l'acheteur-failli aurait revendu. Ce qui le prouve, c'est l'article précédent où l'on dit que, l'immeuble ayant été revendu par l'acheteur à un second acheteur, le vendeur primitif ne peut plus, après la transcription de la 2e vente, inscrire son privilège pour l'invoquer contre le sous-acquéreur. Le législateur a pensé qu'il serait illusoire de protéger son acquéreur qui a transcrit, contre le privilège non inscrit du vendeur, s'il devait succomber devant l'action résolutoire. Aussi l'art. 7, complétant l'art. 6, dit que ce sous-acquéreur, qui est, en vertu de l'art. 6, à l'abri du privilège, se trouve du même coup à l'abri de l'action résolutoire (1).

425. — *4° Le privilège du copartageant peut-il être inscrit après le jugement déclaratif, lorsque le copartageant créancier est encore dans les 60 jours du partage ?*

Voici l'espèce : Deux héritiers se partagent une succession. Un immeuble est attribué à l'un d'eux à charge de payer à

---

(1) On ajoute quelquefois à l'appui de la même opinon (mais cet argument n'est pas très bon) que l'art. 7 exige, pour l'exclusion de l'action résolutoire, que le privilège du vendeur soit éteint. Or, dit-on, dans l'espèce, il n'est pas absolument éteint, il est simplement paralysé à l'égard de la masse.

l'autre une certaine soulte ; puis celui à qui l'immeuble a été attribué tombe en faillite, alors que son cohéritier n'a pas encore inscrit son privilège de copartageant. Peut-il inscrire ce privilège après le jugement déclaratif, alors qu'il est encore dans les 60 jours du partage ?

Controverse :

En faveur de l'affirmative, on invoque l'art. 2109 C. civ., qui donne 60 jours au partageant pour inscrire son privilège ; tant que ce délai n'est pas expiré, il n'est pas considéré comme négligent ; l'inscription prise dans ce délai a un effet rétroactif ; elle est réputée prise au jour du partage.

En faveur de l'opinion contraire, on remarque que l'art. 448 C. comm. ne fait pas de distinction. Pour que l'inscription rétroagisse, il faudrait qu'elle pût être prise, et c'est ce que n'admet pas l'art. 448 C. comm.

Ce copartageant *pourrait-il inscrire son privilège s'il était*, non pas seulement dans les 60 jours, mais *dans les 45 jours du partage en* se fondant sur l'art. 6 al. 2, de la loi de 1855 ? *Même alors, nous ne pensons pas qu'il puisse l'inscrire, car l'article 448 ne fait pas de distinction.*

426. — *5°· Le privilège de la séparation des patrimoines peut-il être inscrit après le jugement déclaratif* (1) ?

(1) Il en serait bien entendu autrement si le partage avait lieu après le jugement déclaratif, par ex. si le *de cujus* était mort après ce jugement.

Dans ce cas l'art. 448 est inapplicable, car il vise des privilèges et des hypothèques nées avant le jugement déclaratif. On ne peut pas dire que le copartageant ait été négligent en ne s'inscrivant pas avant le jugement déclaratif ; il ne le pouvait pas, puisque son privilège n'était pas né. D'ailleurs dans ce cas il ne partage pas avec le cohéritier failli, mais avec la masse qui est investie, par l'effet du dessaisissement, de l'exercice de tous les droits du failli. Il est donc créancier privilégié de la masse et non du failli (V. *infra*, n. 429).

Voici l'espèce. Un créancier du *de cujus* a le droit d'invoquer la séparation des patrimoines (878 et s. C. civ.), et il peut inscrire le privilège qui en résulte pendant *6 mois* qui suivent le décès de son débiteur. Au cours de ce délai, l'héritier du *de cujus* tombe en faillite. Le créancier du *de cujus* peut-il inscrire son privilège après le jugement déclaratif, jusqu'à ce que ces 6 mois soient expirés ?

C'est une question analogue à celle de l'inscription du privilège du copartageant. Nous la résolvons de même, en disant que le créancier héréditaire ne pourra pas prendre inscription (1).

427. — Nous venons de voir le sort des inscriptions prises après le jugement déclaratif de faillite. Voyons maintenant le sort des inscriptions prises *pendant la période suspecte. Une telle inscription n'est jamais nulle de plein droit* (à la différence de l'inscription prise après le jugement déclaratif). Est-elle du moins annulable ? L'alinéa 2 de l'art. 448 C. comm. fait une distinction :

Si l'inscription est prise dans les 15 jours de la constitution de l'hypothèque ou du privilège, elle est valable.

Si elle est prise plus tard, elle est annulable, c'est-à-dire que le tribunal de commerce peut l'annuler ou la maintenir, à son gré. Mais, on le voit, elle n'est jamais nulle de plein droit.

(1) Il en serait autrement si la succession du *de cujus* ne s'était ouverte qu'après le jugement déclaratif.

CHAPITRE III

ORGANISATION DE LA FAILLITE

§ 1. — Du juge-commissaire.

Comment est nommé le juge-commissaire ?

428. — En rendant le jugement qui déclare la faillite, le tribunal de commerce désigne un de ses membres pour remplir les fonctions de juge-commissaire de cette faillite.

Quelles sont ses attributions ?

Le juge-commissaire est chargé de surveiller la gestion des syndics, et, d'une façon générale, toutes les opérations de la faillite. Lorsqu'il se présente, relativement à ces opérations, des contestations qui sont de la compétence du tribunal de commerce, il adresse un rapport à ce tribunal, qui statue ainsi plus facilement.

Il est également chargé de statuer par ordonnances sur certaines demandes, par exemple si le failli réclame ses vêtements ou certains objets qui ont été mis sous scellés.

Il y a également certains actes que le syndic ne peut faire qu'avec l'autorisation du juge-commissaire.

§ 2. — Des syndics provisoires et de leurs fonctions.

a) Des syndics.

429. — Nous savons que le *jugement déclaratif nomme toujours un syndic* ; il peut même en nommer plusieurs si la faillite est importante.

Ce syndic est dit provisoire, parce que *l'assemblée des créanciers* qui doit être convoquée le plus tôt possible, dira si elle veut ou non son maintien en fonctions : le tribunal de commerce, après avoir pris connaissance du désir de cette assemblée, maintiendra le syndic ou en nommera un nouveau : le syndic ainsi désigné est alors dit *syndic définitif*.

Qu'est-ce que le syndic provisoire ? Le syndic définitif ?

b) De leurs fonctions.

430. — *Le syndic doit faire apposer les scellés* s'ils n'ont pas encore été mis.

Quelles sont les fonctions des syndics ?

Il prend connaissance des livres, recouvre les créances échues, dresse le bilan, c'est-à-dire l'état général de l'actif et du passif, si cela n'a pas encore été fait par le failli lui-même.

Le syndic requiert la levée des scellés, et procède à l'inventaire.

Il adresse un mémoire au juge-commissaire sur les circonstances de la faillite. Ce magistrat le transmet (en y joignant, s'il y a lieu, ses observations) au Procureur de la République.

Comme tous les effets du failli ont été mis sous scellés après le jugement déclaratif, le failli, sa femme et leurs enfants peuvent avoir besoin de certains objets mobiliers. Le juge-commissaire peut faire extraire des scellés les objets qui sont nécessaires au failli et à sa famille.

431. — *Une fois l'inventaire terminé, le syndic prend l'administration de l'ensemble du patrimoine du failli, sous la surveillance du juge-commissaire.*

432. — Pour les besoins de son administration, le syndic (provisoire ou définitif) peut être amené à contracter des dettes. Par ex., s'il juge utile de continuer le commerce et la fabrication, il aura des achats à faire, des ouvriers et des employés à engager et à payer : *Les tiers, qui traitent ainsi avec le syndic, sont des créanciers de la masse des créanciers et non dans la masse : Ce sont des créanciers de tous les créanciers du failli et non des concurrents de ces créanciers.*

En d'autres termes, ils sont créanciers de la faillite, et non pas seulement du failli. Cela revient pratiquement à dire qu'ils seront payés par préférence aux créanciers ordinaires, c'est-à-dire aux créanciers de la masse (1).

Le syndic doit prendre toutes les mesures propres à conserver les droits du failli (2).

---

(1) Nous attirons particulièrement l'attention du lecteur sur cette distinction, qui est de la plus haute importance. — Il y a à peu près entre ces deux catégories de créanciers la même différence qu'entre les actionnaires et les obligataires dans une société Les actionnaires ne touchent rien tant que les obligataires ne sont pas complètement désintéressés. De même les créanciers dans la masse ne touchent rien tant que les créanciers de la masse ne sont pas entièrement payés.

(2) Par ex., si le failli a des débiteurs, le syndic devra interrompre la prescription ; s'il y a des hypothèques ou privilèges, il devra les faire inscrire, ou renouveler, s'il y a lieu, les inscriptions.

Il doit aussi veiller à la conservation des droits de la masse des créanciers du failli. A ce point de vue, l'art. 490 C. comm. lui prescrit de faire inscrire l'hypothèque générale qui appartient à la masse sur les immeubles du failli.

§ 3. — Hypothèque de la masse des créanciers du failli.

433. — *L'ensemble des créanciers du failli a une hypothèque générale sur tous les biens de ce failli.*

A quoi sert cette hypothèque ? Au premier abord, elle paraît inutile. En effet, l'hypothèque est un droit de préférence, une faveur. Or, on ne conçoit pas une faveur accordée à la fois à tous les créanciers. *Quelle est donc l'utilité de cette hypothèque ?*

A quoi sert l'hypothèque qui appartient à la masse des créanciers ?

1° Si nous supposons que le failli obtient son concordat et qu'il tombe ensuite dans une nouvelle faillite, les créanciers de la première faillite pourront alors invoquer leur hypothèque, afin d'obtenir le paiement de leur dividende sur le prix des immeubles du failli, par préférence aux créanciers de la deuxième faillite.

2° Le failli, remis à la tête de ses affaires par le concordat, contracte de nouvelles dettes, et donne à ses créanciers des hypothèques. Les créanciers de la faillite, grâce à leur hypothèque antérieure, primeront ces nouveaux créanciers.

3° Le failli, au cours de sa faillite, est appelé à une succession. Les créanciers héréditaires, en présence d'un héritier en faillite, demandent la séparation des patrimoines, mais ils la font inscrire plus de 6 mois après l'ouverture de la succession.

Leurs créances alors ne prennent rang qu'à la date de cette inscription (2113 C. civ.), et se trouvent par conséquent primées par l'inscription prise par le syndic au nom de la masse.

4° Dans l'opinion de la jurisprudence, l'inscription de l'hypothèque de la masse fait de celle-ci un tiers qui peut s'opposer à l'action résolutoire d'un vendeur d'immeuble, lorsque celui-ci n'a pas conservé son privilège par une inscription (ou une transcription) antérieure au jugement déclaratif.

434. — *Cette hypothèque de la masse est-elle légale ou judiciaire ?*

Nous pensons qu'elle est légale. On objecte qu'elle est la conséquence d'un jugement, à savoir le jugement déclaratif de faillite, et que par suite, c'est une hypothèque judiciaire.

Mais remarquons que l'hypothèque judiciaire est attachée à un jugement de condamnation, ou du moins à un jugement qui crée ou constate une créance. Or, tel n'est pas le caractère du jugement déclaratif ; ce jugement ne fait que constater officiellement un certain état de choses, à savoir la cessation des paiements de la part de tel commerçant (1). C'est un jugement déclaratif et non un jugement constitutif de droits.

---

(1) La question n'a pas grand intérêt, parce que l'hypothèque judiciaire et l'hypothèque légale sont également générales, c'est-à-dire qu'elles grèvent, l'une comme l'autre, tous les immeubles présents et à venir du débiteur. On cite pourtant l'intérêt suivant :

S'il s'agit d'une hypothèque légale, le syndic devra prendre autant d'inscriptions qu'il y a d'immeubles, quand bien même ces immeubles seraient situés dans le même arrondissement.

Si l'hypothèque est judiciaire, une seule inscription suffit pour les immeubles qui sont situés dans le même arrondissement.

§ 4. — Procédure à suivre pour parvenir à la liquidation de la faillite.

435. — *Les créanciers*, avisés de la faillite grâce à la large publicité organisée par la loi (1), *déposent leurs titres au greffe du tribunal de commerce.*

Le syndic convoque ensuite une assemblée des créanciers à l'effet de vérifier, contradictoirement avec le failli, les titres de chacun d'eux.

Lorsqu'une créance est reconnue exacte dans cette assemblée, le syndic mentionne sur le titre : « Admis au passif de la faillite de Bernard pour la somme de..... fr. ».

De plus, dans les 8 jours suivants, le créancier doit (cette formalité est exigée par la loi par surcroît de garantie), *affirmer sous serment, devant le juge-commissaire, que sa créance est bien véritable.*

Lorsqu'une créance est *contestée*, le syndic naturellement ne l'admet pas au passif ; le créancier contesté doit se pourvoir devant le tribunal compétent pour faire reconnaître la validité de sa créance.

436. — Lorsqu'il y a plusieurs créances contestées, il y a

---

(1) Cette publicité consiste en un affichage au tribunal de commerce, et surtout en insertions dans les journaux. De plus, le syndic qui trouve la trace des créanciers dans les livres du failli, doit les informer, par lettres individuelles, d'avoir à produire leurs titres.

lieu de se demander s'il sera *sursis* à la convocation de l'assemblée concordataire (1) jusqu'à ce qu'il soit statué sur la validité des créances contestées.

Cette question de *sursis* est tranchée par le *tribunal de commerce* sur le rapport du juge-commissaire. Ce tribunal est, en effet, le mieux renseigné pour savoir s'il y a lieu de convoquer immédiatement cette assemblée, ou s'il vaut mieux surseoir.

Supposons que le tribunal de commerce, repoussant le sursis, ordonne de tenir immédiatement l'assemblée. Il y a lieu de savoir si les créanciers contestés pourront venir prendre part et voter à cette assemblée, car il n'est pas certain que leurs créances soient fausses. La loi admet que, ·si leurs créances sont simplement considérées comme probables par le tribunal compétent, ils pourront venir voter à l'assemblée concordataire : c'est ce qu'on appelle *l'admission provisionnelle.*

Quel est le tribunal compétent pour statuer sur l'admission provisionnelle ? *Le tribunal compétent, pour statuer sur l'admission provisionnelle, est celui-là même qui a qualité pour statuer sur la validité de la créance* ; ce sera donc le tribunal de commerce si la créance est commerciale, et le tribunal civil au cas contraire (2).

---

(1) On appelle ainsi l'assemblée chargée de statuer sur le point de savoir si on accordera un concordat au failli (v. *infra*, n° 435).

(2) Toutefois, s'il s'agit d'une créance de la compétence d'un tribunal répressif, il n'y a pas lieu à l'admission provisionnelle, parce que cette décision préjugerait la question pénale ; or, il importe que cette question demeure intacte, vu son importance, jusqu'au moment où elle sera tranchée. Par ex. le failli est inculpé d'avoir commis un délit (ou un crime) au préjudice de Primus qui se porte partie civile devant le tribunal répressif compétent (tribunal correctionnel ou Cour d'assises). L'assemblée concordataire de la faillite étant sur le point de se tenir, Primus voudrait être admis provisionnellement, comme créancier en dommages-intérêts, à y prendre part. Cela ne se peut

437. — Il est possible que la créance d'un créancier hypothécaire ou privilégié ne soit pas contestée, mais que son hypothèque (ou son privilège) soit contestée.

Il est certain que, s'il fait abandon de son hypothèque, il pourra voter à l'assemblée concordataire.

Mais pourra-t-il y voter tout en conservant sa sûreté ? C'est controversé. Ce qui cause le doute, c'est l'art. 508, C. comm., aux termes duquel le vote au concordat d'un créancier hypothécaire (ou privilégié) lui fait perdre sa sûreté. Néanmoins nous pensons que ce créancier peut voter au concordat. L'art. 501, C. comm., nous paraît décisif en ce sens (1).

Quant à l'art. 508, il doit être restreint au cas qu'il prévoit, c'est-à-dire au cas où il s'agit d'un créancier ayant un privilège ou une hypothèque non contestée (2).

Du droit de vote des créanciers hypothécaires à l'assemblée concordataire.

pas ; le tribunal répressif ne saurait statuer sur l'admission provisionnelle, car, en la prononçant, il reconnaîtrait implicitement qu'il est très probable que le failli a commis le délit en question.

(1) Aux termes de ce texte, « le créancier dont le privilège ou l'hypothèque seulement serait contestée, sera admis dans les délibérations de la faillite comme créancier ordinaire ». L'admission à la délibération, d'après le sens naturel des mots, emporte le droit de voter.

(2) D'ailleurs le motif de l'art. 508 C. comm., ne s'applique pas : il n'est pas à craindre que le créancier accorde trop facilement, à raison de sa sûreté, des remises exagérées au failli, puisqu'il a des doutes sur l'existence de cette sûreté.

CHAPITRE IV

DES SOLUTIONS DE LA FAILLITE

§ 1. — Du concordat.

a) De l'assemblée concordataire.

438. — Une fois que les créances ont été vérifiées, il y a lieu de convoquer *les créanciers en une assemblée dite assemblée concordataire, pour délibérer s'il y a lieu ou non d'accorder au failli un concordat.* Cette convocation est faite par le greffier, sur l'ordre du juge-commissaire.

Le failli doit être présent à cette assemblée.

Le syndic fait un rapport à cette assemblée sur l'état de la faillite. Le juge-commissaire dresse procès-verbal de ce qui s'est passé dans cette assemblée.

b) Qu'est-ce que le concordat de faillite?

Qu'est-ce que le con-cordat ?

439. — *Le concordat est une transaction entre le failli et ses créanciers, par laquelle ceux-ci remettent le failli à la tête de ses affaires, en lui accordant des remises et des délais qui lui permettront de les continuer.*

Par exemple, les créanciers font remise de 60 0/0, en disant
que le failli leur paiera 10 0/0 dans un an, 10 0/0 dans 2 ans,
20 0/0 dans 3 ans.

Le concordat emporte ordinairement libération gratuite du
failli d'une partie de sa dette. Ainsi, supposons qu'il soit dit
que le failli paiera 40 0/0 à ses créanciers ; cela revient à le
libérer gratuitement de 60 0/0.

c) Comparaison du concordat et de la remise de dette.

440. — Cette libération dérivant du concordat
peut être comparée à la remise de dette. Il y a
toutefois les différences suivantes :

1° Au point de vue de la nature de l'opération :

> *Comparaison de la remise de dettes par concordat et la remise de dettes ordinaire ?*

La libération dérivant du concordat est une *transaction* : les
créanciers sacrifient une partie
de leur créance pour sauver le
reste.

La remise de dette est une
libéralité, une donation : Sa
cause est gratuite. C'est l'*animus
donandi* qui l'inspire.

*2° Au point de vue de la révocabilité, du rapport et de la réduc-
tion :*

La somme remise par le concordat n'y est pas sujette, car ce
n'est pas une libéralité.

La somme remise par un
créancier à son débiteur y est
soumise, suivant les règles ordinaires des donations.

3° Au point de vue de la nécessité de la volonté du créancier :

La libération dérivant du concordat a lieu par la volonté de la majorité des créanciers ; les créanciers composant la minorité doivent s'y soumettre malgré eux.

La remise de la dette suppose toujours la volonté du créancier.

4° Au point de vue de la libération des cautions :

Si un créancier avait une de ses créances envers le failli garantie par une caution, il pourrait lui demander la totalité de sa créance. La caution ne profite pas de la libération partielle du débiteur failli.

La remise de la dette faite au débiteur profite à la caution.

5° Au point de vue du maintien d'une obligation naturelle :

La partie remise au concordat demeure due comme obligation naturelle.

La dette remise est radicalement éteinte.

d) Vote et homologation du concordat.

Quelles conditions doit remplir la majorité ?

441.—Pour être admis, *le concordat doit être voté par des créanciers représentant une double majorité :*
1° *Une majorité en nombre,* c'est-à-dire que ceux qui votent pour le concordat doivent repré-

senter la moitié plus un des créanciers présents à l'assemblée concordataire.

2° *Une majorité des 2/3 des créances vérifiées* (c'est la majorité en somme) (1).

Si une seule des deux majorités requises est obtenue, le syndic renvoie les créanciers à huitaine pour une nouvelle délibération. Si cette seconde fois les deux majorités ne sont pas encore obtenues, le concordat est rejeté, et, par conséquent, il y a *union*.

Quid si une seule des deux majorités est obtenue ?

442. — *Les créanciers hypothécaires (ou privilégiés), ne peuvent pas venir voter au concordat*; s'ils avaient ce droit, ils pourraient trop facilement se montrer généreux dans les remises à accorder au failli, parce qu'ils sont assurés d'être payés intégralement grâce à leur hypothèque.

S'ils enfreignent cette défense, ils perdent leur hypothèque (ou leur privilège) (2).

443. — *Le concordat n'est pas définitif immédiatement après avoir été voté; il faut qu'il soit homologué par le tribunal de commerce.* L'homologation est demandée par la partie la plus diligente (3).

---

(1) Ainsi, si l'ensemble du passif est de 3oo, il faut que les créances de ceux qui votent pour le concordat atteignent au moins 2oo.

(2) Le créancier qui a reçu, non une hypothèque, mais une *caution*, et qui vote au concordat, ne subit pas cette déchéance, car l'art. 5o8 C. comm., ne parle que de l'hypothèque. Mais le créancier qui aurait reçu à la fois une hypothèque et une caution, perdrait, non seulement l'hypothèque, mais aussi la caution, par application de l'art. 2o37 C. civ. En effet, perdant son hypothèque, ce créancier ne pourrait plus y subroger sa caution. Or, la caution, dit l'art. 2o37 C. civ., est déchargée, lorsque la subrogation aux droits, hypothèques et privilèges du créancier ne peut plus, par le fait de ce créancier, s'opérer en faveur de la caution.

(3) Ce peut être le syndic, le failli ou un créancier quelconque.

Quels peuvent être les motifs qui déterminent le tribunal à refuser l'homologation?

Ils peuvent être de 2 ordres :

De l'homologation du concordat par le tribunal de commerce.

1° *L'intérêt des créanciers.* — Par exemple le concordat n'a pas été voté dans les conditions exigées par la loi; l'une des majorités n'a pas été obtenue; des personnes sont venues voter sans en avoir le droit; les formalités de publicité pour appeler les créanciers n'ont pas été observées, etc.

2° *L'intérêt de l'ordre public.* — Si le failli a été condamné antérieurement pour banqueroute frauduleuse, la loi le considère comme indigne du concordat.

e) Annulation et résolution du concordat.

444. — *Le concordat peut être annulé ou résolu.* Il ne faut pas confondre ces deux choses :

L'annulation suppose un vice qui existait lors de la formation du contrat.

La résolution, au contraire, suppose que le contrat est né parfait; elle résulte d'un événement postérieur.

445. — *Il n'y a qu'une cause d'annulation du concordat : c'est le dol.*

Le dol consiste par exemple en ce que le failli a dissimulé une partie de son actif pour se faire croire plus pauvre et obtenir des remises plus fortes (1).

---

(1) Il y a une façon assez ingénieuse de dissimuler l'actif : c'est d'exagérer le passif. Par ex. le failli s'entend avec des compères auxquels il souscrit, avant sa faillite, des billets fictifs pour des sommes importantes. Ces prétendus créanciers lui rendent un double service : 1° Ils soutiennent chaudement ses

446. — *Il y a lieu à la résolution du concordat lorsque le failli qui l'a obtenu n'en n'exécute pas les conditions*, par exemple s'il ne paie pas les dividendes promis. C'est l'application du droit commun (art. 1184 C. civ.).

Il y a d'importantes différences entre l'annulation et la résolution du concordat :

1° Quant aux *causes* :

Différences entre l'annulation et la résolu tion du con- cordat ?

L'annulation tient au dol commis dans la conclusion du concordat.

La résolution tient à l'inexécution des obligations dérivant du concordat.

2° Quant au *délai* pour les demander :

On a 10 ans pour demander l'annulation.

On a 30 ans pour agir en résolution.

3° Quant à la *libération des cautions* données pour garantir l'exécution des obligations dérivant du concordat :

En cas d'annulation, ces cautions sont libérées, car l'obligation principale étant nulle, l'obligation accessoire l'est aussi.

En cas de résolution les cautions restent tenues, puisqu'elles ont été précisément fournies pour exécuter les obligations que le failli ne remplit pas.

intérêts dans l'assemblée concordataire et s'efforcent de lui faire obtenir de grosses remises ; 2° Ils recueillent, sous forme de dividendes, une partie de l'actif qu'ils restituent au failli, sauf naturellement une commission pour prix de leurs services.

f) Conséquences de l'annulation ou de la résolution du concordat.

En cas d'annulation ou de résolution du concordat, les créanciers doivent-ils rapporter les dividendes qu'ils ont touchés?

447. — *Lorsque le concordat est annulé ou résolu, les créanciers se trouvent en état d'union.* (V. *infra* n. 446.) Mais comment va-t-on régler les rapports des divers créanciers dont les uns ont touché tout leur dividende, d'autres n'en ont touché qu'une partie et les autres n'ont rien touché du tout? Faut-il dire que ceux qui ont touché quelque chose le rapporteront à la masse pour que l'actif soit partagé au marc le franc entre tous les créanciers? Tel n'est pas le système de la loi. Il faut, d'après l'art. 526, C. comm., procéder de la façon suivante :

Que peut réclamer le créancier qui a touché tout son dividende?

Ceux qui ont touché l'intégralité de leur dividende le garderont, mais n'auront plus rien à réclamer. Par exemple, le concordat stipulait une remise de 60 0/0. Un créancier de 100, a touché intégralement son dividende, c'est-à-dire 40 ; il n'a plus rien à réclamer. En monnaie de faillite, en effet, le dividende est la représentation de la créance.

Celui qui n'a rien reçu?

Ceux qui n'ont encore rien reçu produiront l'intégralité de leur créance. Par ex. : Un créancier de 100, n'a touché aucune partie du dividende promis ; il produira pour sa créance entière, c'est-à-dire pour 100.

Celui qui a touché une partie du dividende?

Ceux qui ont touché une partie de leur dividende, produisent la partie de leur créance qui correspond à la portion de dividende non touchée. Par exemple, un créancier de 100, a touché le 1/4 du dividende qui lui revenait par suite du concordat, c'est-à-dire 10. Il produira pour les 3/4 de sa créance, c'est-à-dire pour 75.

448. — *On donnerait les mêmes décisions si le commerçant failli, qui a obtenu son concordat, encourait une nouvelle faillite.* Il y a lieu alors à régler le concours des créanciers de l'ancienne faillite avec ceux de la nouvelle. Nous dirons donc, appliquant les règles précédentes :

Ceux des anciens créanciers qui ont reçu entièrement leur dividende, n'ont rien à réclamer.

Ceux qui n'ont rien reçu, produiront leur créance intégralement.

Ceux qui auront reçu une partie de leur dividende, produiront une partie de leur créance correspondant à la portion de dividende non touché. Mais les créanciers de la première faillite seront privilégiés par rapport à ceux de la seconde, si leur hypothèque a été inscrite et subsiste encore.

§ 2. — De la clôture pour insuffisance d'actif.

449. — *Lorsque l'actif n'est pas suffisant pour continuer les opérations de la faillite, le tribunal peut prononcer un jugement de clôture des opérations de la faillite.* Les créanciers rentrent alors dans leur droit de poursuite individuelle (art. 537, C. comm.)

Quel est l'effet du jugement de clôture ?

Ce jugement n'est pas une solution de la faillite, comme le concordat et l'union. *La faillite n'est nullement terminée ; ce sont seulement les opérations de la faillite qui sont suspendues* faute d'argent pour les continuer.

Est-il une solution de la faillite ?

De ce que la faillite subsiste, nous concluons :

1° *Que le dessaisissement est maintenu*, c'est-à-dire que le failli ne peut pas contracter des obligations opposables à la masse. S'il contracte des dettes, les nouveaux créanciers ne pourront se faire payer sur les biens que le failli pourra acquérir par la suite, qu'après le désintéressement des premiers.

2° *Si, en exerçant des poursuites individuelles* (le jugement de clôture a pour effet, d'après l'art. 527, de restituer aux créanciers le droit de poursuite individuelle), *un créancier parvient à obtenir de l'argent; il doit tenir compte de cet argent à la masse*, sauf, bien entendu, à prélever les frais qu'il a dû faire pour l'obtenir (art. 528).

§ 3. — De l'union.

Qu'est-ce que l'union ?

450. — *L'union est la situation qui se présente lorsque le concordat est rejeté.*

Dans ce cas, il y a lieu, pour les créanciers, de nommer un syndic de l'union. Ils peuvent d'ailleurs maintenir en cette nouvelle qualité le syndic déjà en fonctions.

Quel est le but de l'union ?

La mission du syndic d'union est de réaliser, c'est-à-dire de convertir en argent, tout l'actif et *d'en distribuer le montant*, au marc le franc, aux créanciers (sauf bien entendu les causes de préférence tenant aux privilèges et hypothèques).

Le syndic d'union doit donc faire vendre les immeubles aussi bien que les meubles.

Dans quelle forme vend-on les immeubles ?

451. — **De la vente des immeubles**. *Cette vente doit avoir lieu dans les formes prescrites pour la vente des immeubles appartenant à un mineur, c'est-à-dire par devant le tribunal civil et aux enchères publiques.*

Dans les art. 571 et s., la loi s'occupe spécialement de cette vente des immeubles, *et distingue 2 cas.*

1er cas. La vente a déjà été provoquée par des créanciers hypothécaires ou privilégiés qui ont opéré la saisie immobilière.

La procédure de saisie suivra son cours. L'adjudication sera prononcée ; elle emportera purge des privilèges et hypothèques, conformément au droit commun (art. 717, C. de proc. civ.) ; le prix sera distribué, conformément à la procédure d'ordre, entre les créanciers hypothécaires et privilégiés ; s'il reste un excédent, il sera distribué en dividendes à la masse des créanciers.

2e cas. Au moment où intervient l'union, les immeubles n'ont pas encore été saisis par les créanciers hypothécaires ou privilégiés.

Le syndic doit opérer la vente, en justice et aux enchères publiques, suivant les formalités prescrites pour la vente des biens de mineur.

L'art. 573, C. comm., ajoute que chacun pourra, dans les 15 jours de l'adjudication, former une surenchère du 10e si le prix lui paraît inférieur à la véritable valeur, et provoquer une 2e adjudication (1).

On se demande si l'adjudication prononcée dans ce cas vaut purge de plein droit, ou si au contraire l'adjudicataire doit, pour affranchir l'immeuble des privilèges et hypothèques qui le grèvent, remplir les formalités ordinaires de la purge (art. 2185, C. civ.), en un mot s'il faut assimiler notre adjudication à l'adjudication sur saisie immobilière ou à l'adjudication de biens de mineurs. Controverse :

(1) Il est certain que cette 2e adjudication ne pourra être suivie d'aucune nouvelle surenchère, à raison de la règle « surenchère sur surenchère ne vaut ». Il est certain aussi que cette 2e adjudication emporte purge de plein droit, parce que c'est une adjudication sur surenchère.

L'adjudica-
tion pro-
noncée em-
porte-t-elle
purge des
privilèges et
hypo-
thèques?

D'après la jurisprudence, notre adjudication emporte purge de plein droit, comme l'adjudication sur saisie. En effet, la faillite est entourée d'une large publicité qui équivaut aux notifications individuelles que l'art. 692, C. proc. civ. dans le cas de saisie, ordonne de faire aux créanciers inscrits. Les créanciers hypothécaires ou privilégiés sont donc suffisamment informés que tout l'actif du failli, y compris les immeubles affectés à leur sûreté, vont être mis en adjudication : c'est à eux par conséquent d'assister aux enchères ; ils ne sauraient être admis à critiquer ensuite un prix qu'il dépendait d'eux de rendre plus élevé.

On ajoute un argument de texte. Aux termes de l'art. 573, C. comm., lorsque l'adjudication que nous envisageons a été prononcée, « la surenchère n'aura lieu qu'aux conditions suivantes : elle devra être d'un dixième et avoir lieu dans la quinzaine de l'adjudication ». Ces termes restrictifs excluent la surenchère de la purge, qui peut avoir lieu dans les 40 jours qui suivent les notifications à fin de purge (art. 2185, C. civ.).

On invoque enfin la nécessité d'une prompte liquidation, ce qui est le vœu du législateur en matière de faillite.

D'après la majorité des auteurs, notre adjudication, de même que celle des biens de mineur et la plupart des adjudications, *n'emporte pas purge de plein droit.* L'adjudicataire doit faire les notifications à fin de purge, s'il veut s'affranchir des privilèges et hypothèques.

En effet, le droit commun est que les créanciers privilégiés ou hypothécaires ont 40 jours pour surenchérir à partir des notifications qui leur seront adressées par l'acquéreur ; il faudrait un texte formel pour leur enlever ce droit dans notre cas, car les déchéances ne peuvent être sous-entendues.

Or, l'exclusion prononcée par l'art. 573 C. comm. ne se rapporte pas nécessairement à la surenchère spéciale des créanciers hypothécaires ; elle peut très bien se référer à la surenchère du 1/6, qui est admise, en règle générale, et au profit de tout le monde, dans les 8 jours de toute adjudication (1).

Notre texte, bien loin de vouloir exclure la surenchère des créanciers hypothécaires, se propose de faciliter la surenchère du droit commun, pour que l'immeuble atteigne le plus haut prix possible. La surenchère du droit commun est du 1/6, et ne peut intervenir que dans les 8 jours de l'adjudication. Or, notre texte se contente d'une surenchère de 1/10 seulement au lieu d'1/6, et il accorde, pour la faire, 15 jours au lieu de 8.

Notre texte ainsi entendu est absolument étranger à la surenchère spéciale de l'art. 2185 C. civ. et dès lors cette surenchère demeure ouverte aux créanciers inscrits dans les 40 jours des notifications à fin de purge.

On ajoute que la solution contraire serait inique pour les créanciers privilégiés ou hypothécaires. Ils peuvent ignorer la faillite et la liquidation générale de l'actif de leur débiteur. La publicité générale de la faillite ne saurait équivaloir aux notifications individuelles qui, d'après l'art. 692 C. proc. civ., leur sont faites en cas de saisie. S'ils se sont fait donner une hypothèque, c'est justement pour n'avoir pas besoin de surveiller les affaires de leur débiteur, et de regarder dans les journaux s'il n'est pas survenu contre lui un jugement déclaratif de faillite.

Qu'on n'allègue pas la nécessité d'une prompte liquidation !

(1) Sauf naturellement l'adjudication provoquée par une surenchère, à raison de la règle « surenchère sur surenchère ne vaut ».

Cette promptitude ne saurait nuire aux créanciers hypothé-caires ou privilégiés qui sont en dehors de la faillite, et ne doivent pas en souffrir indirectement au point de vue de la conservation de leurs sûretés.

§ 4. — Du concordat par abandon d'actif.

Quelle est la loi qui a établi le concordat par abandon d'actif?

452. — Cette solution de la faillite a été créée par la *loi du 17 juillet 1856*. Cette loi a modifié ainsi l'art. 541 C. comm. : « Aucun débiteur commerçant n'est recevable à demander son admission au bénéfice de cession de biens.

« Néanmoins un concordat par abandon total ou partie de l'actif du failli peut être formé, suivant les règles prescrites par la section 2 du présent chapitre (ce sont les règles du concordat ordinaire). Ce concordat produit les mêmes effets que les autres concordats ; il est annulé ou résolu de la même manière.

« La liquidation de l'actif abandonné est faite conformément aux règles de la liquidation en cas d'union. »

La cession de biens (art. 1265, C. civ.), avait principalement pour but, lorsque la contrainte par corps était en vigueur, de permettre au débiteur d'y échapper en abandonnant tous ses biens à ses créanciers.

Le législateur a manqué de logique et de clarté en ayant l'air de mettre sur la même ligne le concordat par abandon et la cession de biens. En effet, la cession de biens était accordée, à la requête du débiteur, sans que le consentement des créanciers fût nécessaire.

D'autre part, la cession de biens ne déchargeait pas le débiteur de la moindre partie de ses dettes.

Dès qu'il acquérait un nouveau bien, les poursuites pouvaient recommencer contre lui.

453. — *Le concordat par abandon d'actif tient à la fois du concordat ordinaire et de l'union.*

Il ressemble au concordat ordinaire en ce que le failli se trouve libéré de ses dettes moyennant l'abandon qu'il fait de ses biens à ses créanciers.

En quoi ressemble-t-il au concordat ordinaire ?

Le failli concordataire ne sera tenu naturellement que de la partie des dettes qui ne pourra être acquittée. Les biens qu'il acquerra par la suite ne seront pas frappés de dessaisissement ; le failli les administrera librement.

Le concordat par abandon ressemble aussi à l'union, en ce que ce n'est pas le failli lui-même qui réalise son actif pour payer aux créanciers des divi-

En quoi ressemble-t-il à l'union ?

dendes. C'est le syndic qui, comme dans l'union, opère cette vente pour en répartir le produit.

Le concordat par abandon n'est pas très pratiqué.

Il a les inconvénients de l'union, à savoir la dépréciation qui résulte d'une vente faite en masse et à un moment peut-être inopportun, et

Pourquoi n'est-il guère pratiqué ?

il n'en a pas l'avantage, car, en cas d'union, les créanciers conservent tous leurs droits, tandis qu'ici ils perdent la partie de leur créance qui ne leur est pas payée.

CHAPÍTRE V

DES DIFFÉRENTES ESPÈCES DE CRÉANCIERS ET DE LEURS DROITS
EN CAS DE FAILLITE

§ 1. — Des coobligés et des cautions.

454. — *1ᵉʳ cas : Un débiteur principal et sa caution tombent tous les deux en faillite.*

Droits du créancier en cas de faillite de deux coobligés.

Le créancier peut-il produire pour le total de sa créance à chacune des deux faillites, ou ne peut-il produire pour le total qu'à l'une d'elles, ou doit-il produire la 1/2 de sa créance à l'une des faillites et le reste à l'autre ?

L'art. 542 C. comm. dit qu'il peut produire pour le tout à chacune des faillites et cumuler les dividendes.

Si le total des deux dividendes n'excède pas le montant de la créance, pas de difficulté. Il conservera ce qu'il aura ainsi obtenu (1).

___

(1) Remarquons bien que la faillite de la caution n'aura pas de recours contre la faillite du débiteur principal, bien que ce débiteur soit le garant de la caution. En effet, il ne faut pas qu'une même créance figure à une faillite au delà de son montant. Si la faillite de la caution, qui a payé 40 par

Mais *que décider si le total des dividendes dépasse le montant de la créance*? Il est évident que le créancier ne pourra pas recevoir plus que le montant de sa créance ; il laissera donc l'excédent dans la dernière faillite.

a) Ainsi ce créancier à qui il est dû 100 a touché 60 à la faillite du débiteur principal ; si la faillite de la caution donne plus de 40 0/0, par exemple 60 0/0, il ne pourra toucher que 40 dans la faillite de la caution pour compléter les 100 qui lui sont dus, et devra laisser l'excédent de 20 dans la faillite de cette caution. Il est clair d'ailleurs que la faillite de la caution n'aura pas à verser ces 20 à la faillite du débiteur principal, car ce n'est pas à la caution d'indemniser le débiteur principal qui est son garant.

b) Dans le cas où le créancier a touché d'abord 60 de la faillite de la caution il ne pourra toucher ensuite à la faillite du débiteur principal que 40. Si donc le dividende qui lui est attribué à cette dernière faillite est de 60, il y laissera 20, et ces 20 devront être versés par la faillite du débiteur principal dans la faillite de la caution, afin de l'indemniser, dans la mesure du possible, de ce qu'elle a payé au créancier. Cela est logique, puisque le débiteur principal doit garantie à la caution.

C'est ce que dit l'art. 543 C. comm. que nous résumons ainsi : « *Lorsque la réunion des dividendes donnés par les faillites excède le montant total de la créance, cet excédent sera dévolu à ceux des coobligés qui auraient les autres pour garants* ».

Supposons que le créancier avant la faillite du débiteur prin-

exemple au créancier, avait un recours de 40 contre la faillite du débiteur principal, la créance de 100 contre ce débiteur donnerait lieu à 2 productions, l'une de 100 à la requête de ce créancier, l'autre de 40 à la requête de la caution, si bien qu'une créance de 100 serait produite pour 140, ce qui est impossible.

cipal, ait reçu de celui-ci un acompte, par exemple 60 : il ne lui reste donc dû que 40. Ensuite ce débiteur tombe en faillite. Il ne produira que pour 40 à cette faillite.

Supposons qu'il y touche un dividende de 10 : pour combien pourra-t-il recourir contre la caution ?

Si cette caution n'est pas en faillite, il recourra pour le reste de son dû, c'est-à-dire pour 30.

Mais si cette caution est en faillite, il produira pour tout son dû, c'est-à-dire pour 40, et cumulera le nouveau dividende avec le premier, conformément à ce que nous avons dit (art. 542, C. comm.), sauf, si ce nouveau dividende est supérieur à 30, à laisser l'excédent dans la faillite de la caution.

Ce que nous avons dit en supposant, pour simplifier, un débiteur principal et une caution, s'appliquerait, par voie d'analogie, *au cas de plusieurs codébiteurs solidaires.*

455. — *2ᵉ cas : L'un des deux coobligés* (débiteur principal, caution, codébiteur solidaire) *tombe en faillite. Les effets de cette faillite sont limités à lui seul.* La faillite d'un coobligé n'entraîne pas celle de l'autre : Le créancier pourra seulement recourir contre le codébiteur resté solvable, pour obtenir complet paiement.

§ 2. — Des créanciers nantis de gage et des créanciers privilégiés sur les meubles.

1° Créancier nanti d'un gage.

Quels sont les droits des créanciers gagistes ou privilégiés en cas de faillite du débiteur?

456. — Le syndic peut retirer le gage des mains du créancier gagiste, en payant la dette.

S'il ne le fait pas, *le créancier vendra le gage :* Si le prix est inférieur à sa créance, il produira, pour l'excédent, à la faillite. Si le prix est supérieur, il restituera l'excédent à la masse.

2° Créancier nanti de l'un des privilèges établis par le Code civil.

457. — En ce qui touche les *privilèges généraux*, une loi du 4 mars 1889, modifiant l'art. 549, C. comm., ajoute à l'énumération de l'art. 2101, C. civ., les salaires des *ouvriers* pour les trois mois qui ont précédé le jugement déclaratif, et une autre loi du 6 février 1895, modifiant les mêmes textes, a admis le même privilège pour les salaires dus aux *commis* pour les six mois qui précèdent la même époque.

458. — Quant aux créanciers munis de *privilèges spéciaux sur les meubles, ils les conservent généralement en cas de faillite, sauf quelques modifications* que nous allons indiquer.

Le privilège du vendeur de meubles est aboli par l'art. 550 in fine C. comm.

Le droit de revendication du vendeur de meubles, établi par le même art. 2102-4°, al. 2, C. civ., *est également supprimé* par le même texte du Code de commerce (1).

Le privilège du bailleur est beaucoup limité par la loi du 12 février 1872, qui a modifié les art. 450 et 550, C. comm.

459. — *La faillite du preneur ne résout pas de plein droit le bail.* Le syndic a un droit d'option entre la continuation et la résolution du bail.

Quels sont les droits des bailleurs ?

460. — *1re Hypothèse. S'il opte pour la continuation, il doit signifier son intention au bailleur dans les 8 jours.*

Bien entendu, le bailleur n'est pas empêché, parce qu'il plaît au syndic de continuer le bail, de subir cette solution. *Il*

---

(1) Quant à la revendication permise au vendeur de meubles par l'art. 576 C. comm., elle vise un autre cas, celui où les marchandises n'ont pas été livrées à l'acheteur, et sont encore en cours de route.

peut demander la résiliation ; mais toutefois pas pendant toute la période de vérification et d'affirmation des créances, et huit jours après ; mais il a pour faire cette demande, un délai de 15 jours à partir de la notification du syndic (V. art. 450, C. comm.). Mais il *faut que le bailleur invoque, à l'appui de sa demande, des causes ordinaires de résiliation* (1) ; il ne suffit pas qu'il invoque l'état de faillite du preneur ; cette faillite n'est pas par elle-même une cause de résiliation du bail.

Faute par le bailleur de demander la résiliation du bail dans ledit délai de 15 jours, il est censé adhérer à la continuation du bail réclamée par le syndic.

Dans ce cas, *les droits du bailleur sont beaucoup restreints.* Il a droit à la vérité à *tous les loyers échus*, et il peut même invoquer son privilège de bailleur pour se les faire payer par préférence à tous les autres créanciers du preneur. Mais *il ne peut pas réclamer les loyers à échoir*, pas même comme créancier simplement chirographaire. Il ne pourra réclamer l'année en cours, et les loyers à venir qu'au fur et à mesure des échéances (2). (Art. 550, C. comm.).

Tout ce que peut exiger le bailleur à l'égard des loyers à venir, c'est que les lieux soient maintenus suffisamment garnis de meubles pour en répondre.   -

Avant la loi de 1872, le bailleur pouvait, conformément au droit commun (art. 2102 C. comm.), réclamer, avec la garantie de son privilège, non seulement tous les loyers échus, mais aussi tous les loyers à échoir (3).

---

(1) Par ex. le non-paiement des loyers, des dégradations commises dans l'immeuble, le manque de meubles suffisants pour répondre des loyers.

(2) C'est là une remarquable dérogation à la règle que la faillite emporte déchéance du terme.

(3) Nous supposons ici un bail ayant date certaine.

Or, les baux des maisons de commerce sont très longs (1), et les loyers en sont très élevés, en général.

Ainsi, en supposant un bail de 30 ans à raison de 20.000 fr. de loyer par an, et le preneur tombant en faillite au bout de 5 ans, le bailleur, quoiqu'ayant été régulièrement payé des loyers jusqu'au jour du jugement déclaratif, pouvait venir réclamer les 25 années de loyer restant à courir, puisque la faillite emporte déchéance du terme, soit en tout 500.000 francs. Et comme son privilège portait sur tous les meubles garnissant les lieux loués, et par conséquent sur les marchandises en magasin, il arrivait que le bailleur épuisait à lui seul tout l'actif de la faillite. Il ne restait rien pour les créanciers.

Le législateur de 1872 a trouvé excessifs ces droits du bailleur ; il y a vu une atteinte au crédit nécessaire au commerçant. Il a enlevé au bailleur le droit de réclamer les loyers non échus ; son seul droit est d'exiger que les lieux loués demeurent suffisamment garnis de meubles pour répondre de leur paiement.

461. — *2e Hypothèse. Le syndic opte pour la résiliation du bail : Le bailleur ne peut réclamer, avec la garantie de son privilège, que les deux dernières années échues et l'année courante.*

Quant aux autres années échues, il peut les réclamer, mais seulement comme créancier chirographaire.

Quant aux années à venir, il est évident qu'il ne peut les réclamer, puisque le bail est résilié.

---

(1) Le but de cette longueur est : 1° de permettre aux commerçants de développer plus facilement leurs affaires dans une assiette fixe, car les changements de domicile gênent et déroutent la clientèle ; 2° de vendre plus facilement leur fonds de commerce ; 3° moyennant la conclusion d'un long bail, un propriétaire consentira souvent à faire à son locataire de très coûteux aménagements.

Pourquoi le bailleur ne peut-il pas réclamer toutes les années échues avec la garantie de son privilège?

La loi considère que ce bailleur est en faute d'avoir tardé à réclamer les loyers échus et de les avoir laissés s'accumuler. Il a été négligent, tant pis pour lui.

D'autre part, les créanciers du preneur ont dû croire que ce preneur était à peu près au courant de ses loyers. Ils seraient trompés dans cette croyance si le bailleur pouvait venir exiger, avec privilège, une grosse masse de loyers arriérés.

Si le syndic a enlevé clandestinement des meubles garnissant les lieux loués, le bailleur peut demander de plus, avec privilège, en sus de l'année courante, une année à venir.

§ 3. — Des droits des créanciers hypothécaires et privilégiés sur les immeubles.

462. — Ces créanciers sont payés, conformément au droit commun, suivant la procédure d'ordre. Ce point rentre dans le cours spécial de procédure civile.

§ 4. — Des droits des femmes.

Quels sont les droits de la femme du failli? Ancien Droit.

463. — Dans notre ancien Droit (c'est-à-dire avant le Code de commerce de 1807), la faillite était employée par certains commerçants peu délicats comme un moyen de s'enrichir aux dépens de leurs créanciers.

Ils empruntaient de l'argent, tant qu'ils pouvaient, achetaient des biens à crédit qu'ils revendaient au comptant à perte, enfin faisaient de l'argent par tous les moyens possibles en contractant des dettes, puis ils passaient cet argent à leurs femmes qui s'en servaient pour acheter des biens en leur propre nom.

Le commerçant, ne pouvant remplir ses engagements, était mis en faillite. Il était ruiné, mais sa femme était riche, et cette richesse lui profitait naturellement à lui-même. Les créanciers se trouvaient dépouillés ; ils ne pouvaient s'attaquer aux biens de la femme, car celle-ci avait eu naturellement bien soin de ne pas s'engager.

Le Code de 1807 prit des dispositions pour prévenir ces fraudes, mais ces dispositions étaient trop rigoureuses pour les femmes, dont les droits se trouvaient alors sacrifiés.

464. — *La loi de 1838 a tâché de concilier les droits des femmes avec ceux des créanciers.* **Sous la loi de 1838.**

Les restrictions apportées par cette loi aux droits de la femme, tels qu'ils résultent du Code civil, en cas de faillite du mari, consistent :

1° Dans l'obligation de fournir *certaines preuves* pour exercer ses droits ;

2° Dans la *restriction* de son *hypothèque* légale ;

3° Dans la *suppression* de ses *avantages matrimoniaux.*

465. — A) *Obligation de fournir certaines preuves pour exercer ses droits.* Etudions d'abord le cas de la *femme qui revendique des biens propres en nature.* La loi présume, jusqu'à preuve contraire à fournir par la femme (art. 559, C. comm.), *que les biens acquis par la femme du failli appartiennent* au mari, qu'ils ont été payés de ses deniers, et *qu'ils doivent faire partie de la masse de son actif.* **Quelle est la présomption de la loi en ce qui touche les biens acquis par la femme ?**

La femme peut reprendre les immeubles dont elle était propriétaire avant le mariage (ou qui lui sont échus à titre de succession ou donation), et qui, aux termes du contrat de mariage, ne sont pas entrés dans la communauté. C'est l'application du droit commun.

La femme reprend également les immeubles qu'elle a acquis au cours du mariage avec des deniers provenant des successions ou donations à elle échues au cours du mariage. *La femme pourra reprendre ces immeubles, mais moyennant certaines conditions de preuve.*

1° Il faut : *que l'origine des deniers soit constatée par inventaire ou par acte authentique ;*

2° Il faut : *que la déclaration d'emploi soit indiquée au contrat d'acquisition* (1).

466. — En ce qui touche les *meubles* acquis par la femme, elle ne pourra prouver sa propriété qu'en établissant l'*identité* des meubles par elle réclamés, au moyen d'un *inventaire* ou de tout autre acte authentique (560, C. comm.) (2).

467. — Si la femme, au lieu de se prétendre propriétaire, se prétend simplement *créancière*, la loi ne dit rien. *On applique le droit commun ; la femme n'a pas besoin d'acte authentique :* il en est ainsi par exemple, si elle réclame le prix de son immeuble qui a été aliéné par son mari (avec son consentement, bien entendu) sans remploi.

Toutefois, il y a une *exception à cette règle lorsque la femme*

Marginal notes:
Quels sont les droits de la femme qui revendique en nature ses immeubles ?

Femme agissant comme créancière ?

---

(1) C'est-à-dire que, dans l'acte par lequel cette femme a acquis un immeuble, il soit dit que c'est avec l'argent provenant de telle succession à elle échue ou de telle donation à elle faite.

(2) Toutefois, même quand la femme ne peut pas fournir cette preuve, le syndic peut lui remettre, avec l'autorisation du juge-commissaire, les habits et le linge nécessaires à son usage.

se dit créancière à raison de paiements qu'elle prétend avoir faits de dettes de son mari (art. 562, C. comm.). La présomption est alors que la femme a fait le paiement avec l'argent du mari. C'est à elle à prouver l'origine des deniers qu'elle prétend avoir employés à ces paiements.

468. — B) *Restriction de l'hypothèque de la femme.*

Cette restriction a lieu à deux points de vue :

1° Au point de vue de l'*assiette*. L'*hypothèque*, au lieu de grever tous les immeubles quelconques du mari, ne *porte que sur ceux qui lui appartenaient au jour de son mariage*, ou qu'il a acquis à titre gratuit pendant sa durée.

2° Au point de vue de la *preuve des créances* de la femme relativement aux deniers et effets mobiliers qu'elle a apportés en dot ou qui lui sont advenus au cours du mariage (1). Elle doit prouver que le mari en a reçu délivrance ou paiement au moyen d'un acte ayant date certaine.

469. — C) *Exécution des avantages matrimoniaux. La femme ne peut pas demander l'exécution des avantages* (par ex. des donations) *qui lui ont été faits dans le contrat de mariage par son mari.*

La femme du failli peut-elle réclamer l'exécution de ses avantages matrimoniaux ?

Au reste, cette prohibition ne s'applique qu'au cas où, au moment du mariage, le mari était déjà commerçant ou sur le point de le devenir.

Dans ce cas, en effet, la femme devait s'attendre à la possi-

-----

(1) Il suit de là que, pour ses avantages matrimoniaux, elle ne peut pas invoquer l'hypothèque légale. Mais les époux peuvent déguiser les avantages matrimoniaux en dot. Au lieu de dire, dans le contrat de mariage, que je donne à ma femme 100.000 francs, je déclare que j'ai reçu d'elle 100.000 francs à titre de dot. De cette façon, si je fais faillite, elle pourra réclamer ces 100.000 francs, qu'elle est censée m'avoir apportés, avec la garantie de son hypothèque légale.

bilité d'une faillite, et le mari aussi. La loi craint la fraude suivante. Le mari aurait fait à la femme des libéralités considérables par contrat de mariage, en comptant qu'elles seraient acquittées plus tard, en cas de faillite, avec les diverses valeurs qu'il aurait pu se procurer par le crédit.

Si le mari n'est devenu commerçant que plus d'un an après son mariage, ce soupçon de fraude est écarté, et la femme peut exiger l'exécution des avantages matrimoniaux stipulés à son profit.

§ 5. — De la revendication.

470. — Nous distinguerons *4 cas* de revendication :

Quels sont les cas de revendication réglés par la loi ?

1º La revendication des *effets de commerce* ;

2º La revendication des *marchandises déposées* ;

3º La revendication des *marchandises consignées*, c'est-à-dire remises au failli à charge de les vendre ;

4º La revendication des *marchandises vendues* au failli.

a) Revendication des effets de commerce.

471. — Un commerçant a remis au banquier un effet de commerce de 100 fr., avec le mandat d'en opérer le recouvrement, et d'en tenir le montant à sa disposition.

Quand peut-on revendiquer l'effet de commerce remis au failli ?

Si, au jour du jugement déclaratif de la faillite du banquier, *cet effet a été touché par* le banquier, le commerçant ne pourra venir réclamer les 100 fr., montant de l'effet, que comme *créancier ordinaire*, et n'aura droit qu'à un dividende.

Si au contraire *l'effet n'a pas encore été touché, ce commerçant pourra venir le revendiquer* s'il existe en nature. S'il a été touché par le syndic, il en réclamera le montant comme créancier, non *dans* la masse, mais *de* la masse, car il est créancier à raison de la gestion du syndic, et non à raison de celle du failli.

472. — Il est possible qu'avant le jugement déclaratif le banquier ait, non pas sans doute encaissé, mais endossé l'effet à un tiers. Le commerçant pourra-t-il revendiquer l'effet contre le tiers ? Oui, si le banquier failli n'a fait à ce tiers qu'un endossement de procuration ; non, s'il a fait un endossement translatif (1).

b) Revendication des marchandises déposées.

473. — Des marchandises ont été déposées chez le failli, a charge seulement de les garder, c'est-à-dire à titre de *dépôt*. *Le déposant pourra les revendiquer, pourvu qu'il puisse établir :* 1° *l'identité des marchandises*, 2° *le contrat de dépôt* (2).

---

(1) Nous savons, en effet, que le banquier, quoiqu'ayant reçu lui-même un simple endossement de procuration, a qualité pour faire un endossement translatif.

(2) Si en fait le dépositaire les avait vendues, il aurait commis un abus de confiance. Le déposant ne pourrait pas les revendiquer contre les tiers acheteurs de bonne foi ; il n'aurait qu'une créance en dommages-intérêts à raison du délit, et devrait concourir, pour cette créance, avec tous les créanciers.

c) Revendication des marchandises consignées.

Revendication des marchandises consignées.
474. — Des marchandises ont été *consignées* par un commerçant chez un commissionnaire à charge de les vendre pour son compte. Ce commissionnaire fait faillite.

Si le failli a vendu les marchandises avant le jugement déclaratif, le commettant dépositaire viendra à la faillite, comme *simple créancier ordinaire*, pour réclamer un dividende. Toutefois, si le prix n'a pas encore été payé par l'acheteur au failli, le propriétaire pourra revendiquer la créance du prix.

Si les marchandises ont été vendues, après la faillite déclarée, par le syndic, le dépositaire commettant sera *créancier de la masse* et non dans la masse.

Enfin, *si les marchandises existent encore en nature, il les revendiquera.*

d) Revendication des marchandises vendues au failli.

Le vendeur peut-il revendiquer les marchandises vendues ?
475. — Un négociant a vendu des marchandises à un autre négociant qui tombe en faillite. Ce vendeur n'est pas payé, *pourra-t-il revendiquer ces marchandises ?* Ce point est visé par l'art. 576, C. comm., qui fait une distinction :

A) *Si les marchandises ont été livrées dans les magasins du failli, le vendeur ne pourra pas les revendiquer.* Il ne pourra venir que comme créancier chirographaire à la masse.

B) *Si les marchandises n'ont pas encore été livrées*, en un mot, si elles sont encore entre les mains du vendeur, celui-ci *peut exercer le droit de rétention* en disant : « Je livrerai quand on m'aura payé ». Si donc le syndic veut obtenir les marchandises, qui ont par exemple beaucoup augmenté de valeur, il le pourra, mais en payant intégralement le prix (1).

C) *Si les marchandises ont été expédiées par le vendeur*, mais qu'elles n'aient pas encore été livrées, en un mot, si elles sont *en cours de route*, le vendeur peut les revendiquer aux termes de l'art 576 C. comm.

476. — *Quel est le fondement de cette revendication ?* Controverse.

a) Un premier système dit que *c'est une revendication de la rétention.* Si le vendeur n'avait pas expédié les marchandises, il aurait le droit de rétention : c'est ce droit qu'il demande à recouvrer. Il y a là une application de l'article 2102-4°, C. civ.

b) *D'après la jurisprudence, c'est une revendication-résolution,* c'est-à-dire une revendication fondée sur la résolution de la vente pour non paiement du prix, conformément à l'art. 1184 C. civ. Le vendeur invoque la résolution de la vente, et par suite le droit de propriété qui est censé, par l'effet de cette résolution, être resté dans son patrimoine.

Il ne saurait être question de la revendication de la rétention de l'art. 2102-4° C. civ. par la raison que cette revendication est formellement exclue par l'art. 550 *in fine* C. comm. La jurisprudence ajoute que la revendication est autorisée par l'art. 576 C. comm. même dans la vente à terme ; cette solu-

___

(1) Le vendeur n'aurait pas ce droit de rétention s'il avait vendu à terme. Il ne faut pas objecter la déchéance du terme dérivant de la faillite, car cette déchéance n'a pas pour but de donner à un créancier une sûreté à laquelle il avait renoncé implicitement en contractant.

tion exclut l'idée du droit de rétention, mais se concilie très bien avec l'idée de résolution.

Enfin le vendeur doit restituer les acomptes qu'il a reçus ; cette solution s'explique très bien avec l'idée de la résolution de la vente, mais ne se comprendrait pas s'il s'agissait simplement de ressaisir la garantie de la rétention.

477. — *Quel est l'intérêt de la question ?*

Quel est l'intérêt de la question du fondement de la revendication ?

1° S'il s'agit de la revendication de la rétention, elle ne peut avoir lieu si la vente est *à terme*. Il en est autrement de l'action résolutoire.

2° S'il s'agit de la revendication de la rétention, elle ne peut être exercée que pendant un délai de *8 jours* à compter de l'expédition : l'action résolutoire n'est pas astreinte à ce délai.

3° La revendication de la rétention a lieu par une simple *requête au président ;* il s'agit d'une simple mesure conservatoire, il suffit donc d'une ordonnance du président. L'action résolutoire s'introduit par l'assignation, comme une demande judiciaire ordinaire.

4° Après le succès de la revendication de la rétention, le syndic n'en aurait pas moins le droit, la vente n'étant pas résolue, d'*exiger la livraison* en payant le prix. Au contraire, il ne le peut pas, s'il s'agit d'une revendication fondée sur une résolution de la vente.

Le droit de revendication en cours de route ne subit-il pas une restriction ?

478. — *Le revendication du vendeur en cours de route souffre une exception dans l'intérêt des tiers acheteurs, lorsque les marchandises ont été revendues sans fraude, sur factures, connaissements ou lettres de voiture signés par l'expéditeur* (1).

(1) Par cette signature, le vendeur marque davantage son intention de se dessaisir des marchandises.

e) Conditions de la revendication.

479. — *Le vendeur doit rendre les acomptes qu'il a reçus ;* puisqu'il reprend la chose, il est clair qu'il ne saurait garder une partie du prix.

La loi dit même que le vendeur doit supporter les frais de transport, d'assurances et de magasinage. Cette décision déroge aux principes ordinaires de la résolution, d'après lesquels c'est celui par la faute duquel la résolution a lieu, qui doit supporter la perte. Or, c'est l'acheteur qui ici a motivé la résolution en ne payant pas le prix, et c'est le vendeur auquel la loi fait supporter les frais de transport. C'est là une décision de faveur pour la masse des créanciers, et une restriction aux droits ordinaires du vendeur.

CHAPITRE VI

DE LA RÉPARTITION ENTRE LES CRÉANCIERS ET DE LA LIQUIDATION DU MOBILIER

480. — L'actif de la faillite, qui subsiste après le paiement des créanciers privilégés et hypothécaires, doit être réparti au marc le franc entre tous les créanciers du failli.

TITRE II

De la liquidation judiciaire.

481. — Cette situation, qui n'est autre qu'une faillite atténuée, a été organisée par la *loi du 4 mars 1889.*

Cette loi a été faite en faveur des commerçants qui sont tombés en faillite sans qu'on puisse leur reprocher aucune faute, par exemple parce que de mauvaises chances ont fait échouer leurs opérations, parce qu'ils ont été volés par leurs employés, parce que leurs clients sont eux-mêmes tombés en faillite, etc.

On a trouvé qu'il était trop rigoureux de frapper ces commerçants malheureux, mais honnêtes, des déchéances qui résultent d'une déclaration de faillite. C'est pourquoi on a établi la liquidation judiciaire, sorte de faillite atténuée.

482. — Pour obtenir le bénéfice de la liquidation judiciaire, *le commerçant obligé de cesser ses paiements doit présenter une requête au tribunal de commerce dans* *les 15 jours de cette cessation, en joignant à cette requête son bilan et la liste de ses créanciers.* La liquidation judiciaire ne peut jamais *être demandée que par le débiteur lui-même* (le futur liquidé); ses créanciers ne peuvent demander que sa faillite. Et au cours de la procédure, s'il est encore dans le délai voulu (quinzaine de la cessation de paiements), le débiteur peut demander la conversion de la faillite en liquidation judiciaire.

Le liquidé est-il frappé des incapacités attachées à la faillite?

483. — *Le liquidé conserve la plénitude de ses droits civils et politiques,* sauf cette seule restriction, qu'il ne peut plus obtenir ni conserver de fonction élective. Ainsi il conserve l'électorat et peut voter. La seule chose qu'on lui retire, c'est l'éligibilité (1).

484. — Contrairement à ce qui se passe dans la faillite, *le liquidé n'est pas dessaisi,* il reste à *la tête de ses affaires;* seulement, jusqu'à ce qu'il ait été statué sur le concordat, il ne peut pas faire seul et librement les divers actes concernant l'administration de son patrimoine; il a besoin de l'assistance d'un liquidateur (2), qui est nommé par le tribunal de commerce.

Le liquidé ne ressemble-t-il pas à l'émancipé?

Ce liquidateur joue au fond le même rôle que le syndic de la faillite ordinaire, sauf que le syndic agit lui-même à la place du failli, tandis que le *liquidateur se borne à assister le liquidé,* à

(1) Ainsi il ne peut remplir une fonction quelconque décernée par l'élection, par exemple il ne peut être député, sénateur, conseiller général, conseiller municipal, membre d'un tribunal de commerce ou d'une chambre de commerce. S'il remplit une fonction élective au moment où il est mis en liquidation, il la perd de plein droit.

(2) Si la liquidation est très importante, le tribunal pourra nommer plusieurs liquidateurs, de même que, dans la faillite, il peut nommer plusieurs syndics.

peu près comme un curateur assiste le mineur émancipé (1).

Outre le liquidateur qui est nommé par le tribunal de commerce, il y a encore des *contrôleurs*, qui sont désignés par les créanciers, et chargés de les représenter en vue de surveiller et de hâter les opérations de la liquidation (2).

485. — *La liquidation judiciaire aboutit ordinairement au concordat (simple ou par abandon d'actif).*

Si le concordat est rejeté par les créanciers, le tribunal de commerce a le choix :

Soit de maintenir la liquidation judiciaire ;

Soit de prononcer la faillite : dans ce dernier cas, on suit les règles de l'union que nous avons décrites, et le liquidé se trouve frappé de toutes les incapacités qui atteignent le failli.

---

(1) En un mot, le syndic gère lui-même, tandis que le liquidateur autorise. Le liquidé ressemble donc au mineur émancipé qui, lui aussi, est assisté, pour les actes les plus importants, d'un curateur.

Il y a toutefois une différence, c'est que le mineur émancipé peut faire seul les actes de pure administration, tandis que le liquidé doit être, pour tous les actes, assisté d'un liquidateur.

(2) Ce rouage nouveau des contrôleurs a été créé par la loi de 1889 pour éviter, dans la liquidation judiciaire, les abus qui se produisent en matière de faillite.

Les opérations de la faillite traînent souvent en longueur. Les syndics, plus soucieux de se faire des rentes avec de bonnes faillites que de donner satisfaction aux créanciers, s'inquiètent fort peu des réclamations de ceux-ci ; ces réclamations, faites d'une façon isolée, individuelle, n'ont guère d'influence sur les syndics.

Au contraire, les *contrôleurs*, représentant la masse des créanciers, et choisis d'ailleurs parmi ceux qui ont les plus grosses créances, stimuleront énergiquement le zèle des liquidateurs, ils veilleront à hâter les opérations de la liquidation, au besoin ils provoqueront le remplacement des liquidateurs.

ERRATA

—

Page 3. — Titre. Au lieu de : Des actes de commerce et de commerçants, — lire : des actes de commerce et des commerçants.

» 207. — Après le § 4, ajouter ce titre :

A) *Du contrat de transport.*

» 224. — Au lieu de § 2. Du commissionnaire, etc., lire :

B) *Du commissionnaire, etc.*

TABLE DES MATIÈRES

24

TABLE DES MATIÈRES

Généralités

TITRE PREMIER

Des actes de commerce et des commerçants

Chap. I. — Actes commerciaux par leur forme 5

Chap. II. — Actes commerciaux par nature. 6

Chap. III. — Actes commerciaux comme étant l'accessoire d'opérations de commerce 20

Chap. IV. — Différences entre un acte commercial et un acte civil 25

TITRE II

Des commerçants individus

Chap. I. — Des livres de commerce 29

Chap. II. — Publication du contrat de mariage et de la séparation de biens   37
Chap. III. — Capacité nécessaire pour faire le commerce. . .   40

TITRE III

Des sociétés commerciales

Chap. I. — Personnalité morale des sociétés   52
Chap. II. — Société en nom collectif. . . . . ,   57
Chap. III. — Société en commandite.   70
Chap. IV. — Société anonyme   80
Chap. V. — Société en commandite par actions 148
Chap. VI. — Sociétés à capital variable. 153
Chap. VII. — Sociétés en participation 157

TITRE IV

Bourses de commerce, agents de change et courtiers

Chap. I. — Bourse des effets publics ou bourse des valeurs. . 159
Chap. II. — Bourse des marchandises 182

TITRE V

Du gage et des commissionnaires

§ 1. — Du gage. 187
§ 2. — Des magasins généraux. 193
§ 3. — Des commissionnaires 196

§ 4. — Du commissionnaire de transport (et contrat de transport) 207

TITRE VI

Vente et nantissement des fonds de commerce

Chap. I. — Nature juridique du fonds 227
Chap. II. — Nantissement des fonds de commerce. . . . 229
Chap. III. — Vente des fonds de commerce 237

TITRE VII

Des achats et ventes

TITRE VIII

De la lettre de change, du billet à ordre et du chèque

Chap. I. — De la lettre de change 243
Chap. II. — Du billet à ordre. 289
Chap. III. — Du chèque 291

Faillites et banqueroutes

TITRE PREMIER

De la faillite

Chap. I. — Déclaration de faillite et ses effets 299
Chap. II. — Effets du jugement déclaratif 304

TABLE DES MATIÈRES

Chap. III. — Organisation de la faillite 324

Chap. IV. — Solutions de la faillite 332

Chap. V. — Droits des différentes espèces de créanciers . . 346

Chap. VI. — De la répartition 362

TITRE II

De la liquidation judiciaire

Errata 367